传媒前沿课

智能融媒、算法逻辑与数据实践

刘燕南◎主编
吴浚诚　刘婉◎副主编

人民日报出版社
北京

图书在版编目（CIP）数据

传媒前沿课：智能融媒、算法逻辑与数据实践 / 刘燕南主编 . — 北京：人民日报出版社，2023.5

ISBN 978-7-5115-7544-9

Ⅰ.①传… Ⅱ.①刘… Ⅲ.①智能技术－应用－传播媒介－研究 Ⅳ.① G206.2-39

中国国家版本馆 CIP 数据核字（2023）第 010735 号

书　　　名：	传媒前沿课：智能融媒、算法逻辑与数据实践
	CHUANMEI QIANYANKE:ZHINENGRONGMEI SUANFALUOJI YU SHUJUSHIJIAN
主　　　编：	刘燕南
副 主 编：	吴浚诚　刘　婉
出 版 人：	刘华新
责任编辑：	梁雪云
版式设计：	九章文化
出版发行：	人民日报出版社
社　　　址：	北京金台西路 2 号
邮政编码：	100733
发行热线：	（010）65369509　65369527　65369846　65369512
邮购热线：	（010）65369530　65363527
编辑热线：	（010）65369526
网　　　址：	www.peopledailypress.com
经　　　销：	新华书店
印　　　刷：	大厂回族自治县彩虹印刷有限公司
法律顾问：	北京科宇律师事务所　010-83622312
开　　　本：	710mm×1000mm　1/16
字　　　数：	307 千字
印　　　张：	23.5
版　　　次：	2023 年 5 月第 1 版　2023 年 5 月第 1 次印刷
书　　　号：	ISBN 978-7-5115-7544-9
定　　　价：	68.00 元

前　言

互联网的60秒，在时间的长河里只是短暂的一瞬，在媒介变迁的视野中却是历史的沧海桑田。

我们今天所熟悉或正在"风口"上的大多数新科技和新概念，从门户网站、移动社交、虚拟现实，到智能算法、机器人写作、脑机接口，再到新兴的元宇宙、ChatGPT，若干年前并不存在或不为人知，今天却成为建构我们生活的背景和前景，不仅带来更多的便利、更多的交互、更多的选择，而且不断突破我们的认知边界，影响我们理解媒介的方式，刷新我们关于未来的想象。

媒介融合进入智能时代，无论是战略布局、组织架构还是技术创新层面，都进入了"深水区"。今天的智能融媒，从表层看，表现为渠道、终端、形态和功能上的融合；深层次里，是各种来源的大数据或大小数据的融合；再往深里走，则是基于数据的智能算法的应用与创新。人工智能的飞速发展，为媒介融合带来新的想象，也在不断突破人们思考未来的坐标系。它犹如一辆魔法十足的自动驾车，时而虚线变道，呈现幻化的宇宙；时而虚实相交，衍生出折叠时空，未来也因此变得扑朔迷离，充满不确定性，并引发许许多多的憧憬、困惑和莫名的焦虑。未来是什么，未来何时来，对这些问题的持续追问，不断推动着人们去思考，去跨域，去开发新的可能性。

从这个意义上说，未来是一个动词，而非名词。未来意味着永无止境的探索，意味着对未知彼岸的想象抵达，也意味着被不断激活的脑力革命。

本书是一本以面向未来为主旨的泛传媒类专业图书。在充满不确定性的环境中，面对复杂莫测的未知世界，为大家提供一些有待探索的前沿，一些思考问题的入口，这是我们可以确定的初衷之一。我们尝试超越既有的传媒生态圈，在传播学和相关学科之间、在学界和业界之间搭建交流和合作的平台，希望通过多学科和跨领域的碰撞，激发更多创新火花，避免"内卷"，鼓励"出圈"。当然，进行这样的跨界探索，具有一定的挑战性。降维不难，但升维不易，对于后者，人们得从自己的舒适区里主动抽离，进入一个自己不熟悉的、有门槛的、有风险的未知当中，这需要勇气和能力。或许这只是少数人的选择，但是拓宽视野，延展知识的多个维度，跟上时代前进的步伐，相信会是多数人自觉或被迫走向未来的方式之一。

由此我们确立了本书的大体基调：前沿、专业、应用、分享。

一是前沿。本书主要内容来自笔者主持的中国传媒大学全校性博士生跨专业前沿课"跨媒体传播与效果研究"，部分来自中传传播研究院2020年主办的首届"智能传播国际论坛"，主题覆盖从未来传播、融媒生态、智能算法、机器人社交，到计算传播、因果分析、文本挖掘，再到智能营销、直播电商、数据测量等多个领域。所选嘉宾兼具"一流"和"一线"双重特征，有学界业界资深专家，也有充满活力的后起之秀。他们不仅视野开阔，思人之所未思，而且观点新颖，发人之所未发。大家探讨的问题，着眼于中国现实与发展规律，探索面向未来的可能路径，具有很强的前沿性和前瞻性。本质上，前沿意味着超越既有的知识框架，对未知领域进行有风险的探索，它要表达的是面向未来的洞察，摒弃成规的开拓，以及一定程度的试错和容错。

二是专业。面向博士生开设的选修课，专业取向是必然要求，这也是我们确定主题和邀请专家学者的前提之一。对前沿的探索，往往是在不同领域的交叉处相互碰撞、彼此博弈，提倡开放、包容、宽松和去排他性是必要的，然而同样重要的是，前沿意味着一定的专业门槛，探索前沿并非天马行空，对未知世界不确定事物的把握，需要确定的专业知识和能力，需要科学思维和逻辑的引领，缺乏足够的专业基础，既难以进入，也无法行之久远，更谈不上真正意义上的创新。这里不只有"看门道"与"看热闹"的分野，还有对专业精神和专业素养的坚持，这是更深层次的抵达。另外，强调专业性，还意味着保持一定的纯粹性，尤其对于传媒业而言，需要摆脱一些非专业因素的影响，抵御现实功利主义的侵蚀，尊重规律，而不是主观臆断。对于尚无定论的前沿问题，本书不苛求高精的学术品质，但追求足够的专业含量。

三是应用。应用的核心是通过服务实践实现研究价值。传播学原本就是一个实践性、应用性很强的学科。注重与实践对接，响应行业需求，在学界和业界之间寻找互动域和结合点，这是传播研究正确的打开方式之一。不少人认为前沿来自学术，这种认识有失偏颇。目前业界实践在许多方面已经超前学界，前沿多半已经不是来自学界，而是来自行业一线。演讲嘉宾中，不乏服务传媒一线的研究"操盘手"，也有采用量化方法做实务分析的专家。他们捕捉市场动态，以鲜活的案例和生动的讲解，丰富了前沿的维度和层次，这种课堂示范，亦产生了一定的社会溢出效应。中国传媒丰富多元的实践，既是学术创新的源头活水，也是与国际学术界对话的基础之一，而强调应用，是学术研究避免"内卷"、打开视野接地气的重要途径，也是真正"把论文写在大地上"的有益实践。

四是分享。跨界分享，是我们一直以来的追求。开放博士生前沿课内容，让不同学科、不同专业、不同领域的人们都能分享，是一项颇具挑战性的工作。我们对相对艰深而专业的内容进行了降维处理,特别采用问答体写作,以对话的方式引出问题,直击关键,不折不曲;另一方面,尽可能用通俗的语言来表达枯燥的内容,为读者营造对话的代入感,拉近彼此的距离,让相对专业的内容不再那么拒人于千里之外。当然,对话是多线性的,有与嘉宾的对话、与潜在读者的对话,甚至包括嘉宾之间的对话。书中有些主题相互衔接,有些彼此交叉,我们并不刻意回避,而是让来自不同学科、不同领域的专家学者们从各自角度出发,针对相似或相交的主题直抒胸臆,增强主题的可议性和多维性,实现另一种更深层次的对话。总之,我们从内容、形式和语言上都进行了全方位变通,希望的是,学术也可以很亲民。

本书的目标读者主要有四:一是从事传媒业尤其是智能传播和媒介融合相关工作的管理层和实务人员;二是市场调研和广告营销实务人员;三是从事数据挖掘和算法开发的从业者;四是从事上述相关研究、教学和学习的专家学者、教师和学子们。作为一本跨界的前沿之作,我们希望离传媒及相关行业的需求更近,离受众需求更近,与大家相向而行。我们不奢求所有内容都能入得了大家的法眼,若是其中有那么一两篇文字能够对大家有所启发,有所裨益,我们将会倍感荣幸和欣慰。

刘燕南

2023 年 3 月于中国传媒大学受众研究中心

目 录
CONTENTS

喻国明
北京师范大学新闻传播学院教授、博士生导师
主题：传媒发展与未来传播 / 001

田永鸿
北京大学博雅特聘教授、博士生导师
主题：深度学习驱动下的人工智能与视觉分析 / 031

刘燕南
中国传媒大学教授、博士生导师，受众研究中心主任
主题：融合与受众："最后一公里"有多远？ / 053

张洪忠

北京师范大学新闻传播学院执行院长、教授、博士生导师

主题：智能传播与机器人应用 / 077

金小刚

浙江大学计算机科学与技术学院教授、博士生导师

主题：人本计算与计算社会科学 / 099

张　伦

北京师范大学艺术与传媒学院数字媒体系副教授

主题：计算传播学研究范式：理论、方法与案例 / 117

丁　迈

中国广视索福瑞媒介研究有限责任公司（CSM）董事、总经理

主题：新要素、新功能：数据富足与数据内核 / 135

谭北平

秒针营销科学院院长

主题：智能营销的数据逻辑与应用 / 153

目 录

姜 涛
央视市场研究股份有限公司（CTR）总经理助理，媒体融合总经理
主题：媒体趋势洞察与融合传播效果评估 / 177

郑维东
凯度媒介（Kantar Media）中国区资深数据科学家
主题：跨屏受众测量发展现状与问题 / 197

王北云
中国广告协会媒体评估委员会（CMAC）CEO
主题：媒体测量标准化：现状与展望 / 219

喻亮星
勾正数据科技有限公司董事长兼CEO
主题：智能时代的大屏测量 / 237

葛承志
爱奇艺研究院院长
主题：从播放量到热度值：数据指标迭代的特征与影响 / 257

杨淼钰

快手经济学家

主题：因果分析方法及应用：快手案例 / 275

张希煜

北京城市象限科技有限公司社区研究部总监

主题：文本挖掘的价值、方法与应用 / 297

郭全中

中央民族大学新闻与传播学院教授

主题：直播电商与MCN的发展动因、现状与趋势 / 319

附　录　问道IP：网络文学IP价值评估体系研究 / 343

后　记 / 364

传媒发展与未来传播

喻国明

北京师范大学新闻传播学院教授、博士生导师,中国新闻史学会传媒经济与管理学会会长,教育部长江学者奖励计划特聘教授。

近来,ChatGPT 一跃成为学界与业界的热点,凭借其强大的内容生成能力引领着人工智能的新浪潮。在您看来,ChatGPT 的智能表现有哪些基本特征和属性?

我认为ChatGPT在技术层面存在三个关键特性,分别是预训练、大模型和生成性,这三个特点使得ChatGPT具有超越性的智能表现。

第一,ChatGPT拥有预训练的关键特点,这是指利用人类偏好数据与强化学习技术实现人类认知机制的深度模拟。之所以ChatGPT能够为用户带来媲美真人的对话体验,关键就在于ChatGPT基于预训练所使用的偏好数据与评分算法实现了对人类认知机制的深度模拟。首先,在预训练环节,大量人类偏好知识被注入ChatGPT所使用的大型语言模型。在ChatGPT所使用的训练数据集中,除了大规模的公开语料外,还有"几万人工标注"的数据,这些数据均为人类偏好知识。所谓"人类偏好",包含两方面含义:一是人类表达任务的习惯说法,即如何使用人类语言描述一项指令;二是人类对于回答质量和倾向的判断。此外,用于训练的WebText是一个大型数据集(占所有训练语料的22%),其数据是从社交媒体平台Reddit所有出站链接网络中爬取的,每个链接至少有3个赞,代表人类社会流行内容的风向标。通过大量人类偏好知识的注入,ChatGPT能够有效学习人类认知与表达的惯习。其次,ChatGPT使用了基于人类反馈的强化学习技术(reinforcement learning from human feedback,RLHF)。这一技术包含三个关键步骤:第一步是监督式微调,其核心理念是利用符合人类预期的少量标注数据对预训练模型参数进行调整,初步优化文本生成模型；第二步是构建奖励模型，核心目标是通过对监督式微调生成的多个结果进行人工排序标记，训练奖励函数模型，用于强化学习模型输出结果的自动化评价；第三步是利用近端策略优化（proximal policy optimization，PPO）算法，结合奖励模型对文本生成模型的结果进行自动评估，并采用强化学习对文本生成模型进行优化，使其最终具备生成符合人类预期文本的能力。这种基于人类偏好数据与强化学习的技术，使 ChatGPT 前所未有地实现了对人类认知机制的深度模拟，这为后续细化关系连接、个性要素的识别与生成构建了基础。

第二，ChatGPT 拥有大模型的重要属性，即通过极大参数量和数据量更细粒度地连接人的需求与价值。爱因斯坦认为："智能的真正标志不是知识，而是想象"，这一洞见其实道出了分析式人工智能与 ChatGPT 的区别在于：尽管二者都能通过某种算法对海量信息资源进行聚合，但分析式人工智能更擅长识别模式与推送信息服务，即以粗放的方式对个体需求特征和信息服务特征进行识别与匹配。而 ChatGPT 则能以更细粒度的方式，在个体需求指令的基础上展开合理的推理想象，实现更加细腻和精准的连接。支撑这一特性的关键在于，ChatGPT 构筑在一种"巨无霸"式的超大模型之上。在 OpenAI 看来，未来的通用人工智能应拥有一个与任务无关的大型语言模型，可以从海量数据中学习各种知识，超大语言模型以生成一切的方式解决各种各样的实际问题。基于这种技术思路，ChatGPT 拥有了多达 1750 亿个模型参数，巨量的模型参数能够容纳海量的人类文明知识。此外，OpenAI 主要使用的公共爬虫数据集拥有超过万亿单词的人类语言数据。如此，ChatGPT 就拥有了超越绝大部分人工智能的巨大训练模型。极大的模型参数量能够对人的认知惯习、微妙情趣、价值追求进行匹配和表达，以实现粒度更细的连接和更高水平的价值实现。

第三，ChatGPT 具有很强的生成性特征，即对个性化要素的结构化处理与有机呈现。生成性其实是将要素结构化的能力特征。ChatGPT 通过持续与用户对话，不断对用户的个性化要素进行识别、学习和整合，并将输出要素进行结构化处理，以贴近用户的方式进行有机呈现。这实质上完成了 ChatGPT 与用户之间的关系建立，是对人类交往方式的深度模拟。此外，以往的聊天机器人往往解决即时需求，无法与用户进行长时间的连续对话，对于用户此前下达的指令没有记忆和学习功能。相比之下，ChatGPT 可以实现连续性的人机协同。用户可以在个人账号中保存人机对话记录，并基于该记录达成长期连续性对话，从而提升生成内容的匹配度，使用户感到与真人类似的对话体验。尽管目前 ChatGPT 的应用尚处于快速发展阶段，但其所代表的生成式人工智能在各个维度上的革命式突破已经呼之欲出。可以预见，以 ChatGPT 为代表的生成式人工智能将激发传播生态的巨大变局。

2　从生成式人工智能的角度看，ChatGPT 会对传媒领域和社会产生怎样的影响？

伊尼斯曾经说过，一种新媒介的长处，将导致一种新的文明诞生。以 ChatGPT 为代表的生成式人工智能技术所展现出的新媒介特征，区别于既有人工智能技术特性，将激发传播领域的生态级变局。

所谓生成式人工智能，是指能够穿透网络资源壁垒，实现公私域资源的连接整合和协同利用的人工智能模型。自互联网诞生伊始，用户可以连接到的绝大多数网络资源均为公域资源，即公开发布在网络中可供用户访问使用的资源。尽管这类资源数量已经极为庞大，但我们不可否认，网络中仍有相当比例（甚至超过公域资源体量）的资源是储存于私域之中的，亦即不便开放分享的资源。这种网络资源的壁垒长期隐性地存在于网络连接之中，对知识分享、文化融合、价值创造形成了巨大的效率折扣。因此，在渐入数字文明时代之际，我们需要一种工具，以对私域资源进行抓取，并与公域资源进行连接整合和协同利用。而 ChatGPT 引领的生成式人工智能一方面能够对公域资源进行抓取，并以其算法模式形成良好的聚合学习。另一方面，生成式人工智能可以对用户对话过程中的私域资源进行专业整合。这样，通过构造聚合公私域资源的巨大数据训练集，有助于聚合人类文明既有知识，形成无所不知的智能中枢。

那么，这种生成式人工智能所带来的影响主要在两个方面：一是"下一代网络入口"，二是"超级媒介"的产生。就入口问题而言，以 ChatGPT 为代表的生成式人工智能集成信息获取（信息支持）、智能服务（服务支持）、聊天机器人（情感支持）、创作工具（生产支持）等功能于一体，有望成为下一代网络入口。目前这一趋势已经初露端倪，摩根士丹利（Morgan Stanley）公司预言，自然语言模型将会"蚕食"谷歌在信息检索市场的份额，从而彻底颠覆谷歌作为互联网用户入口的"霸主"地位。自然语言模型的优势在于：搜索界面更加简洁，能直接给出最为接近的信息；用户不必访问不同的网站，也不用浏览不相关的信息便可以直接获取答案。

在成为网络入口的基础上，生成式人工智能将进一步跃升成为前所未有的"超级媒介"。其特殊性主要体现为以下两个关键特征：首先，生成式人工智能具有全新的人机交互模式，能够生成适于用户理解的内容并与用户建立关系。具体而言，生成式人工智能以无界的方式全面融入人类实践领域，以深度学习的方式不断为文本的生成注入"以人为本"的关系要素，进而提升了文本表达的结构价值，使用户较之其他媒介更加"愿意看""看得懂"；其次，生成式人工智能的表达将直接影响社会认知，建构社会议程。不同于传统新闻媒体和聚合新闻平台，生成式人工智能以持续对话的形式占有用户对某一议题的全部认知，并持续构造着用户认知形成的过程，这可能带来超越以往的传播效果。

对于传媒产业来说，我们必须重视这种未来超级媒介的潜在影响。以 ChatGPT 为代表的生成式人工智能将驱动传媒业从劳动密集型产业逐渐转变为技术密集型和资本密集型产业，这种变迁来自两个原因：一方面，智能媒体的出现使信息的采集、编辑、分发等流程的效率与质量产生了质的飞跃，"智能技术化"将成为传媒业未来发展的主旋律；另一方面，基于大型语言模型的生成式人工智能是构建未来传播的平台型基础设施，是未来传播的技术高地。这种传播基础设施的争夺需要强大的资本和技术支持，尤其体现在算力方面。比如 ChatGPT 使用的 GPT-3.5 模型在微软云计算服务 Azure AI 的超算基础设施（由 V100GPU 组成的高带宽集群）上进行训练，总算力消耗约 3640 PF-days（即按每秒一千万亿次计算，运行 3640 天）。如此巨额的耗费已经足以将小型企业拒之门外。产业"寡头"以头部技术统辖被智能化技术释放出来的巨大传播生产力，而这种头部技术的不断迭代升级又以巨大的资本支持为后盾。这一循环将使传媒产业的技术与资本不断聚集，最终形成新的产业结构样态。

对于媒介生态来说，生成式人工智能将更加深刻地对个体赋能赋权，促进传播权力下沉和人的数字化生存。生成式人工智能对个体的赋能赋权体现在两方面：第一，生成式人工智能系统地提升了个体的传播能力，弥合了数字文明社会的"能力沟"。纵观互联网的发展史，在 PC 互联网时代，网站浏览器突破了传播局限于某一个专业范畴的霸权，令更多社会精英分享了传播的权力；进入移动互联网时代，社交平台和短视频技术的普及突破了话语表达的精英霸权，极大降低了内容生产和社会表达的"门槛"；而在智能互联时代，ChatGPT 突破了资源使用整合层面的能力局限，使每个人至少在理论上可以以一种社会平均线之上的语义表达及资源动员能力进行社会性的内容生产和传播对话。这背后是生成式人工智能对数字文明社会"能力沟"的弥合。传统媒体时代由于媒介使用接入的优先级而产生"知沟",互联网时代人人都可接入媒介,知沟被一定程度上消弭,此时决定个体话语声量、学习实践效能的是"能力沟",是一种由于专业知识或技能的掌握不均而导致个体实践的受限。生成式人工智能实则进一步弥合了这一能力沟。以 ChatGPT 为代表的生成式人工智能令大众能够跨越"能力沟"的障碍,有效地按照自己的意愿、想法来激活和调动海量的外部资源,形成强大、丰富的社会表达和价值创造能力。第二,生成式人工智能通过与个体耦合,极大地增强了个体的知觉与连接能力。伊德曾区分了两种不同类型的感知:一种是在实际的看、听、触摸等意向活动中认识到的感知,称作"微观知觉"(microperception);另一种是通过技术所扩展的人类感知,称作"宏观知觉"(macroperception)。生成式人工智能极大地提升了个体"宏观知觉"的水平。这是由于:个体往往需要新信息的中介以进入新的圈层或与事物产生新的连接,而生成式人工智能通过持续对话为个体提供超出其认知范围的知识与经验,个体能够突破认知局限与更广范围的事物产生连接,这是一种知觉与连接意义上的深度赋能。

最后,对于社会形态来说,生成式人工智能将驱动社会连接形态从移动互联转型为粒度更细的智能互联。第一,生成式人工智能将个体个性化、长尾需求满足的边际成本降至无穷小,进而创造出更加广阔的连接可供性。生成式人工智能基于预训练的超大型语言模型,能够持续聚合创造满足个性化需求的"微价值",这一计算过程实质上聚合了所有分散的定制流程,基于大数据、大算力,通过"中央厨房"式的云计算实现针对海量定制性需求的价值生成。这一特性空前降低了传统社会"定制"所需的高昂成本,使得社会边缘需求连接边缘价值所需边际成本降至无穷小,并创造出更加广阔的连接可供性。第二,生成式人工智能以其空前的个性要素识别、人类认知模拟、针对性输出能力完成个体更细致的内生性需求的对外连接。在第二阶段的移动互联之中，实质上连接的两端仍被视为"黑箱"，即所有连接仅仅通过两端的主流特征进行识别与对接，而无法识别连接双方的具象结构和内在机理。生成式人工智能革命性地以其人类认知模拟机制打开所有"黑箱"，打破内部外部关系的壁垒，并对更加细微复杂的结构要素进行解构重组、重新生成、重新连接。这种连接是对第二阶段移动互联连接的升维，意味着技术能够对人的要素状态进行响应分析，对情感表达等实现精准匹配，进而建构人作为主体的内部关系；也意味着升维后的连接将具有更高自由度和配置能力，具有更精准化的匹配度，更细腻的连接粒度，更高水平的连接质量，提供更高水平的功能生成和价值生成。在此基础上，生成式人工智能能够实现个体内部外部全连接的价值匹配和价值输送，为构造整体社会存在内部要素、外部关系互联互通提供了可能。可以说，以生成式人工智能为核心媒介的智能互联时代解决的是"微妙特征与微妙价值的连接"。

3 新技术迭代极为迅猛，"元宇宙"不久前的走红，被视为互联网进化的未来之一。"元宇宙"有何新特点？如何看待"元宇宙"的发展及其影响？

"元宇宙"（Metaverse）一词出自作家尼尔·斯蒂芬森（Neal Stephenson）的科幻小说《雪崩》。在这本小说中，人类通过"avatar"（数字替身）在一个虚拟三维空间中生活，作者将那个人造空间称为元宇宙。它脱胎于现实世界，又与现实世界平行。从构词上看，Metaverse 一词由 Meta 和 Verse 组成，Meta 在希腊语中表示"对……超出"，Verse 代表宇宙（universe），合在一起的意思就是所谓"超越现实宇宙的另一个宇宙",具体来说,就是指一个平行于现实世界运行的人造空间。根据维基百科的解释:元宇宙被定义为一个集体虚拟共享空间,由虚拟增强的物理现实和物理持久的虚拟空间融合而创造,包括所有虚拟世界、增强现实和互联网的总和。

元宇宙并之所以如此激动人心,是因为它被认为是互联网进化的未来。互联网界目前对于元宇宙的共识是:它是从互联网进化而来的一个实时在线的世界,是由线上、线下很多个平台打通所组成的一种新的经济、社会和文明系统。比如,《头号玩家》中的主角会在"绿洲"里线上买装备,线下收货;无数人线下挣钱就为了买线上的装备,更有人在"绿洲"里为"IOI 公司"线上打工挣钱等,都是比较典型的元宇宙作为"新的经济、社会和文明形态"的特征。具体地说,元宇宙是一个虚拟与现实高度互通、且由闭环经济体构造的开源平台。尽管目前互联网业对于元宇宙的最终形态还没有一个定论及详尽的描述,但人们普遍认为元宇宙应该具有如下四大核心属性。

首先,元宇宙与现实世界具有高同步性与高拟真度。元宇宙虚拟空间与现实社会保持高度同步和互通,交互效果逼近真实。具有同步性和高拟真度的虚拟世界是元宇宙构成的基础条件,它意味着现实社会中发生的一切事件将同步于虚拟世界,同时用户在虚拟的元宇宙中进行交互时能得到近乎真实的反馈信息。

其次,元宇宙建立在开源开放与创新创造的基础上。开源开放是指技术开源和平台开放,元宇宙通过制定"标准"和"协议"将代码进行不同程度的封装和模块化,不同需求的用户都可以在元宇宙进行自主创新和创造,构建原创的虚拟世界,不断拓展元宇宙边界。因此,元宇宙的一个现实特征是去中心化的运营,而不归属于某个公司。

再次,元宇宙能够实现永续发展。元宇宙平台的建设和发展不会"暂停"

或"结束",而是以开源开放的方式运行并无限期地持续发展。

最后,元宇宙拥有一套完全成熟、闭环运行的经济系统。在元宇宙中,用户的生产和工作活动的价值将以平台统一的货币形式被确认和确权,用户可以使用这一货币在元宇宙平台内进行消费,也可以通过一定比例"兑换"成现实生活中的法定货币。毫无疑问,经济系统的闭环运行是驱动和保障元宇宙不断变化和发展的动力引擎。

概言之,基于互联网的发展和技术迭代的支撑,元宇宙通过沉浸感、参与度、永续性等特性的升级,激发多元主体采用诸多独立工具、平台、基础设施及各主体间的协同协议等来支持元宇宙的运行与发展。而随着AR、VR、5G、云计算等技术成熟度的提升,元宇宙有望逐步从概念走向现实。

借由不断迭代的互联网技术与形态的连通性,未来媒介将不再是一系列固定的"实体",新的媒介形态是由算法编织并赋予权重的一种"网络",是一个复杂系统。人们将在算法的世界中认识自己和数字世界的区别和联结,把握自己在现实环境中的主体价值,将人的价值与伦理赋予到算法和未来媒介的再造之中,实现人与技术的共生发展——这便是未来虚拟媒介(元宇宙)的简略图景。

4 您曾经多次提到,以传统思维方式看待互联网的发展,这种认识从一开始就是错误的。今天当我们回望互联网的发展历史时,有哪些基础性特征是必须把握的?

整个传播环境、社会环境都在互联网等技术的改变之下,我们传播体系、传播规则以及传播要素的改变已经是一个必然。"天道"已变,传统主流媒介的社会基础与构造已经不在。

首先,从社会构造的角度来说,"微粒化"社会正在到来。互联网刚刚出现的时候,我们很多传统媒体人说市场碎片化、用户碎片化等,其实碎片化指的就是过去依附于一个集体、一个系统的某一个要素,开始从系统当中相对独立地脱离出来。在脱离过程中,使用原有的方式对这一要素进行把握变得异常困难。比如,我们用传统的方式去做广告,在今天就很难奏效,因为现在的用户都是以圈层来划分的。所以说,今天主流价值观传播中一个最大的问题就是渠道失灵了。为什么现在要强调媒介融合?就是因为在这种媒介渠道失灵的情况之下,希望通过渠道和渠道之间的整合来实现上行下达的传播完成。但是,在微粒化的社会中,每个人都是主动的个体,这个时候如何形成连接、如何造成影响、如何达成共识、如何形成信任,这些都是问题。可以说,微粒化社会给人带来了一种新的自由度,它能够有更多的选择、更多的连接,它是靠连接的价值,使人们有了更多的组合,因此整个互联网对社会的改变是核裂变式的一种能量,由原有的以单位(机构)为基本运作主体的社会构造裂解为以个人为基本运作主体的"微粒化社会"。

其次,从社会赋能的角度来说,"连接"成为一种赋能赋权的力量源泉。在连接的过程当中,最能够得到赋能、赋权的基础性资源是关系资源,你能够在多大程度上激活、掌握、调动和整合关系资源,在互联网世界你的影响力就有多大,你的组织能力就有多强。它是一种不同于传统社会的全新的权力机制——关系赋权,其中甚至包含我们所不熟悉的一些反传统的力量,比如非理性逻辑等。

再次,从信息结构的角度来说,"泛众化"传播时代的社会信息结构向分布式转型。传统社会是"金字塔"式的科层制社会,而互联网空间则是一个扁平化的分布式社会,其信息结构已经从过去的"串联式"模型转变为"并联式"

模型——每一级之间的信息获得、资源拥有、赋能赋权等方面几乎有了差不多的权力分布，每个个体都是主动参与的主体。因此，如何处理好圈层、群落之间的横向沟通与信任，便成为这一社会形态下最为重要的治理与协调逻辑。

最后，从传播生态的角度来说，平台型媒体的崛起成为渠道、流量及用户的寡头独占者。平台的崛起造成了一个重大的问题，它使整个传播渠道把主流传播媒介的流量、用户大部分给剥离了。绝大部分的流量在中国由这两类平台性媒介来掌握，一个是微信、微博的社交型平台，还有就是以今日头条为代表的算法型的商务平台，它们掌握了今天中国社会最大的流量，至少从规模的角度来说，这两类平台是今天传媒领域里的主流，像央视网、新华网、人民网，流量也不小，但是要跟这些平台相比完全不在一个数量级上。对于主流媒体来说，不能割舍之痛就是用户，主流媒体有创作最好内容的能力，但是用户不在自己手里，空拿着特别有价值的内容，但是没人看没人读，这就是今天主流媒体面临的最大问题。

> **5** 互联网生态发展至今，开始显现其强大的整合能力，在与社会互嵌互构的过程中不断实现产业升级，成为传媒发展的"风向标"。在您看来，其中有哪些维度影响着中国互联网传媒产业的发展？

对于中国传媒业的发展来说，过去我一直讲有三大基本维度，也就是政府规制、市场产业以及技术革命三个维度。不过今天，我想还应该再增加一个维度，讨论一下除了上述三个维度之外社会安全对于互联网以及中国传媒业的影响。

第一个是政府规制。在中国，党和政府的政策规制对于传媒业的发展影响深刻而重大，它同样会继续深刻地影响着整个互联网时代的发展逻辑和运作方式。任何产业的发展都要借势而为，党和政府的中心工作就是中国发展的大势之一，传媒业尤其如此。所谓"风口"，其实不仅存于市场产业发展的逻辑中，也包含在党和政府中心工作的逻辑中。所以我们可以看到，这几年很多互联网平台积极与党和政府展开合作，比如通过搭建党建宣传平台来实现跟党和政府的协力同行。

第二个是市场产业。市场产业对于媒介最大的一个作用，就是市场是一个具有高效率、高敏感度以及快速响应机制的东西。市场产业发展的不同逻辑、不同阶段，对于何者为优势资源、何者为最有方向性的"风口"意义重大。中国的传媒业虽然特殊，但其属性中仍带有明显的产业属性，因此，市场在配置资源方面的决定性作用对于互联网来说至关重要。在互联网的第一轮发展中，依靠着资本市场的技术优势，以BAT（百度、阿里巴巴、腾讯）为代表的互联网公司迅速发展壮大。而在第二轮发展中，凭借基于场景的规模化市场策略，TMD（字节跳动、美团、滴滴）等公司也迅速崛起，可以说，这一切与市场产业的驱动密不可分。

第三个是技术革命。从技术对于媒介影响程度的不同来说，我们可以对技术进行分类：一种叫革命型的技术，一种叫改良型的技术。改良型技术引发结构要素、作用机制、运作逻辑的完善与调适。它并不改变这个领域和行业发展的基本逻辑、目标和价值产生的方式，它只是对某些环节、某些要素的机能改善和效率的提升。比如说电影工业当中的3D立体电影技术，这就是一种改良型技术。它的确极大地改善了人们的视觉感受，有一种身临其境的感觉，但是它对电影工业本身的发展目标、技术逻辑、价值逻辑和价值生成的方式并没有任何重大的改变。革命型技术则导致发展目标、基本构造、运作逻辑的根本性再造。比如，今天我们提到的互联网技术、5G 技术、人工智能技术、区块链技术，这些都是会导致整个传媒领域发展目标、发展边界以及内部构造、结构、要素内涵和外延发生深刻的重大转型改变的技术。整体来说，技术革命是近十年来影响中国传媒业发展变化的最重要的原生性动力因素。

第四个是社会安全。社会的安全状况也是让传媒业的逻辑、目标、机制、布局等发生深刻改变的重要因素之一。非常态下的社会与常态发展的社会无论是政治、经济、管理，还是人们的日常生活交往，都有着很大的不同，对于传播的要求也有着极大的区别。认识和把握这种不同，以及搞清楚它们之间如何转换，都是我们必须进一步要研究的重要课题。

6 对比互联网的发展特点，您认为传统媒体的发展逻辑与互联网媒介的发展逻辑有何不同？传统媒体应该如何面对目前的发展趋势？

传统媒体时代最典型的特征就是一对多、点对面的大众传播模式，包括报纸、上星卫视，都是以点对面的方式来面对如此庞大的受众群。它们首先考虑的事情就是竞争。因为如果不能把某一地方的人争取到自己的受众范围之内，那么它们的影响力、价值实现就谈不上，所以在传统媒体一对多、点对面的传播中，竞争就是这种传播格局当中的第一主题词，这就是所谓的传统媒体时代养成的传播观念。

但在互联网媒介中，最典型的传播方式是一对一的传播，互联网消弭了人们的物理空间和时间的组合，使得人可以跟另外一个人，无论强关系、弱关系，无论何时何地，都可以通过媒介技术实现距离的拉近，有了一对一传播、面对面传播的格局。我们一望可知其实这并没有那么强烈的竞争属性。虽然其中也有"竞争"，但这是一种被称为"合竞"（合作之下的竞争）的关系。在这样的格局中形成的最基本价值是什么呢？很显然，是连接。马化腾曾经说过，互联网改变世界靠的是开放条件之下的连接和再连接，对于那些传统社会无法利用的微资源进行连接激活，在此基础之上进行整合、协同并形成新的社会功能、新的社会价值。比如说有人提出一个非本人专业领域的问题，那么我可能会介绍一位相关方面的专业人员或者邀请相关领域的网友帮忙共同解答，这就是所谓的通过连接来扩大自身价值与功能的不足，来获取更广泛的价值与更广泛的功能。因此，互联网发展的第一主题词就是开放条件之下的连接、整合、激活和协同，这就是互联网价值创造和功能形成的第一法则。

所以说，我们正经历着"百年未有之大变局"。所谓传播革命，就是传统发展方式与运作逻辑的中断或终结，新的传播现实需要我们用全新的理论逻辑与实践范式与之相匹配。俗话说，菜鸟死于常识，老将死于趋势。面对这种新的传播现实、社会现实，人们所犯的错误大体有两种：一种叫"菜鸟式"的错误，一种是"老将式"的错误。菜鸟式的错误就是常识性错误，就是别人已经犯过一百次、一千次的错误，他重复再犯。老将式的错误则是刻舟求剑式的时代错误。老将是指行家里手，过去那一套的做法逻辑、工作模式曾造就他们光荣的业绩，但是问题在于天道已变，时事已变，现实环境已经跟过去完全不一样，过去一成不变的经验反而会成为一种掣肘性的因素。

首先对于传统媒体这个"老将"而言，创新已经不得不成为未来传播的生存方式。新时代意味着传统发展逻辑的终结，需要更多的创新与探索，唯有创新才能生存，唯有开放自己才能获得更多资源整合的机会与可能，而不是以邻为壑、封闭自己。其次，对传统媒体来说，解决战略问题比解决战术问题更为重要，因为他们面临的是一个趋势性问题。战略问题解决"在哪儿做""做什么"的问题，即"做正确的事"；战术问题解决"如何做"的问题，即"把事情做正确"。可以说，战略问题的解决是"系衬衣的第一个纽扣"。习近平总书记曾经说过，群众在哪里，宣传思想工作就要做到哪里。既然群众已经在不断流入社会媒体，那么传统媒体就应该考虑调整战略，重新激活它们在社交媒体上的动员与资源整合能力。

7 目前对传统媒体的悲观和失落情绪似乎在进一步蔓延，传统的主流媒体应该如何正视自身的价值，重新发现自身所具有的创新能量？

我在几年前写过一篇文章，把互联网发展分成上半场和下半场。互联网发展的上半场是指什么？主要就是网络化的过程，也就是把人和人、信息和人、信息和物等连接为一体，使人、知识、信息跟物形成了三大网络——人际网络、内容网络、物联网络。它其实是一个跑马圈地的过程。在这个过程中，就看谁的技术优势比较领先，谁的资本市场支持比较强大，谁对于市场机制的敏感度和协调性比较好，谁就能在这个过程中抢占先机。

在上述这些方面，我国传统的主流媒体其实并不十分占优势。从技术优势上来说，虽然主流媒体对于技术也很重视，但技术领先的优势始终掌握在互联网公司手里。对资本市场的态度上，我国传统主流媒体跟资本市场之间始终是有一道红线的，这是难以逾越的。在响应市场机制方面，由于主流媒体要强调社会效益与舆论引导等，在市场的灵敏度上会有一定的滞后与损失。所以在这样的一个大的背景下，互联网的优势者、领先者，最后成为互联网所谓的霸权者，也就是刚刚提到的 BAT 和 TMD 等巨头企业引领了互联网"上半场"（即网络化）的进程，而传统媒体相对来说属于比较弱势和边缘化的。不过，我觉得大可不必陷入这种悲观与失落情绪之中。有的时候就是三十年河东，三十年河西，我们马上就要进入互联网发展的下半场，传统主流媒体所拥有的诸多优势，就有可能成为它们在下一轮发展当中的宝贵资源，甚至是独占性资源。

互联网发展的下半场是在初级连接的基础之上，对某一行业或者某一地方进行动员、激活与功能整合，这是一种垂直性的资源整合。而传统的主流媒体恰恰在一个地方或是一个行业累积了数十年的资源，有长期的连接和联系。这体现在两个方面，一是传统主流媒体拥有在地化优势，它们对某个地方的一草一木、每一个社区都有着有形或无形的连接，在真正基层的社区服务等领域，传统的主流媒体有其自身的优势。二是传统主流媒体累积了长时间的信誉，因此它在未来构建垂直领域服务的过程中，对于动员这些资源本身是有着比互联网平台公司更多的优势的。当社会服务等越来越多的线下事业搬到线上，传统主流媒体就需要扮演一个重要角色。

另外，传统主流媒体还有一个重要的资源就是背书功能。学过传播学的都知道，有影响力的媒体都有一种所谓社会地位授予功能，其实也就是一种强大的背书功能。在我们国家，传统主流媒体在影响人们的社会认知、社会态度、社会判断与决策时仍然发挥着第一位的作用。比如说在舆情研究当中，我们会发现有所谓的"哑铃效应"，当一件事情在网络空间中筛选及蕴蓄，可能会导致一个热点的引爆，但是如果没有传统主流媒体的跟进报道，这样的事件最多也就是在网络上留存一天或两天，然后会被慢慢淡忘。如果传统主流媒体开始跟进报道，激活社会的实际职能部门开始解决实际问题，这就相当于获得了一种社会中心性的认证，其热点能量将会持续更久。这就是传统主流媒体的另外一个优势——背书功能。

> **8** 目前传统媒体正轰轰烈烈地进行媒介融合转型升级，通过互联网技术支撑和内容创新，力图打造一批具有强大竞争力的新型主流媒体。新型主流媒体应该如何突破传统媒体的限囿，真正发挥其功效？

我认为，在当下这样一个"圈层式生存"的微粒化社会中，新型主流媒体最为核心的任务和目标就是实现对于圈层与圈层之间的"破圈化"整合，以实现对于主流人群的整合并影响社会上的大多数人。

互联网最大的特点就是前面提到的造成了微粒化社会的形成，在互联网技术的加持（即赋能赋权）下，一个人可以动员的社会资源变得越来越多，未来如果再有更多智能化的连接服务，每个人可以获得、调配及操控的资源会更多，人们对于一个固定的组织机构的依赖程度就会下降。而要创造价值、构造功能，离开人与人的合作是做不好、做不大，特别是做不专业的，因此人与人的合作在未来依然不可或缺，只是合作形式会更加机动、便利和灵活。而"圈层"恰恰是人们意气相投、彼此连接的功能与价值汇聚的"节点"，于是圈层化的存在便逐渐成为社会生存和运作的基本方式。

圈层化虽然带来了人们社会生存的新方式，但也容易造成认知上的"窄化"，例如信息茧房效应的产生；同时也造成了社会成员之间的离散与沟通上的圈层阻隔。而一个社会的治理不但需要圈层自身的活跃与活力，同时也需要圈层与圈层之间的协同与沟通，但是这种协同与沟通不会自然而然地发生，某种情况之下甚至会形成以邻为壑的圈层冲突乃至冲突的极化。因此，肩负社会治理和社会协同使命的新型主流媒体的关键性职责，就是要努力"破圈"，形成圈层和圈层之间的沟通互动，并在找到社会最大公约数的基础上实现社会发展中所必需的协同与整合。其中最重要的不是如何构建精英文化，而是如何利用自己的横向贯通能力形成关联价值，实现圈层和圈层之间的整合、互动、沟通和认同，这才是未来社会治理的关键。

传统主流媒体在内容传播的表达上非常强调"摆事实、讲道理"，这是一种精英文化实现升级迭代的纵深价值的逻辑。而在一个微粒化社会的破圈中则需要一种横向连接的能力，这样一种能够实现跨越圈层的沟通力量，主要来自内容构造中的非理性因素，比如情感共振、关系认同，这是横向连接当中最重要的手段。由此，非理性力量于今迅速崛起并登堂入室，成为当下社会治理当中最重要的手段之一。但这实际上是社会转型中的一个难点。举例来说，主流媒介如何看待亚文化？事实上，亚文化是构成这种穿透力的最重要的物质资料。"破圈"所具备的横向连接价值、横向沟通能力，对于今天的社会治理、政治治理、传播治理，都依赖对亚文化的利用、改造能力。从拒绝到发现它的存在价值，再到今天发现它是构造社会的正常组成部分，也是社会创新最为活跃的因素——这是一个历史性的进步。

"破圈"能力其实是双向改造的过程，并不只是说用你的东西去"破"别人。我们现在的一个普遍幻想就是，我不变，我还是我，我用我的金箍棒一棍子打下去，就打开了这条路。这是不可能的。它一定是一个双向作用、彼此协同的过程。

变是永恒的法则，唯一不变的就是要变。但哪些变，哪些不变？我们一定要厘清，不变的是一些关键性的问题、关键性的因素和关键性的规则，其他东西都可以变。那么，如何去变？现阶段相对安全的一种过渡模式不是存量改革，而是增量改革——所谓老人老政策、老功能都不变，但是让新的因素、新的表达机制在探索中进入。通过这种新机制的进入，在维系老因素的同时，改善系统的整体结构与功能。当新的因素逐渐渗透到这个结构的时候，老因素在整个系统结构中的占比就会越来越小。

> **9** 一直以来，技术革命是互联网不断迭代升级、完成社会改造的关键，今天5G技术开始引领新一代互联网的发展。相较于之前的技术，5G技术有何新特点？这些特点将导致传播生态出现哪些新变化？

5G，即第五代通信技术，其所带来的影响实际上是一个革命性的改变，是关于领域、关于机制的目标和实现路径、实现逻辑的深刻改变。5G技术有"两高两低"四个特性——高速率、高容量、低时延和低能耗，这些特性将深刻影响人类社会的发展。

一是传输速度快。传输速度快最明显的传播效应就是使视频成为大行其道的表达方式、表达语言。这意味着人类文明以文字书写方式进行表达的历史可能会有某种程度上的终结。同时，考虑到书写文字作为一种数千年传承的表达工具，其本身便具有深刻的精英化逻辑和标准。有研究表明，在以书写文字作为主要表达形态的微信、微博上，得到广泛传播的文本有95%是由3%—5%的精英人士书写的，而95%的普罗大众在这一平台上的角色，依然只是阅读者、转发者和简单的点评者。而视频语言作为一种可以容纳多元要素、多样文化的"宽通道"表达方式，前所未有地降低了人们参与社会表达、成为传播供给者的门槛，使过去不常见到的亚文化形态得以完成其表达空间的释放和价值实现，尤其在短视频当中。因此，专业化、精英化的传播生态可能进一步向泛众化转变。

二是容量高。5G是一个高容量的网络。4G时代，人际网络、知识信息网络、互联网络等，每个网络相对独立，我们可以建立调节点沟通彼此，但是一旦访问频繁，就会出现所谓的坍塌。5G可以提供5亿种场景的连接，可以提供50亿人同时在线，可以提供500亿个传感器同时在线和接入。这意味着万物互联到 5G 时代才逐渐成为一个事实，而万物互联则意味着我们有可能跟每一个人都有关联，因为传感器无所不在，安放在生活的方方面面——灯里面有传感器，桌子有传感器，到处都有传感器，能够给我们提供各种各样的描述性的资讯。此外，由于万物互联和全时在线所产生的海量数据的涌现，数据变得无所不在、无处不有。这种数据能够对人类实践范围之内的所有环节、所有地点、所有场景、所有人和所有时间进行描述和分析，媒体平台得以在适当的时候提供适当的信息咨询或是商品服务，数据也因此成为未来任何一种商品、任何一种服务和任何一个内容的标准配置。

三是低时延和低能耗。低时延意味着高同步，意味着 5G 可以完成同步性高的任务。比如说一个医生，在北京可以利用同步设备为其他地区的手术开刀。它的时间滞后性非常可控，所以这相对来说就可以实现同步性和场景性的东西。此外，5G 时代所产生的海量数据通过人工智能技术的处理，可以实现机器资讯写作、社交机器人以及"深度合成"等形态的"机器生产内容"（MGC），成为内容生产的一支不容忽略的生力军。或许在未来，我们会越来越多地消费由机器人创作的新闻、诗歌、小说，在线上与机器人聊天、互联关注，甚至可能还会迷恋由机器生成的"虚拟偶像"，这是一种传播格局的重塑。

> **10** 当机器人逐渐以 MGC 的方式取代专业性的媒体内容生产者，那么未来媒体工作者所扮演的角色会发生什么样的改变？换句话说，专业媒体工作者会有哪些可能的转型方向？

过去我们的专业媒体工作者，主要是以为社会直接生产内容作为自己价值存续的凭借物，而在 UGC（用户生产内容）、OGC（机构生产内容）、MGC（机器生产内容）不断成长扩大的背景之下，传播技术的内容生产越来越自动化。在这种情况下，一旦内容生产形式成为一种通用且普遍的技术，专业媒体人在内容范围内的创造空间可能会越来越小，同时价值也将越来越低。所以在未来，我们很难去将专业媒体人的价值仅仅定位在为社会直接生产内容这个层面。我想至少有这样几件事，或许是需要未来专业媒体工作者来做的：

首先是掌握数据的计算。数据已经成为整个社会运作的重要资源。换句话说，在一定程度上掌握着数据，掌握着数据的算法，就在一定程度上掌握了传播，掌握了社会运作的基本脉络，这是未来传播实践的制高点。未来传播的智能化发展都是以人为本的，而数据是刻写、记录人类行为最基本的维度。在充分掌握的情况下，才能设计出最贴近人的传播产品。

其次是专业媒体工作者需要为不专业的人提供标准化模式的便利，让更多的人能够借助媒体所提供的模式和帮助，无碍地进入传播和沟通当中。这种专业模板既为较为缺乏媒介素养的人参与传播、参与交流提供方便，同时也可以把一种价值导向放在这种模板里面，起到舆论导向的作用。其实早在20世纪初，《北京青年报》就利用过这种专业优势来为民众服务。当时他们选择为北京的出租车司机提供新闻采写的培训和激励机制，要知道北京的出租车司机基本上相当于流动的监控摄像头，北京大街小巷上发生的事情基本都会被他们捕捉。《北京青年报》正是利用这一点希望出租车司机们来为民众提供新闻来源，同时培训他们用填表格的方式记录下事件发生的5W及照片信息，这其实是一种多方的互利互惠。回到今天的技术条件，我们的专业媒体工作者同样可以为公众提供短视频、H5等媒介表达的生产模板和服务。

再次是研制一些新的传播样态、新的传播形式，开辟一个新的发展领域。作为媒介工作者，本就应该具有开疆拓土、扩大媒介的自由度的使命。

最后，作为媒体工作者，应该站在全社会传播的高度，为全社会的信息传播、意见传播、情绪传播提供一种可持续的平衡。因为平衡特别重要，信息与意见的失衡都可能会造成社会的偏见、危机、冲突和混乱。过去的媒体工作者可能需要为弱势群体发言，但是在今天，弱势群体代言人的角色实际上被削弱了，因为他们自己也能组织起来进行发声。那么，在今天，我们可能就需要一些政治性的、社会性的学问和基本素养来支撑社会守望者的角色，维护社会平衡、情绪平衡。

5G技术带来的变化，也可以理解为对传播流程、传播要素的重塑。您能否具体分析一下未来传播的演变趋势以及可能发生的重要变革？

在媒介层面，传播媒介总体上讲呈现出从物理介质到关系介质再到算法介质的转变。传统来说，物理介质主要指广播、电视和报纸。而在社交媒体出现之后，我们会发现这些物理意义上的媒介逐渐被关系媒介所取代。社会关系成为人们传递信息、表达意见的最为主流的信息传播渠道，物理媒介不再成为人们表达的限制。而在5G时代，各种各样的传感器设备能够把我们的心理、生理都融入互联互通的过程中去，建构起虚拟、沉浸式的全新传播空间。只有算法能够洞穿物理世界、生理世界和心理世界，并且能够成为现实世界与虚拟世界的无所不在、无所不能的联结者。因此，算法即媒介，它将成为未来无所不在、无所不能的"万物皆媒"发展阶段上的基础媒介。在这个过程中，媒介形态逐渐由实转虚。

在内容层面，过去我们对于所谓内容的理解，几乎100%的概念是"关于资讯传播的内容"。但事实上，由于今天泛众化传播的崛起，还有两个重要的内容范式中的价值维度正在逐渐显露出来并亟待开发：关系表达与媒介功能。首先，作为关系表达的内容，在当下社会表达中具有越来越重要的作用。尤其在传播实践中，很多时候我们发现内容中情感共振、关系认同的力量远远大于事实与逻辑的力量。同时，关系表达对于社会认同、社会沟通与社会共识的达成亦有重要的激活作用。其次，场景将成为未来传播发挥影响力及价值变现的关键节点。而利用内容构造场景、形成新的沟通模式本质上就是一种媒介功能。在这个过程中，内容即媒介，我们可以利用一个具体的内容场景形塑某些特定群体的讨论与沟通，比如 VR、AR 或是实时直播等。最终，这种媒介功能逐渐成为碎片化、圈层化的社会中形塑社会沟通最简便的方式。这时候内容所扮演的角色，已经远远超过其资讯传播的价值。以抖音和快手为例，抖音做的是优质内容，对于那些好的内容平台会给予公域流量的支持。而快手只是以内容为媒来做圈层，作品再差公域流量也会根据关系接近性给予支持——圈层的运行、强关系的缔造便是其最为重要的"产品"，而这正是社会"媒介化"进程中最为需要的社会关系资源的有效对接与匹配，以实现其价值变现。以关系与圈层的把握为特征的场景将成为未来传播发挥影响力及变现价值的关键性节点。

在受众层面，传统大众传播学中的受众是信宿，是信息传播终端的内容接收者，其权利半径仅限于作为信息消费者的权利边界。然而，随着用户在传播全域的主体地位得以确立，用户不仅仅作为一个内容接收者与消费者，同时也是一个权力拥有者。因此，媒介对于用户的引导形式必然经历一次全新的改写。例如在 VR 技术中，用户在享受媒介服务的同时可以任意使用第一人称而非传统第三人称视角进行观察和体验，同时可以决定自己看什么、不看什么，因此我们很难用传统选择性引导与议程设置等方式来面对未来的受众。在我看来，未来传播的制胜关键是用户洞察基础上的服务以及基于服务的价值变现和意识形态引导。

其中，传播服务的四个关键是：首先是使用户能够"看见"，即在信息触达层面有着较强的渗透性。其次是使用户能"看下去"，即在文化归属方面能够产生一种情感共振，戳中用户的痛点或是痒点。再次是使用户能够"看懂"，即减少信息解码中的认知偏差与文化折扣的产生。最后是使用户"既能看懂又能用"，即在认同基础上的产生行为。这时候，传播便成为协调各种社会力量、社会资源的一个组织性力量。说到底，未来的传播致效也好、媒介融合也好、媒介化的社会改造也好，其可行性的前提基础就是从用户洞察及服务于用户的需求发端的，这是未来传播的基本逻辑。

12

在这一系列重塑的过程中，传播要素的变化意味着传统的伦理和法规等面临更大的挑战。目前来看，5G时代的未来传播面临哪些需要解决的问题？

首先是隐私性问题。隐私问题一定会在5G时代成为一个重大的社会性问题，因为这是一个数据丰富的时代。机器可以采集哪些信息、不可以采集哪些信息、采集了留存多久备案、是否可以删除等问题，都是现在乃至未来已经在或将要困扰我们的难题。互联网一代产生了大量的网络记忆，当然也给社会生活带来巨大的负重和包袱。尤其在进入5G时代后，传感器的使用无处不在，那么其可能导致的监控与隐私后果其实也是在不断升级的。

其次是社会管制问题，这是传感器使用可能导致的另一个关键性问题。这些传感器可能会与金融、物流相关联，甚至关联到一些与产业和社会安全相关的重要渠道，那么原来互联网的管理方式便不再适用。其中需要讨论的问题：第一，传感器究竟由谁控制连接，这是权限问题；第二，即使管理者有权限控制，那么可以在多大的社会成本和社会代价内控制传感器的使用与连接性的控制选择，这是个边界问题。

最后是人格化问题。当我们利用人工智能去处理一切的时候，人本身也会发生一些变异。因为人工智能就是一个算法，算法总是从利害和利益的角度来做计算。人的特点就是不通过计算来决定取舍，人之所以表现出自己的魅力、价值，就在于他可能舍弃对他最好的选择，而毅然决然地选择他所认定的。如果我们生活在一个计算的智能环境当中，不免就要受到影响，我们可能就会离人越来越远，离真正的人性越来越远，我们作为人的尊严可能就会受到很大的挑战。

13　如果需要对未来传播做一个基本的描述，您会从哪些价值维度来考量未来传播的发展内涵？

在我看来，读懂未来传播有四个关键词与三大价值尺度。四个关键词分别是数据霸权、关系赋权、算法即媒介以及以人文本。就像刚刚提到的，当前媒介形态由实转虚，算法将无处不在、无时不有，带来了"万物皆媒"的发展结果。在算法成为基础性媒介的时代，既不能否认传统的内容媒介，也应该看到关系媒介所具有的能量。其中，数据为关系赋权提供支撑。而最终，发展目标是以人为本的，为了更精准地了解人、洞察人，并扩大人类媒介的自由度。当然，传播的创新——无论是传播技术、传播形式还是传播内容的创新，都需要从以下三个"有利于"的价值尺度上去加以考量。

第一是能否有利于增强社会成员之间的信息流动性。社会结构中的信息流动是社会协调发展的关键之一。如果一个社会的信息不流动，将会形成信息意见的板结化，进而造成利益的板结化、社会的板结化，将可能导致巨大的政治偏见、政治冲突的出现，引爆社会危机。所以，保证信息能健康有序地流动，在社会治理中至关重要，而促进社会信息流动的传播创新必定拥有其巨大的社会价值、治理价值和发展价值。

第二是能否有利于扩大人们社会实践的自由度。一部人类文明的发展史，从某种角度上看就是人类的实践半径不断扩大的历史。而所谓"媒介是人体的延伸"则突出表明了"以人为本"的媒介发展观。人们能够探索更多的空间，能有更多的资源和更多的领地，可以去展示、安放我们的价值、个性以及生活，这在很大程度上是靠传播来扩大的。区块链技术是在传统社会的社会信任被打破之后为分布式社会中人与人之间的信任建立起全新的技术保障机制；智能算法型媒介则为人与人、人与信息、人与物以及人与物理世界、生理世界与心理世界的连接提供了新的可能……，这便是媒介的发展为人类社会实践自由度的扩大所做出的一次次创新突破。

第三是能否有利于提升人们对主客观世界的把控能力。今天的世界是一个变动不居、复杂性丛生的世界，我们需要用不断迭代创新的认识工具和实践手段来简化认识与把握这种现实变化的难度、复杂性，以提升我们实践操作的有效性。传播创新可以从沟通、连接和文明传承的角度提供给我们一些能够简化这种复杂变动的"抓手"，那么谁能提供这种"抓手"，谁就有巨大的社会价值和未来发展。现在知识付费类内容，一定程度上能够克服人们的焦虑，提高人们对现代社会变动不居的秩序感的认知，所以能够变现为价值。

14 您在对未来传播的展望中非常强调以人为本的媒介发展观,不过随着机器地位的不断提升,"后人类"思潮也在学界泛起波澜。我们应该如何处理机器与人的关系?

在智能时代,传播创新越来越体现为人工智能技术对于传播的加持与协进,在这种模式下,人机关系会出现四种可能性:机器或者知识帮助人机之间产生更多的价值与可能,我们称之为"人机共生";当然也可能在机器提升了人之后,人有了更多的价值与可能,而机器则没有进化,这叫"偏利共生";但是也很有可能会出现这样的状况,在机器出现在这个世界当中的时候,仅仅是机器发展,对人也许是伤害,我们叫作"偏害共生";还有一种可能是我们无法想象的,叫作"吞噬取代"——技术的发展将人与机器共同毁灭。

我们追求"人机共生",也可以暂时接受"偏利共生",拒绝"偏害共生"和"吞噬取代"。但即使在前两者的情况下,我们也要牢记"以人为本"的创新宗旨,它是全部传播创新的"压舱石"和"定盘星"。正如苹果公司 CEO 蒂姆·库克在第四届世界互联网大会开幕式上的发言中所说的,我们不担心机器会像人一样思考,相反,我们更担心人像机器一样思考。因此"我们必须要为技术注入人性"。这或许就是未来传播创新的灵魂所在。

15 未来传播所关联的要素会越来越丰富,传播学应该如何调整自身的学科架构?对于传播研究者而言,我们又该如何应对这股未来的传播浪潮?

正如我刚刚所提到的,传播逐渐成为一种组织协调社会的重要力量。在这个过程中,传播所联结的要素、资源越来越多,它所涉及的领域以及相应的规律机制也就越来越丰富,所以在未来,我们可能需要整合传播生产力、技术生产力和社会生产力,需要多学科之间的共同协同来解决问题。

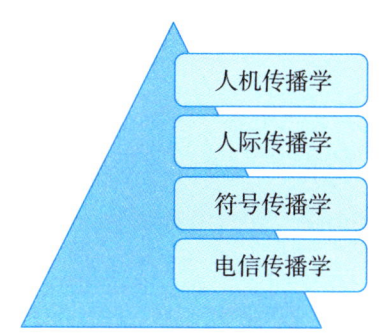

图 1　未来传播学体系的基本学术架构

首先,未来整个传播学的学科建设,基础应该是电信传播。在很大程度上,我们学科体系是从电信传播学发端的,而未来的发展更是依仗电信传播学作为基础。2000 年前后,日本东京大学做了一个划时代的改造,以通信科学作为他们传播学构建的底层,他们认为通信科学为传播提供了底层的技术可能性,在这些技术可能性之上,才能建立起现实的各种各样的渠道符号表达形态。

在其之上是符号传播。因为我们传播的介质形式已经非常丰富多元,研究不同的介质、不同的形式、不同的符号,在传播过程当中的各种功用、各种效应、各种配伍、各种协同也会成为一个重大的课题,其中最重要的就是场景性的研究。广告学、人际传播学、公共关系等,都是针对场景的发现、场景的创造、场景设计、场景的应用和场景效应的一种检验,会成为未来传播学当中最重要的一个学科分支,即场景学。

然后是人际传播,这里的人际传播并不是过去大众传播概念之下的狭义概念,而是指人和人之间的传播,组织传播、群体传播,包括大众传播在内的所有的人和人之间的传播，这些传播学研究将带领我们一同去发现人类传播行为中的一些行为模式和规律机制。

最后就是更高意义上的人和机器的对话和传播，即人机传播。主要研究人和机器如何进行彼此间的协同，人所扮演的角色、机器所扮演的角色以及双方产生的互动效应。

为了适应未来的这种交叉学科发展趋势，研究者应该通过广泛阅读与技能学习努力提升知识的宽度与深度。当然，宽度是深度的前提和基础。当我们观察一个问题的境界宽广的时候，就能够有各种各样与众不同的解决问题的视角和思路，这一点是我们今天面对不断变化、错综复杂的社会所需要的。换句话说，宽度是我们解决问题自由度的问题，如果没有宽度的话，就很难有深度可言。

深度学习驱动下的人工智能与视觉分析

田永鸿

北京大学博雅特聘教授、博士生导师，鹏城实验室网络智能研究部副主任，国家杰出青年科学基金获得者。

目前,以深度学习引领的人工智能发展已成为当下的一股热潮,您长期从事这一领域的研究,能否简要谈谈深度学习的起源和发展历程,是怎样逐渐成为引领人工智能发展新趋势的?

理解人工智能的学习原理,首先要从人脑开始。大脑中有多神经网络,如果神经网络在计算机中实现,就是一个数字化的神经网络,而这实际上就是模拟人类思考的生物神经网络,它通过类似仿生的神经网络模式来进行推理与识别。事实上,这一概念并不新鲜,人工智能从起源到今天共经历了三次浪潮。

人工智能起源于1956年美国达特茅斯学院举办的夏季学术研讨会,图灵奖得主约翰·麦卡锡(John Mc Carthy)首次提出"人工智能"(Artificial Intelligence,AI)的概念,掀起了人工智能的第一次浪潮。第二次浪潮,即20世纪80年代,著名的反向传播算法(Back Propagation,BP)也是在那个时代诞生,它使多层人工神经网络的学习成为可能。当时在语音识别、手写字体识别等任务上取得了进展,但这一时期的人工智能受限于数据量与测试算力不足等因素,尚处于学术研究与实验室阶段,难以解决复杂的实际问题,逐渐走入低谷。直到2006年,深度学习的"三剑客"之一——杰弗里·辛顿(Geoffrey Hinton)等人提出深度学习技术,把神经网络多层堆积在一起,发现效果良好。为与传统的神经网络相区别,人们便将这种多层堆积称为深度神经网络,这也是新一波人工智能发展的核心。著名的期刊《麻省理工科技评论》(*MIT Technology Review*),每年会对技术领域做评述,2013年,它将杰弗里·辛顿在2012年提出的深度学习（Deep Learning）作为当年十大突破性技术的第一位。

ImageNet大赛最高光的一幕，还在于它促进了神经网络和深度学习的腾飞。2012年的ImageNet竞赛中，杰弗里·辛顿带领团队参赛。那一年，该团队使用的深度学习方法，在识别图片的比赛中一骑绝尘，远远超过其他所有的方法。他们提交的深度卷积神经网络结构模型Alexnet，足足提升了10.8%的性能，比第二名的成绩高出41%。这是什么概念呢？在当时，1%的性能提升都会是突出贡献（Major Contribution），而神经网络这种沉寂了十多年的方法，竟然超过了10个百分点，瞬间就引发了巨大震动。

当然，到了2014年谷歌加入战团，这一波人工智能热潮才真正兴起。在当时，深度神经网络对于事物的识别能力已经无限贴近甚至强于人的识别性能。也就是说，当时的机器在识别能力上可能比人还要厉害。同时，另外一个标志性的事件就是2015年一篇深度学习论文《深度学习》（*Deep learning*）的问世，这篇论文是最近十年以来《自然》（*Nature*）期刊上引用率最高的一篇论文，几年时间内被引用一万多次。这篇论文也是由被称为深度学习"三剑客"的杰弗里·辛顿、约书亚·本吉奥（Yoshua Bengio）和杨立昆（Yann LeCun）创作而成的，三位成为2019年ACM图灵奖的获得者。可见，近几年深度学习的影响力之大。以上事件，其实都预示着深度学习成为推动传统人工智能发展的全新动力引擎。

在发展过程中，人们开始察觉到深度学习的武装使人工智能变得比以往更加强大，有关人类与机器的PK开始逐渐提上日程。最典型的就是IBM几年前的"沃森"机器。这个机器最开始用于医疗，也是最早获得美国医师执业证的一台机器。沃森10分钟就能看2000万本书，它的学习能力非常强大。另外，在强对抗性的游戏领域，现在已经开始出现用机器玩家来挑战人类玩家的事件

（DOTA2）。

但其实，真正让公众了解到人工智能的，是阿尔法围棋。AlphaGo 战胜了李世石，也战胜了中国的柯洁。想当初，1997 年 IBM 深蓝战胜了人类，战胜了卡斯帕罗夫，我们当时都说那是因为国际象棋没有多复杂。结果现在我们发现，围棋又被机器占领了，而且人类无论如何也打败不了。

近期 DeepMind 的 AlphaFold2 人工智能系统精准预测蛋白质结构，在被认为中等难度的蛋白质靶标上，实验室团队的最佳表现通常在 100 分的预测准确度上得分 75，而在相同的靶标上 AlphaFold2 得分大约为 90。

上述事件之后，AI 让普通公众产生了巨大的兴趣，进而深度学习／人工智能与很多领域的技术开始深度结合。

2　与传统的置信网络相比，基于深度学习的大规模神经网络展现出哪些特点？

类似于 AlphaGo 下围棋这种规则清晰、约束有限的特定任务，依赖于深度学习与大规模神经网络的处理，往往能够获得比较好的效果，因为大规模神经网络目前为止展现出了很强的计算能力。

大规模深度学习神经网络的计算能力体现在较深网络层数方面，这是相较于传统置信网络。其中，一个基础知识是：神经网络是通过设计适量的神经元计算节点和多层运算层次结构，通过网络学习与参数调优，建立起从输入到输出的函数映射关系。有人证明了全局逼近定理（Universal Approximation Theory），即具有充分多隐节点的三层以上神经网络可以以任意精度逼近任意连续函数。如果网络越深，非线性多分类映射关系就会越复杂。所以，这样的深层网络使得深度学习具有远超于传统置信网络的计算能力。

当然，这同样也依赖于近几十年来计算机算力的发展，支撑起深度学习的大规模神经网络。从理论上来说，深度学习处理复杂问题的能力提升了，即便是现在非常纷繁复杂的视觉图像等，也能够实现识别与分类。而这种处理复杂问题的能力也引起普通公众的兴趣，深度学习的生命周期得以延续发展。

> **3** 目前深度学习驱动的人工智能在各行各业的应用越来越多，您能否介绍一些前沿人工智能的应用案例？

从语言角度来说，人工智能目前比较主流的应用领域是自然语言处理和机器翻译。首先是自然语言处理，我想大家都应该用过或者听说过小米的小爱同学，或者百度的小度。我们家就有一个智能机器人，每天晚上我都要跟他对话。特别是之前中国诗词大会最火的时候，我每晚都要和小爱同学玩几轮飞花令。在游戏的过程中，我发现这类人工智能音箱的可用性增强了。你念一句诗词，隔个十多轮之后，再念同样的，它会告诉你："对不起，你这个已经讲过了。"而传统自然语言中最难的问题就是多轮对话。还有一个 AI 机器人叫微软小冰，是微软亚洲研究院研发的，这也是一个以自然语言为主的聊天机器人，慢慢地它还能学会写诗。从上述案例我们可以看出，自然语言处理技术逐渐在 AI 技术中得到了发展，要知道自然语言可是整个模式识别中最难的问题。

其次是一些机器翻译的应用。以前在需要进行英文翻译的时候，当时的翻译软件翻译质量不高，但是现在，翻译软件的准确性大大提升，甚至有时候全篇英文论文的翻译结果也都八九不离十，这就是机器翻译中的 AI 应用。实际上，我们会发现目前人工智能的发展已经不再满足于简单的语言处理与翻译，而是进军更深层次的艺术创作领域。很多年前，我们认为艺术创作是人的专长，但是现在，人工智能在向琴棋书画等领域全面进军。举个例子，在诗词领域，人工智能已经具备自己创作诗歌的能力。2016年，清华大学语音与语言实验中心（CSLT）曾经宣布，他们的机器人"薇薇"所创作的诗歌已经通过了图灵测试。所谓图灵测试，实际上就是通过提问实验的方式来鉴别回答问题的究竟是人还是机器，而通过了图灵测试说明我们无法通过语言来分辨回答者的身份，这也意味着人工智能发展到了比较高级的阶段。现在，无论是人工智能作曲、作画抑或下棋、打牌，都已经有了比较成熟的运用和成果。2019年，纽约克里斯蒂拍卖行以19.25万美元的价格出售了一幅由算法绘制的具有19世纪欧洲肖像画风格的爱德蒙·贝拉米（Edmond de Belamy）画像，这些其实都是技术演进与人工智能应用的一种体现。

从视觉识别的角度来说，人工智能也广泛应用到了人脸识别、行为识别、自动驾驶技术、医疗影像等领域。首先，人脸识别是目前应用最广的领域之一，现在的智能手机、公司或小区门禁大多配备了人脸识别功能。其次，行为识别也是目前比较前沿的应用。2018年，日本移动电话公司利用简单的开源AI技术研发了一款安全摄像头"智能卫士"（AI Guardman），可以用来理解人们在超市中的行为意图，以实时监控偷窃等可疑行为并及时通知店员，同时也能进行在线存储，保留行为证据。这使得机器能够取代人进行店铺管理，无人超市现在也越来越成为一种趋势。再次，人工智能可以应用到自动驾驶与目标检测等领域。目标检测可以检测识别出摄像头前的障碍物与距离，这其实是自动驾驶技术应用的一个基础要素。车辆在路上行驶不仅需要躲避车、人等各种障碍物，也要能够正确识别红绿灯或摄像头等道路标记并做出判断和决策来保证车辆的行驶安全，即保持车辆距离或遵守基本的交通规则等。前沿的人工智能技术就需要将这些识别和判断与道路应用场景具体结合到一起，甚至还要考虑天气、路况等各种因素才能做出决策。最后，人工智能也逐渐应用到了一个比较新的领域——医疗诊断。随着现在医疗需求的提升，医疗资源其实一直都处于比较紧张的状态。大家也都希望在使用医疗资源时能够得到比较优质的照顾，比如挂"专家号"，可能排队要花一两个小时，花了很多钱，最后诊断却只有一两分钟。事实上，很多医疗经验上的累积通过人工智能是可以进行视觉识别的，类似于皮肤病等疾病通过机器视觉识别都可以进行诊断，来判断患者的正常或者异常状态，这是计算视觉的专场。不过由于涉及很多健康问题和社会问题，人工智能在医疗领域的实现还需要时间。

纵观人工智能的发展历程，一直有所谓"三起三落"的说法。您认为这一轮人工智能崛起的主要动因何在？

此前，我介绍了一些人工智能在当今社会中的应用案例。这也反映出本轮人工智能发展热潮与过去两轮有些不同，计算机不再受制于以往有限的存储能力和运算速度，开始进入实际社会经济生活领域帮助人们解决问题。正是因为这个原因，本轮人工智能热潮才具有如此大的影响力。同时，技术与社会应用相结合也使得技术本身获得了更强大的生命力。

举个例子介绍一下这些智能技术是如何实现应用落地的。亚马逊（Amazon）这类公司以前整个物流流程都是由人来操作的，包括分拣、打包、贴单等，但是现在，将更多的机器人技术应用到物流流程中，大大缓解了人工劳动的成本压力，获得5倍以上惊人的效率提升，实现了物流处理的自动化。我国的京东、阿里等企业也在不断实验无人物流仓库。一方面，我们在推动智能机器人的发展与性能提升；另一方面，这种技术上的进步也是通过实际应用落地来实现，以解决现实问题和改变人类生活。2017年我国发布的《新一代人工智能发展规划》，第一句话就是习近平总书记对人工智能发展的批示，即人工智能的迅速发展将深刻改变人类社会生活、改变世界。这句话其实非常精准地反映出这次人工智能浪潮的特点：人工智能正在进入我们的生活、改变我们的生活。

5 关于深度学习，自2018年以来出现了不少争论。深度学习引起争论的原因何在？如何看待这些不同声音？

关于深度学习好不好这个问题，这几年其实一直都有争论。深度学习三巨头之一的杨立昆是纽约州立大学教授，2019年图灵奖得主，他是深度学习坚定的捍卫者。但是同在纽约州立大学任教的心理学教授，曾经担任Uber AI实验室负责人的盖里·马库斯（Gary Marcus）则是深度学习的反对者，他的论调是主张反对和打倒深度学习。虽然他们在同一所学校，可是这两人针尖对麦芒，不断地就这个问题展开论战。2018年1月3日前后，马库斯在一个国外网站arxiv上发表了一篇长文，列举十大理由，质疑深度学习的局限性，其中包括它不可能实现通用人工智能的观点。这也导致了自2018年1月以来，关于深度学习的论战开始席卷整个人工智能领域。

2019年3月，被称为"强化学习之父"的理查德·萨顿（Richard Sutton）在博客上发表了一篇文章，这篇文章描述了深度学习中的一些怪现状，他的结论是：深度学习之所以好，是因为机器的算力很强大，而并不是因为算法有多强，也不是因为深度学习的数据模型有多强。当然，这个观点也遭到了牛津大学计算机系教授希蒙·维特森（Shimon Whiteson）的批驳，他认为 AI 的历史进程是一场融入人类知识的胜利，而不能片面地将几种元素分割开来。

后来，许多深度学习领域的专家学者都加入这场论争中，事实上谁都说服不了谁。由此可见，深度学习其实是一个筐，有的人看半满，有的人看半空；同样的一瓶水，从不同的角度来观察，得到的结论可能是不一样的，但实际上，所有的视角汇聚起来才是世界的本源。对于深度学习的质疑，有些人会说算法并没有推陈出新，也有些人会说这是个万金油领域，好像什么都可以用深度学习来训练一下做推断和预测。但是不管怎么说，深度学习在未来一段时间内仍然是人工智能突破的一个主要工具。深度学习由三个要素组成：算法、算力和数据。这三个要素还在不断地演进。它们的不断演进，使得深度学习能在相当长的一段时间内拥有生命力。在深度学习工具上，只要三个要素运用得当，它的生命力将会越来越强大，可以解决在大量场景中的实际应用。当然，最好不要将深度学习技术神化，认为它能有"点石成金"的效果，我们还是要正确地认知深度学习的能与不能。

6 抛开深度学习的争论暂且不谈，您刚刚提到深度学习的能与不能的问题，就目前而言，深度学习的"能"与"不能"何在？

简而言之，深度学习之能在于，一是能够提高训练效率。相较于传统的计算机学习，深度学习在样本质量、样本数量以及样本利用率上都有显著提升。二是能够降低使用门槛。深度学习在模型复杂度上有所优化，同时可以通过元学习、自动机与自动学习的方式来降低调参难度。三是能够帮助探索新应用，包括之前曾经提到的多媒体分析、描述与智能问答等。有很多新应用是十年前不敢想象的，比如我们说的智能语音机器人，现在因为深度学习有了可探索的空间。

当然，如果我们真正希望了解一项技术，则必须了解这项技术适用的边界，而不是对它进行过度吹捧。就深度学习而言，目前主要有以下几点限制。

一是目前的算法输出还不稳定，容易受到攻击。现在有一个很热门的议题叫作对抗安全，也就是说，我们现在的深度学习算法和模型存在一些不稳定因素，容易被一些对抗性的样本所欺骗。比如，一幅图像中某些元素的变动甚至一个像素的改变，都可能导致机器学习识别结果的不同。英国科学家艾伦·尤尔（Alan L. Yuille）等人在2018年曾经发表过一篇文章，关于测试深度学习网络失灵的情况。一个有意思的例子是，当在有一只猴子的图片中用摩托车、自行车或者吉他对猴子进行遮挡时，深度学习网络会将猴子识别成人类。事实证明，遮挡、倒影等视觉难题会使深度学习网络的判断出现偏差。

二是深度学习模型复杂度高，难以纠错和调试，模型层级复合程度较高，其中参数并不透明，都不太清楚它们具体的工作原理以及有哪些需要调试的地方。这也导致这样的模型用来下棋、作诗可以，一旦用到医疗诊断等领域，就必须慎之又慎。同时，神经网络中存在一层一层的网络，对于这些网络中的参数设置，实际上还缺乏很清晰的认知。换句话说，我们不知道为什么这样设置模型效果就好，这是需要不断训练和试错的。

三是深度学习所采用的端到端训练方式对数据依赖性强，模型增量性较差。当训练样本数据量小的时候，深度学习无法展现出强大的拟合能力，性能并不好。如果我们仅仅使用少量图片来做训练，其实是得不到很好的结果的。

这个问题的关键在于大量提升样本训练量后,模型性能是否会大幅提升。近年来,大家正在对这种不计算力、追求性能提升并不显著的深度学习创新模式展开广泛的质疑。在计算机视觉领域,有一个热门方向叫行人再识别(Person ReID),即在不同摄像头场景下,把相同行为关联起来。我们分析了发表于各大顶级会议CVPR(2018)、ECCV(2018)以及CVPR(2019)的相关文章,发现只需要简单的技巧或工程化处理就能够达到这些文章所宣称的性能水平(见图1),也就是说他们所谓的模型与方法创新实际上用处不大。从这个意义上说,未来关于深度学习的创新将会越来越难。

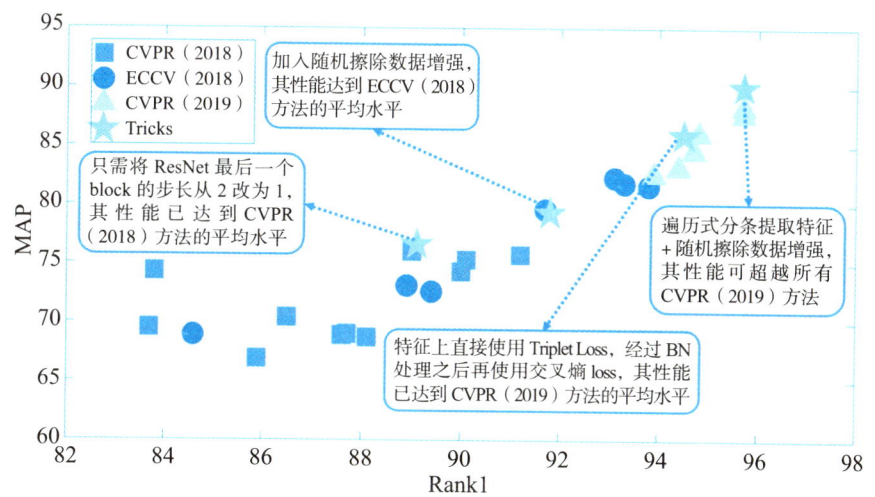

图1 深度学习领域的创新难以深入

注:本图以行人再识别为例,列出发表于CVPR(2018)、ECCV(2018)和CVPR(2019)上的方法与一些工程型改进方法在Market数据集上的性能对比,其中使用Resnet50作为骨干网络。

来源:研究自制。

四是深度学习往往专注直观感知类问题,对于开放性推理问题无能为力。举个例子,我们购票验证的时候经常需要点击图片进行验证以防止是机器人,题目通常是一些简单的人物、物品或者形状，比如男人或女人，其实这些现在机器人也能识别出来，但是换一种方式机器人就不行了，比如说加入一些常识性的推理：下面选项中哪些是"高富帅"？也就是说，对于有知识背景的、需要推理的一些判断，深度学习现在还无法实现。当然，其中也涉及一些伦理道德问题。

五是目前人类知识无法被深度学习模型所高效利用，机器偏见难以避免。事实上，算法也是依赖于大数据训练而成的，数据本身很可能并不完全中立，而是从真实社会中抽取的，必然带有社会固有的不平等、排斥性和歧视。2016年，微软推出了一款聊天机器人Tay，模仿年轻网民的语言模式与网友对话。但是仅仅24小时之后，Tay便被"引入歧途"，被称为偏激的种族主义者。这其实与它所接收到的极端言论有关，而这些言论也作为训练它的样本而存在。所以，深度学习过程想要完全摆脱现实偏见的影响几乎是不可能的，这也是现在大家对人工智能引发的伦理、道德与法律问题越来越重视、越来越关注的原因之一。

7 目前，深度学习面临一些质疑和难题，这些问题的核心是什么？又有何解决方案？

现在，我们可以看到深度学习暴露出各种各样的问题，存在一些不足和质疑。我认为其中的核心在于，深度学习的神经网络本身是一个黑匣子，它的可解释性非常差。回到我们之前所谈论的几个问题，参数不透明、模型增量性差、推理能力差等，最后会发现都可以归因于可解释性差。很多时候我们希望能够找到这些问题的症结以对症下药，但总是不知道从何入手。正因如此，美国高等研究计划署（DARPA）在 2018 年推出了一项名为 AI Next 的计划。在这个研究计划里，深度学习不再是主角，它的主角是 Explain——解释，其中的主题是人工智能如何跟上下文、跟我们的生活场景相适配。

所谓可解释性，在我看来可以从三个层面去理解：第一是"找得到"，即"对症下药"，知道哪些特征对输出有重要影响，出了问题可以准确快速地纠错。稳定性差、可调适性差等问题可以通过这个层面的挖掘来解决。第二是"看得懂"，即算法不再"对牛弹琴"。这是一个双向整合的过程。我们也希望算法能够被人们的知识体系所理解，并利用人们的知识体系来对抗偏见、优化模型。其中算法的一些参数不透明、机器偏见等问题也能够得到制衡。如何将人类知识体系更多运用到算法中，这是一个很现实的问题。第三是"留得下"，我觉得算法的迭代应该"站在巨人的肩膀上"，也就是说知识能够得到有效存储、积累和复用。现在很多深度学习的迭代其实并没有很好地运用到一些前人的研究成果，这是需要不断改善的。

总体来说，我们不仅要知道算法能干什么，还要知道其背后的原理。现在机器学习的解释性研究有三种类别，即解释阶段、解释对象与解释目的三种。在前两类中，很多研究通过数据可视化、特征可视化、探索性数据分析已经能够对模型的不同阶段与研究对象间的关系进行较好的解释，但是在解释目的这方面，目前的研究做得还远远不够。而这是打通深度学习真正运用到军事、医疗以及法律等领域的关键。举个例子，现在很多深度学习算法在经过训练之后都能识别出人和动物，但是对于为什么是这个动物，为什么不是其他动物，机器并没有对它们的核心特征进行表述，这在一些关键领域的应用肯定是不可行的。越是在医疗等关键领域，就越是要让深度学习分析的结果给出一定的证据与解释，必须让大家理解机器是如何做出这个判断的，如何诊断出人类身上各种疾病的，这样大家才有信服的可能。

> **8** 从媒介角度来说，人工智能与计算机算法的崛起带来了一种新的媒介方式——智能媒体，当人工智能与深度学习技术运用到社会媒体分析时，可能会有哪些新的研究开拓点？

我们现在每天都会用微博、微信发布文字、图像、视频，拥有各种各样的交互形式，这种新的交互形式与社会组织方式带来了新的计算可能。当我们尝试将深度学习与社会媒体分析结合起来，我们会发现可以从社会计算（Social Computing）或者多媒体计算技术（Multimedia Computing Technology）两个角度来看待社会多媒体计算（Social Multimedia Computing）。从多媒体计算的角度来说，我们可以利用既有的社会学研究知识来提升计算机进行多媒体文本处理的能力，多媒体文本包括图文、音视频，比如说进行图像语义识别、分析与推断的训练等。从社会计算的角度来说，我们可以利用人们的多媒体交互行为来分析他们的社会网络构成及其背后的动力机制，比如说进行一些多元化的社会网络分析等。我在2010年曾经发表了一篇综述论文《社会多媒体计算》（*Social Multimedia Computing*）来介绍这两种不同的研究路径，如图2所示。

对于人文社科背景的研究者来说，社会计算的角度似乎是大家更感兴趣的议题，其主要关注我们现在社会网络的形成、发展和演变趋势。我曾经发表过一篇关于网络视频博客技术的综述《Vlogging：网络视频博客技术综述》（*Vlogging: A Survey of Videoblogging Technology on the Web*），其中指出网络视频技术与应用呈现出多元交互的发展趋势，传统社会网络主张的是六度分隔理论，即最多需要通过六个人实现两个陌生人之间的联系。可是，当我们采用一些社交媒体工具进行联系时，人与人的关系距离可能会缩短，同时传播链条的形成可能会加速。这篇论文发表的时候，多媒体在社会网络分析中的应用还不甚广泛，但是现在已经成为一个研究的热门领域。

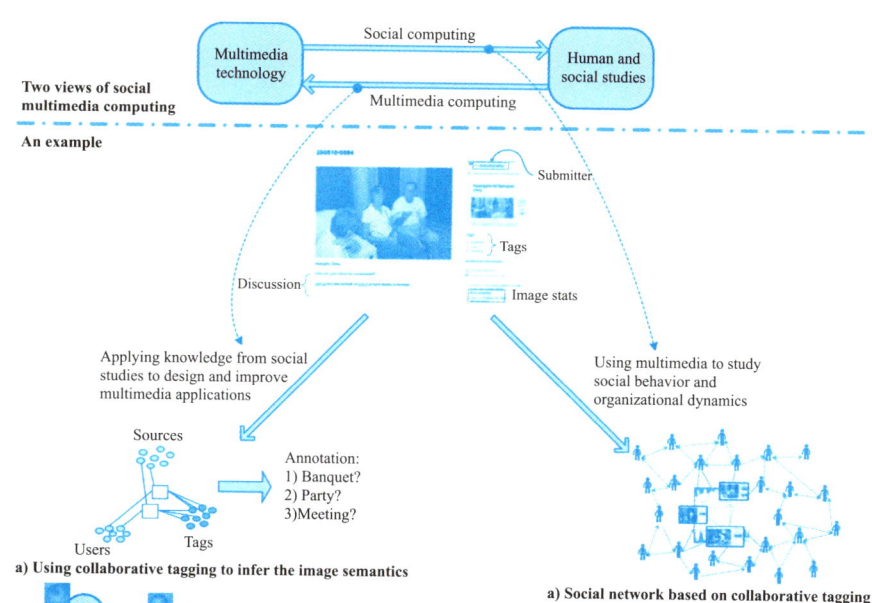

图2 两种不同视角下的社会多媒体计算

来源：Wen Gao, Yonghong Tian*, Tiejun Hunag, and Qiang Yang. Vlogging: A survey of videoblogging technology on the web. *ACM Computing Survey*, 2010, 42（4）: 1–57.

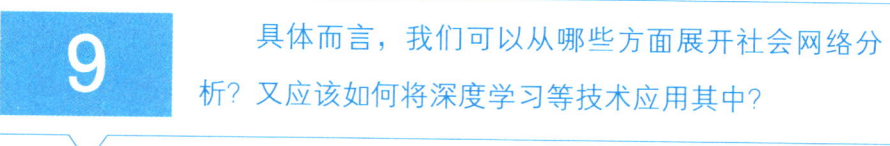

具体而言，我们可以从哪些方面展开社会网络分析？又应该如何将深度学习等技术应用其中？

根据不同的媒体组织形式我们会形成不同的社会网络分析方式。主要可以分为交互驱动的社会网络（Interaction-driven Social Network）、博弈驱动的社会网络（Gaming-driven Social Network）以及影像社会网络（Imagery Social Network）三种路径。针对微博、微信等社交媒体所具有的协作型特点，我们通常将这种社会网络称为交互驱动的社会网络，比如我们平时所使用的微信群、微博粉丝等，我们可以通过分析这些群体、组织在平台中的互动、协作以及其他交往行为来进行社会网络分析。

博弈驱动的社会网络指某一群体就某一件事进行博弈所形成的社会网络。除了社会关系的建立之外，博弈社会网络往往具有较强的目的性，即尝试通过参与资源共享和交换活动来最大化自己的收益。因此，在博弈驱动的社会网络中，利益也是社会网络分析需要考量的一个部分，常见于P2P社会网络、游戏社会网络等利益合作网络分析。

影像社会网络则主要指通过图片、社会监控视频与无线传感器等方式捕捉社会网络关系。这些网络关系是每天实时记录的，是一种人与人社会关系交往的反映。影像社会网络可以用来进行健康管理，追踪传染病的传播路径；也可以用来进行社会监控与追踪，从中提炼出希望得到的社会关系链条；等等。

上述几种不同的社会网络形式，构成了我们今天现实世界社会网络分析的一些基本切入点。事实上，微博、微信等交互驱动的社会网络现在已经有很多人在研究了，是当前社会媒体处理领域中的研究热点，而博弈游戏和监控视频等影像数据中的社会网络分析，将是社会媒体处理领域亟待深入研究的问题。一方面，这些社会网络往往数据可得性较差，大家都不愿意去分享这类较为私密的数据；另一方面，这两类社会网络的处理本身具有很高的门槛。其中，深度学习技术是一种必备的分析基础。比方说，我们在进行影像网络分析时，首先要把其中的人与物识别出来，还要识别究竟是什么人、什么身份参与其中，这是需要计算机进行深度学习训练的。再比如说，我们需要对博弈游戏网络进行动态的模型设计与推演才能正确把握一个合作网络的演变过程，若用人工计算就很难完成。所以，我们需要借助深度学习来帮助我们识别、推演社会网络的变化，这会让我们发现一些非常有意思的现象和问题。

10 影响视频内容分析的关键是进行视觉特征的提取和分析，您能否详细介绍一下该领域目前的发展现状和所面临的问题？

所谓视觉分析，我们一直以来的理解是要提取视觉影像的特征，要检测相应的想要识别的对象，甚至需要理解视觉影像中所呈现的场景。通过特征提取、物体检测、语义与实体标注等环节，视觉分析可以找出对象与对象之间的关系，最终再生成一段总体描述来支撑后续的多媒体分析。在这个过程中，视觉分析领域面临的既有深度学习问题，例如前面提到的视觉识别与对象检测的问题；但同时由于数据量级过于庞大，视频大数据又面临海量数据的存储和传输问题。这个世界每天都在生产各种各样的视觉影像，从我们的视频监控到人脸识别等，如果都存储下来进行分析，这个数据量是很大的。

长期以来，传统的图像/视频分析处理范式主要是将所获得的图像/视频进行压缩编码，形成二进制字符串。这些字符串比原有图像、视频的数据量级要小，以便于传输。如果需要分析影像内容，则需要使用解码器对编码压缩后的影像进行解码，然后利用深度学习提取相应的特征，使用分类器来进行分类识别，最终输出分析结果。我们通常将这种处理方式称为端到端的神经网络模型。所谓端到端的神经网络模型，指的是从输入到输出，使用同一个网络从原始视频数据中直接提取特征并输出分析结果的过程。端到端神经网络模型的特点在于视频存储与特征分析的训练都在云上完成,同时分析视频路数与云服务器的算力成正比。

不过,这件事说起来简单,现实情况往往更复杂。一是因为我们的图像、视频往往存储在各个终端中,存储分布较为分散。比如,我希望分析从北京大学到中国传媒大学的行动监控轨迹,那么我需要将途经路上的所有监控影像全部放到一起,但现实情况是,这一路可能要经过海淀区、东城区、西城区、朝阳区管辖的道路,还可能夹杂着一些单位的监控,我们需要到管理不同辖区的单位去调用视频监控。二是因为整个过程所产生的数据量巨大,视频的数据量比文本数据量要大很多,而且目前来看视频压缩技术的提升远远跟不上视频数据量的增长。尤其在 2015 年以后,直播、短视频等视频形式如雨后春笋,视频数据量加速扩张,存储空间与数据量扩张的矛盾使得我们难以将更多数据汇聚到云上进行分析识别,这也造成我们无法对大量视频数据流进行实时分析以提供及时的预测与决策支持。

针对端到端神经网络模型所面临的数据量极大、无法进行实时分析等不足,目前有什么可能的解决方案吗?

上面所提到的一些限制,意味着端到端的神经网络分析无法覆盖到大部分的视频数据。针对这些问题,中国科学院高文院士、阿里巴巴 CTO 王坚院士与我一直以来在尝试进行一些突破。我们从生物的大脑出发,发现所有的视觉处理的生物机制主要是通过眼睛,于是通过解析眼睛的机理提出了一个数字视网膜(Digital Retina)的概念。众所周知,数码相机的生物学原型是人类的视网膜，就像数码相机中能采集"像素"一样，视网膜能获取并编码大量的视觉数据。视网膜中间有两个部分，一个是中央凹，即瞳孔，是为了看清楚东西；另一个是外周，与中央凹的视觉神经网络不一样，外周神经网络可以提取并编码场景或物体的特征，如纹理、轮廓等。从这个角度来看，传统的数码相机仅仅模拟了视网膜的一部分功能。

同时，这也意味着人类视网膜同时具有影像编码与特征编码的双重功能。所以数字视网膜的核心便在于要考虑如何通过仿生借鉴人类视网膜的特征编码功能，不仅要能够编码影像，还要能够识别对象与特征。本质上说，这其实是在我们传统的视频码流中加入了特征码流。我们使用这一生物特性来研究和设计了一种更高效的摄像头。我们称之为数字视网膜，如图 3 所示。数字视网膜架构的本质特征为：一是有全网统一的时间和精确的地理位置；二是能够进行视频编码和特征编码；三是可以自适应可扩展架构，包括模型可更新、注意可调节和软件可定义。

数字视网膜的核心优势在于能够对视频特征进行紧凑、快速且实时的分析与识别，我们使用了深度特征的帧内帧间压缩框架，利用 Hash 网络将浮点型深度特征进行量化，并根据不同的内容设计了不同的帧间编码结构与模式。这不仅能够解决深度学习问题，同时也解决了真正把大规模计算与实际应用相结合的一些问题。举个例子，我们在网络视频检测的过程中，由于视频量巨大、内容冗杂，同时视频发布的时效性较高，现在主要通过人工监控或者举报等方式来杜绝一些违法视频的传播，但是处理时效慢而且成本较高，未来我们可以通过刚刚提到的数字视网膜模式实现快速的特征提取，同时在后台构筑一个相应的模型，在提取特征后进行快速的识别，显示有问题的异常视频。这种模式可以同时兼容上万条通路进行处理，经过处理之后，大部分没有收到异常提示的视频都可以正常发布，少量有异常提示的视频可以进行再次审核，这样能大幅减少人力与机器成本，同时也能更精准地筛选掉一批涉黄涉暴、危害公共安全的视频。

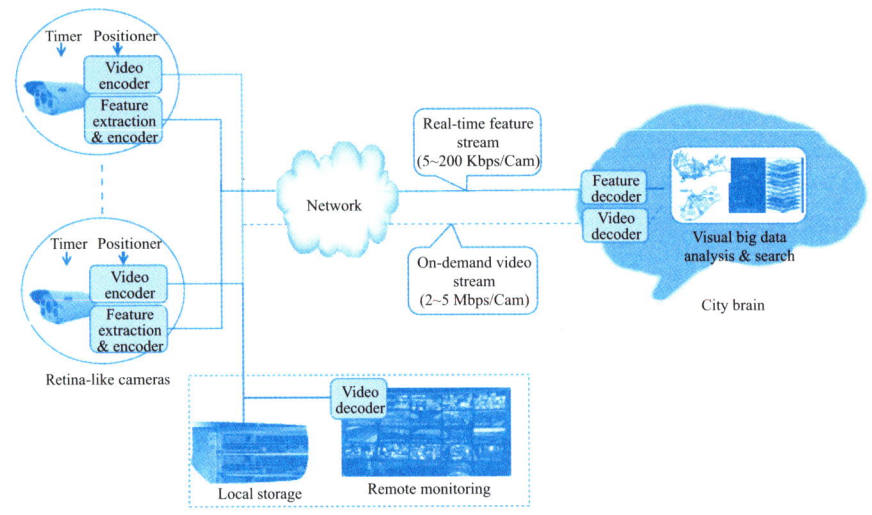

图 3 数字视网膜支撑城市视频大数据分析与搜索

来源：高文，田永鸿*，王坚. 数字视网膜：智慧城市系统演进的关键环节. 中国科学·信息科学，2018，48（8）：1076-1082.

12

在新一代人工智能浪潮中，无论是科学家还是人文社科领域的学者都对这个新鲜事物抱有无限的好奇心，纷纷投入相关研究之中。对于青年学子而言，身处巨变时代应该如何寻找自己的研究疆域？

确实，现在社会对人才的评价正在发生变化。以前，我们学校的学生和老师发发期刊就行了，现在不是了。我们国家、整个社会，其实都在反思，中国对人才的评价是什么。对于青年学者而言，找到自身的定位与价值非常重要。

有个例子大家可能都知道，2019 年，华为发布了一份任正非签署的邮件，给刚刚毕业的博士最高年薪 200 万元，其中有中科院自动化所、香港科技大学等高校的应届博士毕业生。其实这里面有些人发表的论文也比较一般，有的也许和我们中间很多毕业博士生的论文处于同一层次，但是为什么企业愿意给 200 万元？我想有一个原因，就是他们的研究真的有这样的实用价值，关注的是企业急需解决的问题。

所以这就是整个学术界要共同反思的问题。我们代表中国科技创新最前沿的学校，怎么在国家创新体系中、在信息领域找到我们的位置？在此背景下，青年学者要反思，怎么让自己的研究得到别人的认可，真正实现研有所用，对社会创新和发展有价值。这两种反思其实最后有一个共同的出路：我们所从事的相关研究是否能够帮助人们改善自己的生活？是否能够服务于我们的社会？

最后我想说，其实我们这条路是很窄的。AI 其实就是这样的一条路：我们在前面跑，后面有一大群人在追，更前面可能还有国际领先的专家，前有狼后有虎，这条路我们要怎么走？这是值得思索的。

融合与受众："最后一公里"有多远?

刘燕南

中国传媒大学教授、博士生导师,受众研究中心主任,霍英东基金会全国高校青年教师奖获得者。

> **1** "最后一公里"原意为长途跋涉的最后一段里程，后被引申为解决问题、克服困难的关键性步骤。在媒介融合语境里，这个词的主要含义是什么？我们应该如何理解"最后一公里"的关键所在？

谈到媒介融合的"最后一公里"，我们需要思考这样一个问题："最后一公里"作为衡量距离单位的一种隐喻，这个距离是指硬件或者物理上的距离，还是指触达人们内心的心理距离？要回答这个问题，我们必须回到媒介发展的基本语境中来讨论。

在我看来，媒介融合的"最后一公里"其实有三个方面的含义：第一是时间距离。随着网络媒介的多功能平台化发展，受众与媒介互动的多维空间正在发生巨变。互联网时代下的受众呈现出"后受众"形态，既有传统受众或网络绝缘体，也有网民或网众，尤其是创造性网民，以及大量变迁中的群体；既有用户这种颠覆传统受众被动角色的主动性身份，也保留一些大众受众的消费形态，如果细分还可以分出1.0用户和2.0用户。当然，总体趋势是媒介赋予受众更多的能动性与自主权。对于媒介融合而言，时间距离就是指传统媒介能否适应和适配受众身份在时间线程上的演化及时间差。

第二是空间距离。传播技术的演进使得"媒介—受众"的关系在空间上的延伸无远弗届，也就是一种"空间坍塌"。人们可以选择性地在流动的时空中消费各种各样的内容，不再以空间距离的远近作为贴近性标杆，这给传统上围绕地理空间布局的大众媒介提出了很大的挑战；而且，随着人们媒介使用的移动化和智能化，数智技术带来个性化推荐，信息扑面而来更是将受众寻获信息的移动距离缩短到近乎为零。

第三是心理距离。在受众的被动性向主动性转变、接受性向传播性转变的过程中，其消费特点与偏好出现了一系列的变化，例如人们的生活逐渐网络化、社交化和视频化，手机小屏成为受众使用媒介的主要入口，那么适应这种受众特点和心理与需求上的变化，便成为打通媒介融合"最后一公里"的关键。上面所述算法推送的本质，实际上更多地体现在对受众心理和需求的贴近上。换言之，在数智时代，媒体是否具备服务受众主体的意识，是否能够真正想受众之所想，急受众之所急，为人们提供更周到、深入、细致的个性化服务，是能否成为新型主流媒体的新标准。

这三种距离之间并不完全割裂，而是彼此关联、相融互构，距离上的近与情感上的亲总是相联系的。融合媒介的主要目的，就是为打通、优化、变现与受众连接的"最后一公里"而努力；而连接受众，亲近受众，不只是指弥合时空上的距离，也是缩小心理上的距离，以及消弭传受之间的角色差异。

时下正紧锣密鼓进行的媒介融合，其实质是传统媒介的数字化转型，更确切地说是传统媒体的互联网化。在我国，2014年被称为"中国媒介融合元年"，习近平总书记在中央全面深化改革领导小组第四次会议上提出，要推动传统媒体和新兴媒体在内容、渠道、平台、经营、管理等方面的深度融合，着力打造一批形态多样、手段先进、具有竞争力的新型主流媒体，建成几家拥有强大实力和传播力、公信力、影响力的新型媒体集团，形成立体多样、融合发展的现代传播体系。国家领导人关于媒介融合的讲话极大地推动了这一战略的体制性启动和加速，也使媒介融合在时间节点上变得具有可识别性。然而，回溯过往不难发现，媒介融合并非始自今日，早在20世纪90年代中后期互联网开始发展渗透后便初现端倪，并逐渐被学界广泛关注，业界实践也在自发或自觉地进行。传统媒体的融合转型既有外源性行政力量推动的一面,也有内生性动因,即由媒介演进趋势尤其是受众需求所主导的一面。从这个意义上说,媒介融合的目标,无论是新型主流媒体集团的建设,还是传播力、引导力、影响力、公信力"四力"的实现,都需要围绕覆盖、影响、引导和取信于受众进行,都要与建构新型传受关系的追求相关联。连接和走近受众,是媒介融合的内生原动力之所在。从传播致效的角度出发,如果与受众之间无法建立起抵达和沟通的桥梁,那么传播将是无效的。可以说,连接受众这个环节既是传播的初衷起点,也是打通"最后一公里"的目的地。

2 您提到媒介融合需要遵循媒介变迁和受众演进的内在规律,我们应该如何认识这一规律?又能为媒介融合发展提供哪些指导性方向?

前面说到,媒介融合既有外源性因素的推促,也有内生性因素的要求。其中,内生性因素是媒介融合的根本动力。无论外源性因素的作用有多么强大,都不可能替代内生性的遵循媒介发展内在规律的要求。

按照保罗·莱文森的说法,媒介演进遵循两大规律:一是人性化趋势;二是补救性媒介的发展。前者指技术的发展,是在不断模仿、复制人体的认知模式和感知模式;后者则表明人类在媒介演进中进行的理性选择,任何后续媒介,都是一种补救措施,是对以往某一媒介功能的补救或补偿。莱文森从人性和功能两个维度将受众与媒介相勾连,阐释了媒介发展的内在动力,即通过功能的拓展和优化,不断适配受众的生理和心理特性,不断适应受众的需求来提升媒介效力。这也是我一直以来始终坚持的一个观点:媒介效力的提升必须基于对受众的洞察以及对其需求的适应。具体到我们报纸、广播与电视这三大媒介来说，报纸是一种区隔媒体，因为读懂报纸要求一定的识字水平，要具备基本的语言和逻辑能力，以及对社会发展的一些基本认知与理解，它区隔了少年儿童与成人世界之间对事物的观感和看法。之后为适应更广泛受众的信息需求，出现了广播这种声音媒体，无须识字，只要有听力、能听懂就可以成为广播的受众。再后来，电视媒体以一种更加生动形象的方式展开传播，充分调动人们的听觉、视觉来全方位综合接收和处理语言和非语言等各类信息，可能通过一个眼神、一个面部表情的细微"叙事"就能让人心领神会。实际上，在这个演进过程中，媒介对于受众的覆盖和对其需求的适应都在不断拓展。

互联网的发展也是如此。过去大众媒介的发展，从报纸到广播到电视，虽然越来越丰富和多样，但主要采取的仍然是原子化大众受众视角下的中心式信息分发方式，由点到面，由媒体传向被动的受众群体，无法满足人们个性化的消费需求。而互联网则不同，它从技术上赋能和赋权受众，人们从被动的信息接受者，到主动的点餐者；从大众传播的"受传者"，到内容生产、传播和社交互动的参与者，以及多种服务的使用者；智能分发也在适配人们个性化需求的方向上一路疾驰，大众受众的单一面目，被新的受众／用户的多种样貌所迭代和丰富。而且，互联网所形塑的网络社会基于吉登斯所说的"时空脱域"，将时间和空间抽离出来，时间是线性而又连续的，可以看到不同时代的切面，而空间又是不断流动的，使用场景是不断变化的。这种时间和空间的重新排列组合，抽象出了新的社会形态。面对嬗变中的新社会形态下媒介与受众之间复杂多元的关联，我们更需要从媒介演替规律的角度去理解和分析。

媒介融合并非媒介要素或功能的简单捏合和叠加，而是一种具有化学性而非物理性的变化,是以技术、数据和受众为核心驱动力,朝着新型平台嬗变的过程。从表层看,媒介融合是媒介形态、功能、渠道、终端的融合;从底层看,则是数据的融合和驱动;再往深里走,则是以数据为基础的智能算法的创新和进化。

> **3** 媒介融合的概念进入中国,是如何在中国语境下生根发芽的?如何从我国国情出发来把握"媒介融合"在我国的基本发展路径?

媒介融合(Media Convergence)这个概念是个舶来品,并非中国特产,最早是由美国麻省理工学院的伊契尔·索勒·浦尔(Ithiel De Sola Pool)教授提出的。1983年,他在《自由的科技》一书中提出了"传播形态融合"的概念,认为媒介融合的本意是指各种媒介呈现出多功能一体化的发展趋势。在他那个年代,可能还无法想象多功能一体化究竟是什么,但是今天很容易找到现实参照物——互联网平台。也有学者认为媒介融合最早是由麻省理工学院的尼葛洛庞蒂提出的。他在《数字化生存》一书中将媒介融合理解为各种各样的技术和媒介形式都汇集到一起,也就是所谓的整体化、互补化、平台化、数字化。20世纪90年代后期,媒介融合的概念逐渐进入中国并引发学者与业界的关注,业界从报网互动和台网联动等开始进行媒介融合的初探性实践。

媒介融合在中国的发展大体可以分为三条线,三条线交织错落,时序呈现上先后不一。一是技术线。互联网的发展经历了从Web1.0到Web2.0的迭代更新,网络新媒体从早期的门户网站,向内容平台、社交平台、分发平台、综合性服务平台的方向嬗变,新的"功能模块"被不断创新和开发出来,传统媒体的路径依赖被打破，其传播链条和传播模式在融合中努力调适和跟进。二是行政线。2014年后在行政力量的强力推动下，传统媒体开始从战略规划、组织形态到内容生产、渠道分发、终端拓展等方面进行全方位融合升级。传统主流媒体是我国新闻舆论工作的主力军，"国家队"的入场使媒介融合在我国获得了肥沃的生长土壤，对于建设全程、全息、全员、全效"四全"媒体和打造新型主流媒体集团具有重要意义。三是治理线。2018年8月，习近平总书记在全国宣传思想工作会议上发表讲话指出，要扎实抓好县级融媒体中心建设，更好引导群众、服务群众。2019年1月，在中共中央政治局第十二次集体学习会上，习近平总书记指出，媒介融合发展不仅仅是新闻单位的事，要把我们掌握的社会思想文化公共资源、社会治理大数据、政策制定权的制度优势转化为巩固壮大主流思想舆论的综合优势。这些讲话从战略上指明了方向，媒介融合不只是新闻传播界的任务，它还要适应社会治理的需要。换句话说，要通过媒介融合拓展功能，延伸触角，搭建起有社会治理功能的新框架。县级融媒体中心建设被认为是新时代治国理政的新举措，是强化新闻舆论阵地、提升社会治理水平、加大风险防范力度的新方法。县级融媒体中心最初以"新闻+政务+服务"为定位，之后加上了"商务"，也就是构建"新闻+政务+服务+商务""四位一体"的多功能平台，其职能已经超出了新闻传播的范畴，包含行政服务、公共服务、商业服务等职能。就其建设而言，不仅是媒介融合伸向基层的桥梁，也是治国理政的一个重要抓手。

在我国，传统媒体与新媒体的融合被人们形象地划分为三个阶段：最初是你是你、我是我，互不相干；后来是你中有我、我中有你，相互交叉；第三个阶段是你就是我、我就是你，不分彼此，这是一个从相加到相融的渐变过程。但问题来了，你就是我、我就是你，那我们到底是谁？或许我们谁都不是，最后都变成了一个"他"，而这个"他"是非常需要打开想象力的，他可能既不是你也不是我，而是超越你我，变成了一个互联网时代的新生物。

媒介融合有必要性，也有必然性。我国的媒介融合既要立足于中国土地，与具体国情相适应，也要遵循媒介变迁和受众演进的一般规律，探索以受众需求为驱动的融合创新之路，这一点在我国媒介融合语境中有时会被忽略。人们往往关注供给侧，强调媒体建设，而不在意需求侧，忽视受众规律。县级融媒体中心建设被认为是打通媒介融合的"最后一公里"，但这更多的是偏重供给侧布局，并不等于是打通连接受众的"最后一公里"。如何成为多功能平台，怎样下沉，受众在哪里，要打通后者，这些问题都需要深入思考。媒介融合不仅要在数智技术而且要在受众意识和服务理念上多下功夫，否则是无法发挥媒介功能，也无法激活社会治理网络的。忽视了受众这一根本，无论创造了多好的外源条件，做了多少个媒体矩阵，都不可能有所作为，社会治理网络就更是无源之水、无本之木。

4 传统媒体的融合转型实践面对怎样的受众市场变化，又面临哪些现实要求？

现在几乎所有的媒介融合案例，都是在讲传统媒体如何进行媒介融合，而新媒体几乎不谈媒介融合，因为它们本身就是融合形态的。对于传统媒体而言，如何通过媒体融合，建成有"四力"的新型媒体集团，打造全媒体传播格局，形成立体多样、融合发展的现代传播体系，以适配受众需求、避免受众流失，已成为最现实的要求。

传统媒体的融合转型所面对的是一个此消彼长的受众市场。我们可以从一个关键数据——受众内容消费时间来说明传统媒体与网络新媒体的演变趋势。

图 1 是 2008—2020 年网民日均上网时长与观众日均收看电视时长的数据，来自中国互联网络信息中心（CNNIC）和广视索福瑞媒介研究公司（CSM）。不难发现，从 2008 年到 2020 年网民日均上网时长在不断增长，从不足 2.5 小时到超过 4.5 小时；观众日均收看电视时长在不断下滑，从将近 3 小时，到 2 小时多点，整体下降了约 50 分钟；2020 年因为疫情人们居家增多，电视收视时长有所回暖，但是总体上与上网时长的差距仍然在拉大，电视流失的是一个非常大的收视量。更重要的是，网络应用更加多元，社交、视频、游戏、网购等将人们牢牢吸附在互联网上，黏性更强。

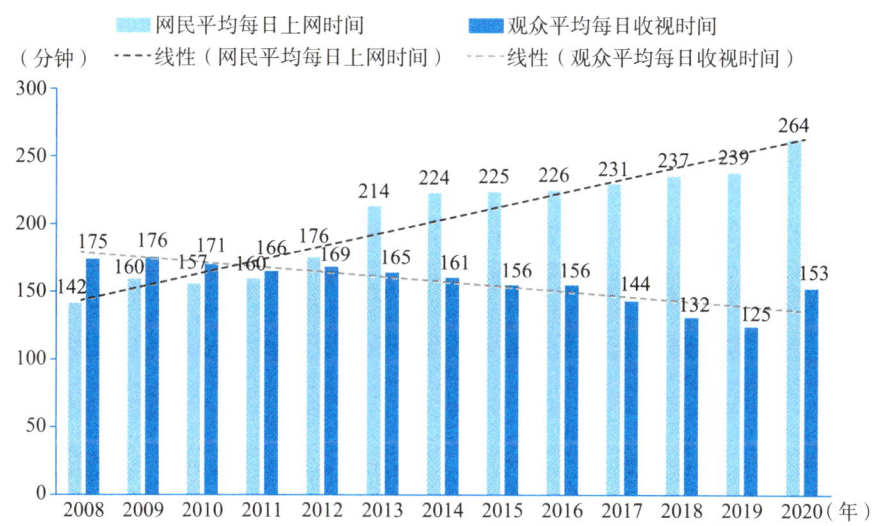

图 1　2008—2020 年网民日均上网时长与观众日均收看电视时长比较

来源：据中国互联网络信息中心（CNNIC）、广视索福瑞（CSM）相关资料编制。

受众去哪儿了？答案很明确，互联网分流了相当一部分受众，电脑和手机等中小屏端取代传统电视大屏成为人们内容消费的新宠。互联网快速迭代，朝着多功能平台化方向不断演进，且不囿于既有的媒介或平台，向所有内容和服务敞开大门，并衍生出新的功能。这个过程，也是传统媒体受众不断被吸附、不断向平台用户嬗变的过程。受众市场的起伏，意味着广告市场风向的转变。2014 年前后，互联网广告收入开始超越电视广告收入，到 2016 年，互联网广告就已经超越了电视、广播、报纸、期刊四大传统媒体广告额的总和。某种意义上，广告的衰落与受众流失、与媒介影响力的式微有正向关系。所以，如何争取受众，如何提振和壮大融合转型中的主流媒体在受众中的影响力和舆论引导力，值得深入探讨。

> **5** 媒介融合目前仍是进行时，各种媒介形态和功能参差不齐，受众角色意识、媒介行为和心理也变得多元而复杂。您曾经提出过一个"后受众"的概念，它对我们理解受众现状有何帮助？这一概念的内涵及变化趋势如何？

从传统大众传媒到新媒体，互联网发展经历了从 Web1.0 到 Web2.0 的迭代更新，从早期的门户网站到内容平台、社交平台、分发平台和综合性服务平台，传统大众受众概念也日益受到挑战和质疑。人们认为受众的"受"字反映出某种被动性，已经不足以概括网络时代媒介参与群体的全貌，并提出了各种新概念，比如，"受—传"者、网民、网众、用户以及观看用户（Viewser）、生产用户（Produser）等互联网语境中与用户相关联的称谓。一个"用"字，翻转了受众的被动角色，将其自主和能动的一面展现无遗，也隐含了为其提供用武空间的多功能平台背景。

然而，用户只是受众演变中的新角色之一，不能完全反映这个集合体的所有特征，也不能代表其角色的全部。互联网发展到今天，新旧媒介此长彼消，传统大众媒介并未退场,并未被新媒介所完全覆盖,而是新旧并存、补偿递进。中国普及率最高的电视媒体有大约 13 亿观众,而 2021 年 8 月 CNNIC 最新数据显示,中国网民刚刚突破 10 亿。当下媒介正同时进行着大众、小众和非众三种传播,对应着中心式分发、社交分发、智能分发三种分发方式。所以受众也好、用户也罢,都难以全面、完整地概括和表达这个日益复杂多面的主体。丹尼斯·麦奎尔曾经坚持认为,在传统大众媒介与网络新媒介并存的当下,大多数人仍然是以传统的目的、传统的意识、传统的方式来使用新媒介,旧有的传受模式和受众形态仍会延续,"只要'大众媒介'依然存在,关于受众的传统含义和传统现实,也将继续存在并且仍然适宜"。可是,网络媒体的平台化、智能化和社交化发展,推动着媒介功能的全能化,媒介竞争的主场已经开始从传统媒介向新媒介转移,受众已非传统意义上单一的大众受众,受众内涵的丰富和多元,需要有新的诠释和表达。

"后受众"是鉴于受众目前现状和变化趋势而提出的一个新概念,以覆盖从受众到用户这种既历时性变迁又共时性并存且时常在两者之间转换自身角色的群体形态,亦表达一种时代特征。这个群体还没有从大众受众整体性地、无差别地一步跨越到网络用户,而是形成了一个复杂多样的集合。用受众和用户都不足以概括这一群体的全貌,所以我提出"后受众"这个概念,来表征这样一个过渡态的、不断变迁中的群体。他们不全是传统意义上作为接收者的大众受众,也不完全是商品服务意义上的使用者,或者互联网语境下的用户,而是"后受众时代"的新主体。

后受众已经超越了单纯的受众或用户意味,比受众,多了一分丰富和时代感;比用户,更具全面性和概括力。后受众是一个层次参差、构成多元、属性多种、身份多样、功能多维的群体。其特征是:从传播面向的角度说,包括大众、小众、非众三类主体;从传受关系的角度看,有"受—传"者或"产—消"

者；从行为身份的角度说，由信息的传受者开始向服务的使用者或参与者转变。也就是说，这里的"后受众"是兼容了大、小、非"三众"，以及使用者意义上具有自主性、能动性、创造性的新受众。后受众不意味着无受众，后受众时代还留存着许多受众的特点，又在技术与社会的变迁中历史性地形成了新特征，人们的被动性在向主动性转变，接受性在向传播参与性转变，所对应的受众生态也在发生改变。

在"后受众"语境下我们讨论受众时，更需要的是一种思维方式的转换。既要关注受与传、众与非众、同质性与个性化、一对多与一对一、被动性与主动性、随从性与自主性、接收者与参与者等相互对立的辩证范畴，也需要从这些关系中跳脱出来，关切我们复杂多变的受众生态。被誉为21世纪"麦克卢汉"的美国学者亨利·詹金斯，在其颇具影响的《融合文化》一书中曾经指出，数字革命是一种技术变迁，也是一种社会和文化变迁。在这个变迁序列中，技术和媒介是快变量，生活方式是中变量，文化习俗则是慢变量，是一种潜藏于人们内心的深层结构。不同国家和地区这种变化的速度、变量之间的关系不一样，但基本遵循相同或相似的规律。我们需要顺应技术和媒体的变化去寻找受众，从生活方式的变迁中寻找受众，去发现和适应文化习俗的缓慢变化。当下，或许由于术语使用的习惯性、延续性、一致性和共享性的原因，许多人仍然沿用"受众"一词，或者针对互联网场景采用"用户"一词。其实采用什么样的新术语并不重要，重要的是，要理解"受众"或"用户"中所包含的"后受众"的新内涵。

事实上，"后受众"这个带有某种"后学"意味的词语，本身就是媒介融合背景下在解构既有概念的基础上实现建构的，其内涵会随着技术迭代和社会变迁而丰富和更新，始终保持适度的兼容性和开放性。

> **6** 网络媒体语境下内容分发成为连接受众的关键一环。在媒介变迁过程中出现了哪些新的分发模式，相比传统媒体的分发方式它们有何新特点？

就传播侧而言，我们说新媒体抢占了传统媒体的生存空间，很大程度上并不是说它们生产了多么丰富优质的内容，而是说它们拥有或占据了更多的内容分发渠道，引发传统媒体的触达焦虑。在传统大众传媒时代，传播侧的内容生产和内容分发这两个环节基本是一体的，传媒主要通过优质的内容来吸引受众，分发渠道单一，以中心式分发为主。

新媒体的出现使得内容分发环节异军突起，在整个传播链条中发挥着举足轻重的作用。一个互联网资讯平台或集成平台，可以不是一个好的内容生产者，甚至不是内容生产者，却可以通过做内容搬运工，通过内容分发、精准匹配而在市场竞争中脱颖而出。之所以如此，原因在于数智技术的支撑，使内容分发得以从传播环节分离出来，独立于内容生产，真正落实到与受众的连接上，成为能够适配受众和发挥变现能力的关键环节，因为，它离受众最近。

目前，内容分发大体分为三种模式：第一是编辑分发又称为中心式分发，第二是社交分发，第三是智能分发。传统媒体时代的分发逻辑是中心式的，信息从一个点辐射到一个面，编辑同时完成内容生产的把关和分发工作。社交分发和智能分发则是媒介进化到互联网时代的产物，是具有标志性意义的创新。

社交分发就是指依托社交媒体平台，如微信、微博、抖音等，向特定受众/用户进行的信息分发方式。社交媒体作为一种关系平台，通过信息交流、社交分享等方式与受众/用户形成协同共生的关系，也形成了各种基于相同或相似的经历、兴趣、爱好和价值观的功能性群体，活跃度往往较高。

社交分发的特点有：一是分享性好，依托微信、微博等社交平台和受众关系网帮助进行信息把关、过滤和分发，符合圈层受众的偏好和需求，能够覆盖较大的可响应人群。二是卷入度深，关系网中的受众属于不同圈层，各有相同或相近的态度、观点和兴趣爱好，大家"有话可说"的概率比较大，容易产生有关作品的各种讨论和热度，吸引大家深度卷入。三是完成度高，相同或相似的属性和倾向，容易引发兴趣共鸣和喜好共振，推动受众完整阅读或收看。社交分发因为有朋友或熟人的加持，他们的点赞、转发、评论，会推促人们参与其中，投入互动，并在短时间内通过关系网络聚合生成极大的传播能量。可以说圈层传播，搭载在友情、亲情、乡情和侪情之上，寻求的是共情和共鸣，这是一种更深层次的抵达。

智能分发则主要指基于大数据和智能算法所进行的个性化分发和推荐。即根据受众兴趣偏好行为的数据留痕进行受众画像，并通过算法和机器来有针对性地匹配内容。一些新兴的内容分发平台或称第三方内容集成平台，如今日头条、抖音、快手等，基本不生产内容，只是做内容的搬运工，但是在内容分发环节所获得的效益和影响力，却超过绝大多数内容生产机构。以日活来说，据不完全统计，2020年以来今日头条日活大约2亿，2021年抖音日活将近6亿，快手日活3亿左右。不少人将日活大致视为电视日到达率，因有效测量时长定义不同，统计口径存在差异，这样的类比不一定准确，但是仅从参照的意义看，头条系和快手已经超过或持平我国头部电视台，这还是在我国电视观众总体基数超出网民总数约3亿规模的情况下。2020年，今日头条和抖音所属字节跳动公司广告收入1800多亿元，超过我国传统广播电视广告的总收入。

当然，这些平台也在深耕分发环节，比如会构建自己的内容流量池，对其中的信息进行不同的预处理。快手与抖音最大的不同是，快手的初级流量池会将内容按照60%兴趣标签+40%关系用户的比例进行推荐，而抖音推荐基本上根据兴趣标签来，比例大约是90%：10%，而且进入推荐位置要经过两轮流量池的筛选，快手只有一层筛选。所以整体来说快手推荐的社区属性更强一些。另外，今日头条会给同一条新闻配上不同的标题或配图，根据这些内容在流量池中表现的好坏来进行取舍。这类似于一种 AB 实验的测试方式，优胜劣汰，不断优化传播的内容爆点，找到与受众兴趣和偏好相匹配的信息。总之，对比传统媒体由点到面的无差别分发，智能推荐是点对点更精准的分发。

7 进入智能传播时代，个性化推荐成为一股不可阻挡的趋势与潮流。智能分发相较于中心式分发和社交分发有哪些不同？如何看待其优势和不足？

由中心式编辑分发到社交圈层分发，再到智能算法分发，前者是从中心化到去中心化的转变，后者则是从人到机器的转变。中心式分发不用说，以编辑意志为主导，社交分发则主要基于"物以类聚、人以群分"的"人脑算法"进行，在精准匹配和分发效率方面，与由算法和机器进行的智能分发相比，仍有一定的距离。智能分发是上门服务，是信息找人，将受众喜好的个性化"定制"内容推到受众面前，在打通连接受众的"最后一公里"方面，智能分发可以说走在所有传统媒体和新媒体的前面。

智能式分发的核心，是一套由代码搭建而成的机器算法。其运行流程大体如下：运用算法、数据挖掘及机器学习等技术，通过对受众／用户网络行为（如搜索、点击、订阅、停留时长等）的监测和数据挖掘，描绘用户的兴趣图谱，对用户进行画像，同时对全网内容进行特征分析和关键词标引，再根据用户画像，与之精准匹配，推荐认为用户感兴趣或喜好的内容。智能分发的优势在于，它所面对的是活生生的个人，是真实存在的、有差别的个体，而不是大众或小众那些面目模糊或者被标签化统一的群体。"千人千面"而非"千人一面",这是智能分发优于传统中心式分发以及新兴的社交式分发的根本之处。

智能分发也实现了对传统的受众效果机制的升级和进阶。传统的受众测量反馈只提供关于受众群体的效果信息,不提供媒介接触服务,只是一种"市场信息机制",即为媒介市场各方提供信息,电视收视率测量便是其中最典型的代表之一。收视率测量的特点是,一边测量受众的收视行为,一边监测节目播出,再将两者按时间点进行匹配,最终产出收视率数据。将数据传给电视台后,效果反馈便到此为止,电视台根据收视率进行传播调整,是下一步的工作,这中间的时间间隔,短则一天,长则两周,时间差明显。显然,这种机制不仅存在反馈作用时间迟滞的问题,而且反映的是受众群体特征,而非个体面貌,是集体照,而非单人照;同时也只是完成了从传播到效果确认的单向线性过程,不关注和帮助受众对于媒介的再接触,在时效性、精准性和针对性上都存在不足。反观智能分发,不仅能够实时了解受众的内容偏好,确认受众与内容的特征,并将两者勾连,得出效果数据,而且它不止步于效果反馈,而是紧接着向受众推送与之相匹配的内容,帮助人们上网接触信息。"监测—匹配—推荐—再监测—再匹配—再推荐"的循环,几乎以零时间差进行,持续往复,精准高效。

当然,事物都是辩证的,新事物尤其如此。如果说社交分发基于"物以类聚、人以群分"的圈层受众,容易人为屏蔽圈层之外的信息流,导致强化固有偏好和观点,排除异类或异质声音,导致所谓"回音室"效应;那么同样,智能分发也有利有弊。它周而复始地将同类或同质性信息推荐给用户,形成闭环,有可能产生如一些学者所说的"信息茧房"的危险;另外,也存在迎合某些不恰当需求的问题。关键是,被互联网赋能的受众刚开始"人找信息",却又到了"信息找人";从主动搜索和自主接触,退回到被动状态,智能分发无形中对受众能动性和自主性要求形成了某种反噬。

> **8** 随着内容分发与渠道终端的演进，出现了一些新的受众形态。您能否谈谈这些基于不同分发和消费场景的受众有哪些特点？

受众研究中，通常根据不同的标准对受众进行划分。比如按照人口统计学特征，可以分为不同性别、年龄、职业和文化程度的受众；根据不同的大众媒介消费，可以分为电视观众、广播听众或报纸读者；依媒介接触情形，还可以分为忠实受众、游离受众或绝缘受众等。互联网时代，我们同样可以根据分发方式，将受众划分为圈层受众和闭环受众；网络传播的移动化和视频化，则将屏端受众尤其是小屏受众凸显出来。

所谓圈层受众，是指基于社交媒体平台，通过人们之间的强连接或弱连接而形成的具有相同或相似的属性、经历、偏好、价值观等的群体。例如微信平台上，以朋友圈、微信群、订阅号、看一看等为入口形成的用户群。在社交场景下圈层受众的特点是：第一，大众传播中被遮蔽的小众和个体，在社交式分发的开放性网状结构中，成为内容生产—分发—消费的能动主体或节点；第二，他们在虚拟空间里进行的关注、建群和订阅等活动，建构出对自身社会关系的真实感知；第三，信息把关的权力部分下沉，除了社交平台的过滤把关，信息流通的把关权主要由社交用户自主把控；第四，被大众传播所忽略的个体之间的相互作用，人们在社交平台上的阅读、点赞、转发、评论等行为，成为影响信息流的关键因素。

闭环受众，主要指通过智能分发或个性化推荐机制，封套在"分发—反馈—

再分发—再反馈"循环里的群体。智能分发面对的是非众,是活生生的、真实存在的、有差别的个体,之所以说是闭环受众,是因为在此场景下,传播的产生、效果的反馈、受众画像和内容匹配,都在大数据和算法的"算计"下循环往复,受众被环进其中,重复和强化某些信息消费行为。有些属于无意识,有些可能是明知有茧却自缚,缺乏跳出闭环的自觉。算法分发、个性化推荐是对个人开小灶,窄化信息渠道,以同类或同质信息喂食受众,容易产生所谓茧房效应。不过,这也不能一概而论。生活在当下网络时代,信息海量且渠道多样,完全隔绝"环外""房外"的信息流并不容易,除非自偏一隅,自我隔离,这一切说到底还是与人们的能动意识和选择行为分不开。谈到闭环,并非始自信息传播界,早在内容集成平台出现之前,购物网络上类似淘宝这样的电商平台就在使用推荐机制,根据消费者的商品浏览、购物收藏、下单购物、退换评价等行为,给消费者画像,并推荐相匹配的商品。那不只是一个传播闭环,更是一个"传销"闭环,影响人们从信息接触、心理倾向、购买决策到消费转化的全过程。

最后,是屏端受众尤其是移动端小屏受众。凯文·凯利在《必然》一书中曾经指出:"我们已经成为屏之民,屏端构成了新的媒介生态系统。"从言语之民,到书籍之民,再到屏幕之民,受众从纸媒向屏媒凝聚,目前媒介竞争更是从电视大屏、电脑中屏向手机小屏迁移,移动端逐渐成为竞争的主赛场。以往通过报刊、广播、电视等媒介传播的各种图文音视频内容,如今都汇集到屏端,人们读屏、听屏、看屏、用屏和玩屏,一方小屏成为人们活动的平台,信息流和服务流的端口。小屏受众的媒介行为以移动触屏为主,随场景而变换;注重视觉思维和表达,视觉成为他们认知和对话世界的主要方式,这是短视频崛起的主要动因;UGC的蓬勃,直播带货、网红营销等移动互联新行业的兴起,与小屏受众的创新参与相激相长。移动小屏的前置化和主场化,为融合与受众:"最后一公里"有多远?

小屏受众能动性的发挥打开了新空间,也为智能时代新生物的茁壮生长培植了丰厚的土壤。

> **9** 谈到屏端受众,"跨屏"也就是游走于电视、PC、手机等大中小不同屏端的媒介行为已经成为人们的主要特征。您能否谈谈受众跨屏行为有哪些特点?

随着视频内容和信息服务向多屏渗透,受众的跨屏媒介使用日益普及,我们曾经在《跨屏受众收视行为测量:现状、问题及探讨》一文中谈到跨屏受众的收视特点,可以简单归纳如下:一是多时态多场景化。突破单一场景下实时同步收看的"客厅—线性"局限,人们可以通过不同屏端随时随地、随心所欲地以线性和非线性的"直播+回看+点播"的方式收视,实现了多元场景下的多时态、非线性收看。二是多任务整合化。人们可以在屏幕间无缝切换,凭同一账号续播,实现同一任务的多屏间无缝对接。在收视的同时还可以进行评价、内容生产和参与传播等行为,实现多任务、多行为的重叠。三是自主碎片化。受众收视更具自主性和选择性,他们游走于不同传播渠道,在多个屏端间自由出入和切换,收视更加零散和碎片化,基于个性偏好选择内容,受众分布亦趋于碎片化和蓝海化。

不过,受众的跨屏行为是多维度和多样态的,大体呈现"时空多元+多用一体"的情形。换言之,受众跨屏不只是收看内容,还包括搜索、转发、点赞、评价、玩游戏等多种行为。我们在《媒介使用:跨屏、移动和参与》一文中,根据微软和谷歌有关跨屏行为研究的标准,从时间和内容两个维度将受众跨屏行为分为四类:一是同步增强型跨屏,即同时使用两个或两个以上屏端做相同或相关的事情，如看电视的同时搜索节目嘉宾背景资料；二是同步多任务跨屏，同时使用两个或两个以上屏端做不相关的事情，如边看电视边用手机查阅邮件；三是异步承接型跨屏，在一个屏端开始一项活动后在其他屏端继续这项活动，如在电脑上浏览商品信息后用手机支付订单；四是异步碎片型跨屏，在一个屏端从事一项活动后在其他屏端从事另一项活动，如看完电视后用电脑玩游戏。

研究发现，我国受众跨屏使用的同步性要高于异步性。即受众的这四种跨屏行为的占比，大体呈现出"同步增强型跨屏"＞"同步多任务跨屏"＞"异步碎片型跨屏"＞"异步承接型跨屏"的排列顺序。人们倾向于使用不同屏端来丰富第一屏的使用体验，其媒介使用行为不是"零和"而是互补或叠加的。同步跨屏以非线性的方式，弹性拉伸了受众的媒介使用时长，也增强了单位时间效率。当然，同步跨屏会带来注意力分散的风险，不过受众主体的能动性和选择性涉入程度较高，使用媒介和消费信息的效率也在提升。

10 谈到受众往往会涉及传播效果问题。媒介融合背景下传播内容是多渠道多终端分发的，如此复杂的受众生态和数据形态无疑给效果评估带来挑战。从跨屏角度出发，我们应该如何进行传播效果评估？您对此有何思考或探索？

首先需要明确的一点是，效果评估在融媒时代仍然是必要且必需的。没有测量和评估的媒体是长不大或长不好的，因为缺乏基本的反馈机制，也就缺乏把握自我和调整改进的契机。当然，媒介融合和后受众语境下"受众"的收视行为与推荐分享、讨论互动等行为融合交织，要对此进行跨媒介、多维度、科学量化的综合性效果评估，相比针对单一电视传播、单一收视行为进行的效果评估，难度系数要高出不少。不过，当传统的电视收视率和评估体系已经无法满足市场对于多元数据和价值拓展的需求，亟须新的行业标准和"通行货币"更新迭代时，基于跨屏传播的综合性效果评估体系的建构，便成为必须迎难而上的攻关项目。这对于管理层和相关利益方来说，是有益于市场有序发展的重要举措，对于从体制机制上推动媒介融合，促进传统媒体的数字化转型升级，并落定到效果的实处，更是多有助益。

我曾经与张雪静博士合作发表了论文《内容力、传播力、互动力：电视节目跨屏传播效果评估体系创新研究》，作为我主持的国家广电总局部级社科课题"电视节目跨屏传播效果评估体系研究"的成果之一。电视节目跨屏传播效果评估体系的构建，一是要坚持社会效益优先、社会效益和经济效益"双效并重"的原则；二是要强调融媒跨屏时代因受众变迁所带来的传播效果评估的新特点；三是要综合考察跨屏传播效果所涉及的"线上—线下""主观—客观""行为—心理"等多个维度的评估体系的指标建构；四是要体现可行性和开放性，从指标设置、数据来源、权重分配等方面协调和适配现实供求，并为跨屏评估的未来发展预留开放性空间。

传播效果评估体系中，内容被视为致效因素，视听反应是效果实现，但是在跨屏背景下，内容是实现效果的主要因素之一，却非唯一因素，受众作为"受—传"者，其互动既是效果的表征，又是再传播的起始。互动突破传统的"品质—效果"二维体系囿限，成为评估体系中的一个独立维度，与新媒体赋权下受众能动性的激活与发挥密切相关。据此，我们围绕内容品质、视听反应、参与传播三个维度，建构了一个以内容力、传播力、互动力三者为一级指标以及6个二级指标、15个三级指标组成的综合性评估体系，并采用层次分析法，对各项指标进行了权重分配。详见图2、图3。

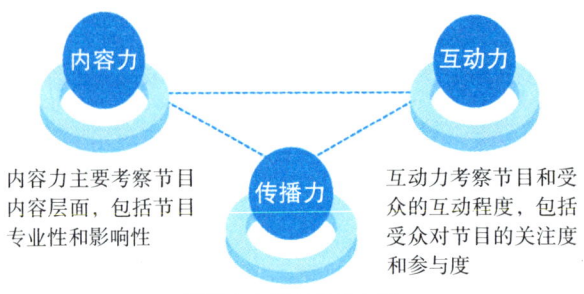

图2 跨媒体（跨屏）传播效果评估三维指标

来源：研究自制。

该评估体系的创新点在于：一是重构了"大综合"模式。开发新的受众参与维度，全面覆盖关乎效果的多元要素，尤其是"受—传"衍生效果要素。二是创建新指标，新增互动力一级指标。三是以评估的可行性为取向，对数据测量、数据来源、采集方法、算法问题尤其是跨屏指标的计算方法进行了系统务实的探讨。四是采用层次分析方法，对评估指标进行了权重分配，进一步推进评估体系的可操作性。

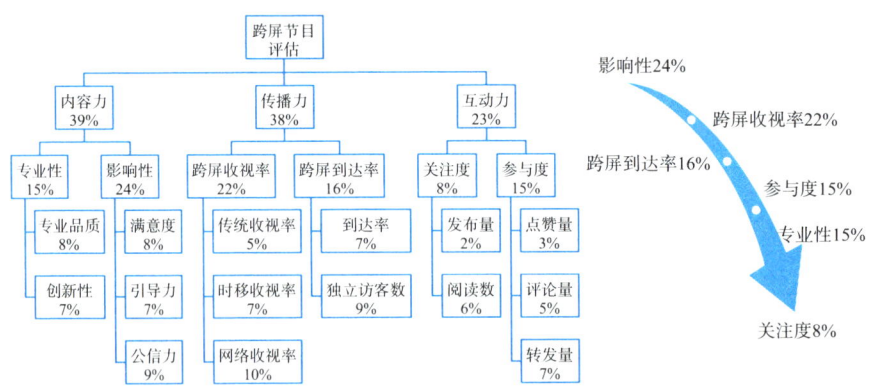

图3 节目跨媒体（跨屏）传播效果评估体系指标设置与权重分配

来源：研究自制。

需要强调的是,"互动力"的脱颖而出,缘于受众主体性和参与能力的提升和落地。这一指标的设置,也是我们节目跨屏评估体系不同于其他评估体系的关键之处。互动力既可以看作衡量节目传播效果的热度指标,也可以视为考察内容质地的深度指标,还可以视为实现再传播的广度指标。互动力指标的确立,有助于评估体系与时俱进,拓展自己的涵盖力和应用价值,也有利于促进媒介融合科学而有序地发展。

 目前看来,媒介融合在连接受众的"最后一公里"方面依然任重而道远。您对这"最后一公里"的未来之路有何看法?

我国的媒介融合从中央级媒体开始向基层延伸,一直到县级融媒体中心建设,这场传统媒体的数字化转型升级运动正逐渐走向深入,然而真正的深入是走进受众内心,拉近与受众的心理距离。当下我们要思考的不仅是"最后一公里"有多远,还有"最后一公里"要走多久。而要回答这两个问题,还需要从受众观念、技术创新和体制机制等方面多下功夫。

首先,强化以能动受众为内核的受众观,建立面向受众的征询、适应和服务意识。媒介融合不仅要注重供给侧改革,更要注重需求侧的变化。媒介融合如果不是以覆盖、吸引和服务受众为目标,不是以赋能受众、连接受众和激活受众为追求,那么"最后一公里"将会遥不可及。网络时代的受众观要求我们在内容生产、分发、效果评估乃至公益服务、商务服务等几乎所有领域,适应和适配受众的特点与需求。

其次,以优化受众连接为中心实现技术创新。媒体融合朝平台化方向发展,强大的技术支撑和创新是必要条件。目前头部新媒体平台或互联网公司几乎无一例外地都以技术见长，比如谷歌、腾讯、阿里、字节跳动、快手等；采用数字网络技术和移动技术，最先使用大数据和智能算法的，都是新媒体而非传统媒体；而且在受众连接方面你追我赶，不断超越。传统媒体也意识到了技术支撑的重要性，纷纷与技术先进的服务商或互联网平台展开合作，例如，人民日报新媒体中心引进快手的算法技术，打造短视频平台"人民日报+"；中央广播电视总台引入了腾讯的先进技术，打造短视频平台"央视频"，以实现与受众连接的进阶升级，这些努力也取得了一定成效。但是，传统媒体更多地把技术当作一种植入，而非融入成为一个平台的"座架"与驱动，常常以一种"媒体功能导向"去看待受众，而非"受众中心导向"去走进、赋能和服务受众，某种意义上，相较于技术引进，媒体转型更需要思维革新，将新观念融入技术支撑，成为技术创新之魂。

最后，媒介融合需要体制机制的配套和协调，包括优化决策机制、改革组织架框、重构传播生态、升级评估体系和创新数据实践。缺乏体制机制的支持，媒介融合的路线图和时间表都只能是一纸空文，任何新观念和新技术都无法良好落地，"最后一公里"也会举步维艰。不少广电 MCN 机构的成立，可以视为体制机制改革的新举措，未来还应围绕多功能媒体平台建设，培养融媒体主力军而非别动队，整合传播渠道资源而非各自为政，开拓内外双循环内容来源，布局终端市场，提升跨界跨平台的传播力和影响力，以加快实现既定目标。

智能传播与机器人应用

张洪忠

北京师范大学新闻传播学院执行院长、教授、博士生导师,新媒体传播研究中心主任。

> **1** 人工智能与机器学习的应用将传媒业带进了一个新的发展形态——智能传播。我们应该如何理解、认识智能传播？智能传播发展的基本背景如何？

我认为，智能传播是指将具有自我学习能力的人工智能技术（Artificial Intelligence，AI）应用在信息生产与流通中的一种新型传播方式，它正在成为一种重要的信息传播形态，也是下一步传播手段升级的重要方向。

2019年可以说是我国媒体真正成规模地使用人工智能技术的开始，机器写作、AI主播、智能大脑、智能终端等从中央媒体到地方媒体开始大范围探索。从全球范围来看，智能传播正在成为一股不可阻挡的发展热潮。比如说，社交机器人已经发展成为政治传播的一个重要参与变量；以《洛杉矶时报》于2011年推出的 Quakebot 和美联社于2014年开始使用的 Wordsmith 等为代表的机器写作技术正在全球风靡，到2019年开始成为一个常态；智能语音技术、人脸识别技术等开始在媒体与人们的日常生活中广泛应用。简单来说，智能传播正在成为一个新的重要的信息传播形态。

> **2** 目前，人工智能技术在我国传媒业有哪些前沿的实践与应用，呈现出什么样的基本趋势与特点？是否有新的案例可以与我们分享？

从信息采集的角度来说，智能硬件、机器人、无人机等人工智能技术在新闻采集中开始得到实际应用。首先是通过机器人技术的应用来辅助记者进行新闻信息采集。新华智云于2019年8月推出25款机器人，其中8款是助力记者、编辑采集新闻资源的，分别为突发识别机器人、人脸追踪机器人、安全核查机器人、文字识别机器人、数据标引机器人、内容搬运机器人、多渠道发布机器人、热点机器人等。其次是智能硬件设备帮助提高信息采集效率，例如目前市场上推出的语音识别、机器翻译等人工智能技术与传统录音、翻译软件相结合的产品。而无人机、可穿戴设备的加入其实是为新闻从业者提供了不一样的信息视角，以全面、多元地记录新闻发生的瞬间。

　　从信息生产、编辑与播报的角度来说，机器人参与新闻写作或文本创作已经成为国内外的一种新兴趋势，基本上各家平台都有自己的代表性产品。比如，由微软小冰团队与北师大团队合作开发的"小冰白盒写作辅助工具"，中国科学报社联合北京大学科研团队推出的科学新闻写作机器人"小柯"，封面新闻的"小封"机器人等。除了文本写作领域有所应用之外，智能力量也注入了视频、图像等内容生产过程中。在刚刚提到的新华智云发布的25款机器人中，协助媒体进行视频图像处理及可视化呈现的机器人达10款以上，包括智能配音机器人、字幕生成机器人等。同时，在最主要的视频创作领域，基于普通用户社会表达的需要，目前很多公司也推出了自己的智能视频剪辑App，即在不需要对剪辑有相当专业水平的情况下，让用户自己也能动手剪辑视频。最后，随着人工智能技术的发展，新闻报道的形式也在不断创新，主要表现在以下两个方面：一是AI合成主播颠覆广播电视新闻生产方式，未来AI主播将成为新闻报道中的重要一环，与真人主播一起协同工作，提升新闻的制作效率，降低制作成本。特别是在突发性新闻事件报道中，AI合成主播可以快速生成新闻视频，提高新闻报道的质量和时效，相关产品有人民日报与科大讯飞合作推出的首款AI合成主播果果、中央广播电视总台与百度合作开发的智能机器人"小白""小度"等。二是基于智能化图形识别、VR、AR、MR等技术，沉浸式、全息式、交互式信息呈现方式获得广泛应用。

从平台搭建的角度来说，目前人工智能平台的建设主要着重在三个方面：第一是运用人工智能技术赋能媒体内容的生产与传播，通过媒体与科技公司的跨界合作充分发挥各自所长，运用5G、人工智能、大数据、VR/AR/MR等新技术，创新新闻表达方式，进一步提升新闻传播效果，加快推进媒体融合发展；第二是将人工智能技术用于信息采集与算法分发领域，这部分的智能系统较多应用于商业网站与信息分发领域；第三则是实现内容审核与信息安全把关等领域的智能化建设。目前抖音、封面新闻等新媒体平台多采用"双重审核"的办法，由人工智能负责审核作品中是否存在违规行为，并对视频中关键画面进行抽取审查；审核人员则负责对视频标题、封面截图和视频关键帧逐个进行细致审核，最后依照规则对违规视频和违规账号进行处理。

从硬件设备布局的角度来说，智能技术与人们生活的联系日益紧密，可穿戴设备、智能音箱等产品开始嵌入人们的日常交往之中，拓展了人们的信息渠道来源。根据报道称，中国现在已经超过美国，成为全球智能音箱的最大市场，阿里旗下的"天猫精灵"、百度旗下的"小度"、小米旗下的"小爱同学"等产品已经走入寻常百姓家。

总体来看，2019年以来，我国传媒产业可以说真正开始大规模地使用人工智能技术，机器写作、AI主播、智能大脑、智能终端等应用从中央媒体到地方媒体开始大范围布局。

不过根据人工智能发展的三个技术阶段，即人工智能的专门化阶段、通用化阶段和情感化阶段来说，目前我国人工智能技术的应用基本上处于专门化阶段，也就是通过各项技术完成专项功能，而尚未达到通过一项人工智能技术支持多项功能的实现以及情绪、意义的识别。我们需要看到的是，现在的人工智能技术距离所谓的高级人工智能阶段还有相当的距离，甚至在专门化阶段仍有很多技术不成熟的地方需要完善，比如机器新闻写作语气生硬、语句不畅等。因此，我们在面对人工智能技术时，需要报以积极的态度和冷静的思路，正确判断人工智能目前的发展趋势，不要被技术冲昏头脑。

3. 作为目前学术研究的前沿命题，智能传播在国内外有哪些值得关注的研究领域和方向？

我曾经在《全球传媒学刊》上发表过一篇文章，仔细梳理了2019年智能传播方向的国内外论文近79篇，发现研究者们主要围绕以下八个方向开展智能传播研究：社交机器人、机器写作、类人机器人、算法、智能传播的媒介伦理、智能传播对媒介生态的影响、智能传播的法律问题、智能传播时代的新闻传播教育。其中，有很大一部分研究是与目前智能传播应用息息相关的。

第一个领域是社交机器人。社交机器人（socialbots）是指在社交网络中扮演人的身份、拥有不同程度人格属性且与人进行互动的虚拟AI形象。也就是说，我们在社交媒体中看到的一些账号背后未必一定是真人，也有可能是由算法程序所控制的机器人。根据承担的功能不同，我们可以将社交机器人细分为政治机器人、聊天机器人、经济机器人等。政治机器人是近年研究的一个热门领域，即指在社交媒体中执行政治传播任务的一类社交机器人。它们出现的背景与西方选举政治的政治制度密切相关，后来也普遍应用于"中美贸易战""英国脱欧"等一系列国际重大舆情事件的引导中，目前研究也主要在探讨它们在传播虚假信息、舆论干预、政治选举以及社会动员等方面的作用。相较之下，聊天机器人与经济机器人的研究则相对较少，两者主要是指与用户通过自然语言互动和聊天的软件系统与提供经济信息的机器人。可以说，社交机器人是一种多样化、新兴的话语媒介。在针对社交机器人的研究中，人与人、人与机器以及人与信息系统的关系或将得到重塑。

第二个领域是机器写作。机器写作又可以说是机器新闻（Robot Jouralism），这其实是一种拟人化的说法，更严谨的说法应当是"自动化新闻"（Automatic Journalism），指运用算法进行数据的加工处理并转化成叙事体新闻文本的形式。这其实是对传统新闻业的一次冲击，机器写作技术的应用使得从前记者作为专业生产者的认识发生了变化，也会对受众的文本感知产生不同的影响。

第三个领域是类人机器人与AI主播。如果说机器新闻写作所带来的变革更多在于生产端，那么类人机器人的应用则主要聚焦在人机交互关系的领域。类人机器人（Humanoid Robot）是指外形像人，尽量模拟人类交流方式的智能机器人。其中有实体的，也有在媒体上呈现的，也就是AI主播（AI Anchor）等虚拟主播的形式，比如说2021年清华大学推出的首位AI虚拟学生"华智冰"。目前AI主播还不是真正的具有自我学习能力的人工智能产品，更多还停留在类似于皮影戏的图像与声音匹配上，但其发展趋势值得期待。目前，该领域的研究主要关注人机交互关系以及用户感受、认知两个方面。

第四个领域是算法分发推荐信息。该领域是人工智能在传媒业中非常成功的一个应用技术，其主要变革在于分发端，也就是通过对受众的个性化匹配来实现信息分发。那么，其背后值得关注的问题便在于算法对受众信息消费多样性带来的影响、新闻分发与新闻的专业性等三个方面。其中，关于信息茧房、回音室、过滤气泡的讨论与实证检验是国外研究者所主要关注的，主要的争议点在于算法技术是否带来信息消费的偏见性、是否阻碍了多元化的信息接收。

另外，算法如何针对目前信息生态中的虚假信息进行治理与检测也引起了较多的讨论与关注。

第五个领域是智能传播的伦理问题。算法、AI 主播、机器人等传媒实践不仅给信息传播事业带来一次新的变革，也引发了诸如人机关系、新闻业规制以及具体算法伦理问题的讨论。当机器作为一个新的主体出现在新闻生产以及人们的日常交往互动中时，关于产业与技术、人与技术的关系便需要重新思考与讨论。当然，这背后还有一些更为具体的问题，比如算法的偏向性、隐私保护等。

第六个领域是智能传播对媒介生态的影响，相关研究主要聚集在广告营销、传播渠道与舆论生态的讨论等方面，包括计算广告学等议题在最近几年的广告营销等专业刊物上讨论较多。

第七个领域是智能传播的法律问题。在这个层面，国内讨论较多的是 AI 对于用户隐私权的侵犯问题。由于人工智能技术应用需要大量信息采集技术的支持，包括监控系统、物联网、身份识别技术等，那么对个人隐私数据的深度挖掘、追踪和分析的适用边界便成了新的法律热点议题。另外，关于被遗忘权、AI 司法评估等问题的讨论也受到部分学者的关注。

第八个领域是智能传播时代的新闻传播教育。人工智能技术在传媒业中的快速应用，对新闻教育提出了挑战。其中的第一大问题是人才培养如何跟进技术发展的问题。媒介与技术的融合形态使得新闻传播在人才培养时需要考虑更多的数据信息处理能力与技术能力，这也是未来新闻传播教育需要变革的方向。第二大问题便是学科拓展的问题。智能传播时代的到来对政治、文化、经济、法律等各领域都产生了较大的影响。在这种情形下，学界也需要更多的学科交叉研究以应对目前信息技术所带来的很多前沿问题。

> **4** 可以说，人工智能自引入传媒业以来一直备受学界关注，这个过程中亦有不少质疑与批判的声音。站在今天的视角上，我们应该如何认识人工智能及其背后的技术逻辑所带来的影响？

人工智能的出现是对传媒生产力的一次革新。作为现代科学发展结晶的人工智能被应用到传媒领域，对传媒的内容生产和传播效力都产生了革命性的影响。从新闻写稿技术的角度来说，我们说过去的第一次变迁是从传统手写新闻稿件到电脑写作新闻稿件，书写的速度和效率得到很大提升。第二次变迁则是从电脑写稿到机器写作，其中就加入了人工智能技术的应用，千字以上的稿件机器写作在一分钟内就可以完成，搜寻资料和简单组合材料这些前期工作都可以由机器来完成，媒体人可以有更多时间去思考和提供观点。从这个角度来说，人工智能首先为传媒业的发展提供了一个新技术工具，这个工具能帮助传媒业提升生产力，是传媒发展的一次技术革新。

那么，这种技术革新对传媒行业及其从业者的影响何在？其实最大的影响就在于生产效率的提升是对传媒人的一种解放。自动化合并内容、实时追踪核查信息、一站式剪辑服务、机器写作、视频自动配音等人工智能技术在传媒领域的运用，一方面正在将传媒人从烦琐的工作中解放出来，传媒人使用这些技术可以更便捷地完成工作，对技术的把控更具有主动性；另一方面这些人工智能技术的运用更是对传媒人思想的一种解放，激发更多想象空间，可以有更多内容生产和创造，更多媒介形态的探索。过去我们说传媒从业者在行业中扮演着"把关人"的角色，即公众所接受到的信息由编辑来把关决定，但是，目前的信息传播趋势是海量性、高效率、即时性的，海量信息爆发于新闻发布的速度越来越快。由少数编辑与记者参与生产、把关的时间和效率局限性越来越明显，且会出现更多的遗漏与角度偏颇。在这种情况下，人工智能给传媒业所带来的一个重要变化便是将传媒人从日常烦琐的重复性工作中解放出来。

最后，回归到机器与人的关系，这也是很多人对人工智能持怀疑态度的原因之一。当算法程序成为社会运行的一个基础性规则时，人与人的关系会不会被人与机器的关系所取代，又或者说机器是否会成为操纵人的主体？对于这个问题，我始终认为从现实角度来看，人工智能只是一个体现人意志的技术。人工智能领域流传着一句话"人工智能技术程度有多高，背后的人力资源的投入就有多大"。也就是说，人工智能并不是一把金钥匙，轻轻打开就可以一本万利的。人工智能算法背后更多的是人的设定，反映的是人的想法。所以，就像报纸、杂志、电视等传统媒体的传播反映的是记者编辑与受众之间的关系一样，人工智能背后实际上也是隐喻着人与人之间的关系。这种人与人之间的关系可能是用户与媒体人员之间的关系，也可能是用户与用户之间的关系，或者各种"人"的关系的复合。

> **5** 现在，机器新闻写作或创作时常会被质疑有生硬之嫌、多余之笔，其背后的本质冲突在于机器逻辑与人文素养的碰撞，所以大家在读的过程中总会觉得不太舒服，您是如何看待这个问题的？

首先，我觉得我们要正确理解机器写作。那些认为机器写作可以完全替代人的说法其实是不准确的。现阶段机器新闻写作的原理是基于大数据驱动，通过数据检索、数据分析、自然语言处理等算法将所需信息填入人工设计的模板中，不能从真正意义上完成有逻辑、有态度观点的自动化文本生成。同时，由于技术的局限，机器不能理解复杂的逻辑关系，甚至无法区别主被动关系，因此仅依靠机器生成文本无法构成一篇逻辑严密、观感完美的新闻报道。除此之外，机器也不能进行采访，只能引用网络上已有的信息。也就是说，机器写作无法采集到线下事实，只能按照"人"设定的模块来写作，只是一个基于算法的依赖互联网大数据来源的写作工具。但是机器的优点在于擅长处理海量数据，能够弥补人的大脑在信息储备、数据处理上的弱势，更快速、精准地找到完成新闻文本需要的信息，从而减轻人类的工作量。所以我刚刚说的机器发展是对传媒业的解放，其实是指将从业者从反复枯燥的劳动中解放出来，但其中人的工作对于机器缺点的补足仍然有不可替代的作用。换句话说，机器写作在新闻领域更适合被当作一款写作辅助工具，来帮助人类处理海量复杂的信息；而人工编辑则扮演着设计师的角色，可以不需要花费大量时间收集信息，而是去制定写作框架，根据不同新闻资讯的题材设计出更符合人类阅读习惯的写作规则等。

其次，在目前人工智能技术被广泛应用于传媒业的背景下，我们需要正视的一点是，这种人文素养与技术逻辑的合作与碰撞将成为常态。所以，现在也需要引入学科的交叉合作来解决这个问题。我曾经带领北师大新闻传播学院的团队与微软小冰团队展开合作，目的就是探索出一套可行的资讯聚合类新闻机器写作模板，让"机器写作"向"人类写作"不断迈进。2018年，我们共同开发出了一套叫作"小冰白盒写作辅助工具"的写作工具，这个过程其实就是实现了完全的文科思维到技术逻辑的灵活转变，在双方之间搭建了一座可沟通的桥梁。比如，我们在考虑读者需求的时候往往会使用文科思维来考量文章的起承转合、新闻价值、情感态度等维度，为了让底层技术能够实现这些需求，我们往往会将这些人文理念概念化、规则化，以便于机器的理解与生成。

一个典型的例子是，关于"绯闻情侣"的写作模板会涉及对报道的两个当事人的褒贬，那么根据排列组合，便能够形成男正女负（祝福／批判）、两正（祝福）、两负（批判）、女正男负（祝福／批判）共四种模板以适应不同类型的报道需求。再比如"互动"这个词，作为标签，边界宽泛，需要更具体的解释。机器不能理解抽象定义，所以要对标签进行意义拆分，拆成更具体的子标签。我们会选择将"互动"拆成"节目互动""剧组互动"等子标签，并且通过举例让技术人员知道每个子标签代表的具体内容，再根据例子写成规则训练机器。这其实就实现了文科思维和技术思维的转换。所以其实文科从业者没必要完全掌握代码编写的技能，只需要掌握技术逻辑和原理，将纯文科思维用技术思维进行解构分析，往往就能促成两者的合作。

当然，从最根本的问题上来说，机器的自动化生产必然会牺牲文本的个性化，在这个问题上，其实没有绝对完美的解决方案，需要双方不断调适来寻求一个比较合理或者是不断优化的方案。同时，回到我们第一点所说的，人类仍然要加入这个进程中，这种对文本的权衡与斟酌是机器最终也无法取代的。

6

您刚刚提到社交机器人在社交媒体中的应用，作为一种新兴的传播现象，我们应该如何认识社交机器人及其可能给社交网络乃至人类社会带来的影响？

如果要从传播领域给社交机器人进行定位，我会将社交机器人理解为是在社交网络中扮演人的身份、拥有不同程度人格属性且与人进行互动的虚拟 AI

形象。从这个角度看，并非所有的网络空间机器人都具有社交属性，如维基百科所采用的编辑机器人 Pywikibot，它帮助用户自动删除文本中的版面空格以及无效重复；魔兽世界等大型 MMORPG 游戏中的 NPCbots，它替代玩家执行一些不需决策的冗长虚拟任务；一些爬虫机器人，协助用户高效地获得、存储和分析数据等。但是，这些机器人由于不具备社交属性，所以我认为应该不属于社交机器人的范畴，而聊天机器人、政治机器人、经济机器人，具有较强的互动属性，同时又能在一定程度上通过自身人格形象的塑造来影响人们的认知、态度与行为，所以我认为它们是具有社交机器人基本属性的。

  社交机器人的出现给我们带来两个新的值得思考的问题以及可能性：一是在社交媒体中，不仅仅有人类自身，有人与人、人与机器人之间的交互，还有机器人与机器人之间的常态互动；二是社交机器人毕竟不是真实的人类，如何实现人与社交机器人的良性互动与和谐共生状态也是亟待解决的问题。传播学研究正面临"人 + 社交机器人"这样一个充满全新挑战的社交媒体生态。作为活跃于虚拟网络之中的新"人种"，随着技术不断发展，社交机器人人格化特征越来越明显，未来可能真正成为一只看不见的"手"，并影响现实世界。同时，社交机器人的人格化特征又区别于一般意义上的"真人"，以往建立在"真人"研究基础之上的传播学，面对社交机器人这一新的"人种"，需要引入新的研究范式。总之，对虚拟空间中社交机器人与人类之间关系的重新定义正成为传播学研究的新命题。

  同时，从现实应用的角度出发，技术是一把"双刃剑"，对于社交机器人不能用简单的"好或坏"二分法来定性，需要用更多维视角看待。社交机器人好的一面在于可以服务用户和社会，在一定程度上也可能成为解决虚假消息、扩大传播声量的一种有利途径。但另一方面，社交机器人也有可能沦为故意制造虚假和垃圾信息、操纵市场的工具，其背后的操纵者深怀恶意。所以说，这是一个机遇与挑战并存的领域，我们需要一些更广泛的研究来更深入地了解该领域以推动它的正向发展。

> **7** 在所有社交机器人中，政治机器人也是近年来的研究热点之一，其特殊性在于对政治传播与国际舆论的影响，同时也与西方选举政治的背景密切相关。您能否谈谈政治机器人在现实社交媒体中是如何应用的？

从全球范围来看，政治机器人对于舆论和社交媒体的干预突出体现在政治选举、社会动员、政治干扰三种应用场景。

首先，西方国家政治选举是政治机器人最常见的一类应用场景。比如在2016年美国总统大选前夕，推特（Twitter）中出现了一批冠以拉丁裔传统人名的账号，它们使用的是"真实"拉丁裔人相貌的头像，并在社交媒体中表现出和现实中拉丁裔推特用户相近的行为。这些模仿拉丁裔族群的机器人推特账号发布了大量支持特朗普政府的重复推文。而相似的事情也同样出现在2017年法国总统大选期间，这种政治机器人在推特中的典型行为主要是大规模转发以及发布重复内容。这种有规律的、预谋性的、批量出现的政治机器人账号也意味着国际上有可能存在政治机器人的地下运作市场。

其次，政治机器人也可以通过参与社会动员的方式，影响重大议题的网络舆论表达。比如在英国脱欧公投期间，有研究者获得了公投前后两周内全部推文及其来源账号，并基于网络特征识别机器人账号，发现有将近34%的账号为机器人账号。83%的政治机器人账号在脱欧公投的两年前就已经被创建，其中有将近1%的链接共同指向"@brndstr"，该账号由位于迪拜并为社交媒体营销提供机器人支持的"品牌机器人工作室"（Bots Studio for Brands）运营。从数量上看，这些机器人账号在公投前的两周内异常活跃，但在公投后则活跃度急剧下降，这也印证了我的观点。

最后，社交机器人也可以用于国内和国际层面的政治干扰。比如，有研究证明2016年美国大选期间，大量来自俄罗斯的机器人账号被认为用于扩散谣言和垃圾新闻，并将今日俄罗斯（Russia Today）和卫星通讯社（Sputnik News Agency）等俄罗斯信息源的链接传播给美国选民。如果确有其事，那么其实这已经上升到跨国影响的层面了。可以说，现在的政治机器人已经渗透到人们讨论公共事务、参与现实政治的方方面面，公共话语正在形成一种"人机混合"的复杂模式。

8 显然，政治机器人正在成为影响公共舆论的重要因素之一。政治机器人主要通过哪些方式在社交媒体上进行舆论操纵？我们应该如何认识政治机器人所带来的影响？

不同的政治意图背后的政治机器人会有截然不同的行为方式，目标设定的不同肯定会导致政治机器人的使用手段有所差异，所以，我们需要更细致地考察政治机器人在其中扮演的角色、所使用的策略等，以帮助我们对某些政治团体的政治意图进行研判。目前来看，政治机器人的干预策略大致可分为以下五种。

一是营造虚假人气。在社交媒体出现之前，普通民众与政治人物之间几乎不可能有直接交流的机会，人们普遍缺乏对某个政治人物的社会地位进行精确评估的方法。而社交媒体所带来的流行度度量指标（如粉丝数和点赞数），则促成了"在网络中拥有更多朋友是令人钦羡的"这样的社会认知。所以，西方政治人物往往会认为拥有更多的网络粉丝会让自身看起来更受欢迎。正因如此，政治机器人账号经常会被用于填充政治领导人物的粉丝列表，让他们看起来拥有一大批的追随者，以便于"提升"自己的公信力和受欢迎程度。

二是推送大量的政治消息。作为在西方国家常常被用于大选和政治危机的一种策略，机器人一方面可以为那些寻求政治新闻的用户提供阅读内容，推广相关政治新闻资讯，设计精巧的政治机器人，还可以对自己接触到的用户进行分类，投放不同类型的政治广告。另一方面，政治机器人还可以向潜在选民群体定期推送投票请求与进展消息。譬如一款名为"HelloVote"的选民登记软件，原理是雇用机器人自动发送短信息来协助和引导选民登记，其投票成功率达到70%左右。要知道，传统的网页登记方法仅有40%左右的成功率，邮件推送的效果则更差，大概8%左右。人们往往对填写在线表格表现出不耐烦，或常常迷失在诸多的填写步骤当中，从而导致中途放弃。

三是传播虚假或垃圾政治消息以干扰舆论。政治机器人通过扩散大量垃圾信息或虚假信息干扰线上线下的政治讨论，模糊话题焦点，煽动网民情绪。其中，不只是一些情绪化的信息可以引导议题的走向，大量的表情包、错误统计数据以及具有立场的新闻、链接等形式也能够在种族、移民等社会敏感问题上挑起公众的情绪。

四是通过制造"烟雾弹"来转移话题焦点。国外有一种专业的术语叫作烟雾遮蔽效应（Smoke screening），也就是通过推送大量与原议题不相关的信息来达到转移话题的效果。这种策略其实跟第三种方式很像，但更为狡猾。因为公众很容易在浏览相关内容时被其他大量的无关内容所误导或者分散注意力，掩盖现实的讨论。比如在叙利亚战争中，就有叙利亚的在线抗议者通过"#Syria"等标签发布抗议信息，寻求全球援助，但很多亲政府的社交媒体账号便会通过在这些标签话题中发布叙利亚风景照等大量无关信息来达到模糊议题的效果。

五是塑造高度人格化的虚拟意见领袖形象。在这些应用中，政治机器人不再是作为政治人物的虚假追随者而存在，而是将自己伪装成一个社交网络中的政治意见领袖甚至是政治领导人。政治团体通过将政治机器人打造成虚拟的意见领袖，与民众建立起更为稳固的社交关系，借助算法的机器手段来实现政治传播目的。"真人"意见领袖需要一定培育时间，不可复制而且其传播效果还会受到个体行为的影响，比如不良的个人生活作风、行为举止等都会影响到意见领袖的形象。但"机器"意见领袖可以实现量产，而且其形象不会受到现实生活影响，更容易塑造完美的意见领袖形象，只要其虚拟身份不暴露，就可以在社交媒体中持续发挥政治影响。

可以说，政治机器人发展到今天这个阶段，其存在与进化几乎不可避免。随着社交网络的发展与技术门槛的降低，政治机器人正在成为一种重要的政治手段参与到网络政治的表达中。在这个空间中，目前最值得人们关注的是政治机器人开始与真人竞争网民的信任。我还是坚持之前的观点，认为人工智能应用的背后其实隐喻着人与人的关系，是"人"的关系的复合，所以政治机器人本质上是将背后操纵者意志放大的过程。因此，不要急于给政治机器人贴上一个好或坏的标签，而是要全方位地去研判其背后管理者的基本意图。同时，从机器逻辑出发，我们需要更多地了解这些机器人在社交媒体中的活动规律、逻辑与运行机制。所以在未来，政治机器人需要机器行为学、政治传播学、网络科学、伦理学、法学等多学科交叉的讨论与研判。

> **9** 对于中国的研究者而言，大家可能更关心的问题是政治机器人的使用如何影响中国国际关系和重大谈判的走向，您是否有相关案例可以和大家分享？

目前，政治机器人在国际舆论场上已经扮演着至关重要的角色，几乎覆盖了所有重大政治事件的社交媒体表达，对于中国国际关系发展的影响是不言而喻的。这也是为什么在当前复杂的国际形势下我们更需要加深对社交机器人的认知与理解，以便更好地应对国际局势的走向。

我之前曾经做过一个研究，主要探究 Twitter 上的社交机器人在中美贸易谈判这个议题中所发挥的作用与立场。中美贸易战在社交媒体上主要反映出三次大高潮，分别为 2018 年 3 月底至 4 月初、2018 年 6 月中旬至 7 月初、2019 年 5 月。2019 年 5 月这一波热潮是迄今为止热度最高的一场讨论，所以研究主要选取了 2019 年 5 月的时间节点来展开。

首先从中美贸易战社交机器人的发文特征来看，社交机器人的账号在总发文账号中占比 12.92%，这些账户共生产了 33867 条推文，占总推文量的 19.26%，平均每个机器人生产 4 条推文，也就是说推文比例高于账号比例，这个特点也跟很多文献的研究发现相吻合，也就是少数的机器人会发布大量推文。

从中美贸易战社交机器人的粉丝与关注数量来看，超过 80% 的机器人粉丝数量在 5000 以内，在 5000 以内的粉丝数量账户中，社交机器人账号的比例是高于人类账号比例的，分别占比 82% 和 69.9%，详见图 1。同时，我们还发现，社交机器人账号与人类账号的另外一个差异点在于它们的粉丝数量跟关注数量呈现出强相关关系，通俗来说就是粉丝数量与关注数量往往处于差不多的水平上，因为社交机器人会试图通过关注他人来增加自己的粉丝量以提升影响力。但是人类用户的粉丝数量与关注数往往呈现出两极分化的特点：粉丝数量多的人关注数量少，关注数量多的人粉丝数量反而很少。

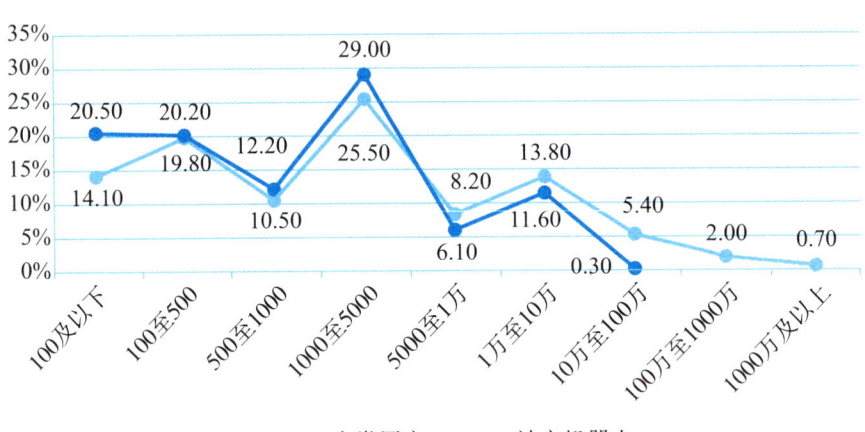

图 1　社交机器人与人类用户粉丝数量对比

来源：张洪忠，赵蓓，石韦颖.社交机器人在 Twitter 参与中美贸易谈判议题的行为分析［J］.新闻界，2020（02）：46-59.

从社交机器人的行为特点来看，我们发现社交机器人发送的推文呈现出重复率高、原创性较弱、时间滞后的特点。这个特点一是体现在它们发布的内容数量上，社交机器人更可能发布多条推文参与议题讨论；二是社交机器人经常发布一些相似的内容，主要有两种情况，一种情况是同一账号发布相似内容，另一种情况是若干不同的社交机器人账号发布相似的内容，实现社交机器人系统之间的一种联动；三是它们的集中推文时间要晚于人类用户的热点讨论时间，通常在社交媒体讨论高峰之后才进行推文。

从社交机器人的推送策略来看，社交机器人常使用新闻类话题标签以快速传递讯息，比如用"#news"等标签进行信息推送，同时也更频繁地使用反对特朗普的话题标签，标签中的"#Impeach Trump"表达了"弹劾总统"之意，在推文里也经常同另外一个标签"#The Resistance"一起使用，来制造一种反对特朗普的舆论氛围，详见表 1。正因如此，我们做这个研究的时候也对社交机器人在这次中美贸易战里所扮演的角色感到非常好奇，后来我们对转发前100的推文进行分析发现，反对贸易谈判的推文占比55%。在这些推文中，大部分内容跟美国农民有关，认为特朗普的贸易谈判损害了美国农民利益，当然还有一些推文是反对特朗普参与美国2020年大选的。

表1 社交机器人与人类用户使用的话题标签排名前20

社交机器人	频数	人类用户	频数
#tradewar	1140	#tradewar	10034
#China	933	#China	6899
#trade	629	#Trade War	5378
#Trade War	574	#Trump	2795
#news	488	#US	1977
#Trump#	433	#tariffs	1964
#US	407	#trade	1515
#USA	314	#Huawei	1297
#business	303	#chima	933
#trading	281	#MAGA	740
#forex	268	#USA	722
#tariffs	257	#Tariffs	715
#News	240	#Tradewar	659
#stocks	231	#Smart News	651
#Impeach Trump	224	#economy	607
#The Resistance	211	#TradeWars	555
#China	182	#China Tariffs	449
#Business	173	#trump	448
#markets	168	#stocks	423
#investing	160	#Trade	396

来源：张洪忠，赵蓓，石韦颖.社交机器人在Twitter参与中美贸易谈判议题的行为分析[J].新闻界，2020（02）：46-59.

整体来说，这次中美贸易战中的社交机器人还没有呈现出针对性非常强、手段策略复杂的特点：一是从话题倾向性来看，还没有明显针对中国方面的社交机器人，主要是美国国内政治争议的一个延展；二是从推文策略来看，主要还是采取大量推送政治消息的方式来扩大其影响力，且重复性较高。但是，我们需要看到的一个趋势是，与最近五年间全球其他政治、经济等重大事件都有社交机器人参与一样，中美贸易谈判这一影响全球经济的重大事件也出现了社交机器人的身影，并占据一定比重。也就是说，社交机器人参与社交媒体传播已经成为一种常态。因此，现在我们需要关注的不是社交机器人能不能参与社会重大议题讨论的问题，而是要正视目前所面临的现实情况，深入研究社交机器人参与社会议题的传播机制。

10 社交机器人参与社交媒体传播已经成为一种常态，那么应该怎样识别社交机器人？目前有没有一些国际通行的思路与方法？

由于社交机器人的出现涉及网络安全评估、预测系统搭建等问题，如何识别社交媒体中的社交机器人是现在计算机科学中一个备受关注的议题。关于社交机器人的识别方法其实有很多，但没有一种一劳永逸的方式可以识别出所有社交机器人并实现极高的正确率。根据研究者所采取的视角不同，社交机器人的识别路径大致可分为社交网络、特征工程、众包识别三种。

从社交网络的视角出发识别社交机器人的方法较多，包括群组识别算法（community detection）、联结免责方法（innocent by association）以及"蜜罐陷阱"算法（Honeypot trap）等，其基本思路是基于社交机器人与真实用户网络关系特征的不同来进行识别。群组识别算法主要认为社交机器人与普通用户的社会网络结构组成有所不同，所以会从网络结构的角度入手进行比对识别，但是社交机器人的操纵者只要通过模仿人类社会的真实网络结构便可以规避此类算法的检测。而联结免责方法则在前一组方法的基础上认为，社交机器人与真实用户的互动应该是具有较深隔阂的，因为真实用户几乎不会参与到与陌生用户账号的互动中，所以该方法会通过监测真实用户和社交机器人互动情况来筛选出社交机器人。当然，目前看来，这也并非一个绝对有效的方法，因为社交机器人通常也会混迹于很多人类用户的群组中。第三种方法"蜜罐陷阱"算法有些类似于我们通常所说的"顺藤摸瓜"，即从社交机器人的角度出发，通过机器人之间的联系来找到与某些机器人相互关联的其他机器人。

与社会网络的出发点不同，基于特征工程的识别技术往往会先将社交机器人和人类用户的在线行为数据转换成特征值（features），再借助机器学习对数据统计建模，最后实现对社交机器人的自动识别和有效预测。其中常采用的特征类别有：网络特征、用户特征、好友关系特征、时间特征和文本特征等。当然，由于社交机器人的算法也在不断变化过程中，同时正如我们刚刚分析的，其行动策略本身可能也非常复杂多变，因此这种方法的效用同样是有限的。

基于众包方式的社交机器人识别则更多采用以外包的形式进行人工识别，这种方法的优势在于与人工方式相比计算机识别精准度较高，可以降低误报率。不过很显然，这种方法相较之下会显得非常费时费力，需要花费很大的人员培训成本，否则会影响人工识别的水平与标准；同时在人工审核信息的过程中，也会涉及关于社交媒体账号的一些隐私泄露风险。

在目前新闻领域规模化应用机器人写作的态势下，您对未来机器人新闻写作的发展有何展望？

机器写作的准确说法应该叫机器辅助写作。当前的机器辅助写作主要基于检索技术的应用较多，如在地震、财经等写作格式比较固定的简讯中使用较多。这类机器辅助写作实际上就是做填空题，把前后句式设定好，直接通过检索获得信息，把相关有变化的数字或者内容填上即可。这类机器辅助写作的进一步应用有天花板。

基于生成技术的机器辅助写作将是下一步的发展方向。生成型机器辅助写作就是通过搜索获取材料，按照模块生成新的段落甚至句子。随着机器辅助写作模块开发得越来越丰富，技术升级迭代，生成型机器辅助写作会应用得越来越广泛。这类写作有两个特点：一是可以将大量基础材料的整理工作交给机器来完成，二是可以在极短时间内完成任务。

不管机器辅助写作如何发展，人的原创性和观点是机器无法取代的。机器辅助写作都是按照人设定的模块来完成任务的，也就是一个更高效的工具。

人本计算与计算社会科学

金小刚

浙江大学计算机科学与技术学院教授,博士生导师,浙江省公共政策研究院研究员,杭州市人工智能学会副理事长。

今天的世界正被技术所改变，信息技术的发展带来了传播流程的重塑，内容生产、传播形式、用户参与等都在信息技术的推动下日新月异，这背后体现着怎样的技术演进逻辑？

人类历史上下5000多年，信息技术的发展史不过100多年，但这一年轻的学科却深刻地改变了世界。1936年，英国数学家图灵（Alan Mathison Turing）设计了一个理论模型——图灵机。图灵机，包括一个被划分成无限个方格的带，每个方格可以存放0或1，另外，还有一个控制器，具有有限状态。根据当前的状态和读到的字符，图灵机可以做三件事：左移、右移，或者对当前位置进行改写。图灵机模型看似简单，但代表了当下计算机的极限计算能力，也导致了第一台计算机的产生，把人类带入信息时代。

计算机本质上增强了人类处理信息的能力，但由于计算机背后的逻辑机制以及在存储、计算速度方面受限于当时的技术发展，计算机也就有其局限性，为此科学家们想到了用群体的方式去提升能力，于是，网络就诞生了。1969年，美国国防部的ARPAnet应用于军事方面，1984年Internet走向民用，到1989年TCP/IP协议，让人类真正进入了网络时代。随着网络技术的不断演进，人类可以基于网络来实施计算，这就是大家熟知的云计算，也可以基于网络实现智能，比如现在很多人采用的语音助理。由于网络本质上就是一个链接器，自然也丰富了信息的传播方式和手段，这对媒体产生了巨大的影响。

但真正对媒体产生巨大影响的技术还在后面。2004年，IT界出现了一个革命性的技术——Web2.0。在此之前，信息的传播尽管可以借助于网络，但是当时网络内容生产还仅限于企业、媒体、政府、机构的职业生产内容（Occupationally-generated Content，OGC）和专业生产内容（Professionally-generated Content，PGC），公众在网上只是单向地搜索与浏览。Web2.0技术诞生后，公众可以对于网上的观点发表自己的评论、点赞。由于网络普及不够以及个人拥有电脑的比例不高，当时参与网络的只是少数拥有电脑的精英。2007年，苹果公司设计出了智能手机iPhone，再加上移动互联网的普及与发展，上网越来越平民化，我们进入了大众广泛参与的时代。大众参与，催生了很多新兴的业态，如出行领域的网约车、旅游行业的民宿等，可以这么表达，大众参与让共享经济更为繁荣。而对于传播，公众参与改变了内容的产生方式，出现大量的用户生产内容（User-generated Content，UGC）。信息技术演进，重塑了信息传播的整个过程。用户参与的传播，让内容生产的方式更加丰富，不仅有OGC、PGC，更有UGC，让传播方式从单向变为双向，让交流方式从中心化的星型结构变成去中心化的网络结构，而且网络化的传播，也让传播的效率与过去不同。

2 您似乎特别强调大众参与之于网络生态的意义，能否举例说明"人"参与网络所产生的影响？

人参与网络后让很多问题的求解方式变得不同。Web2.0技术以及移动互联网的普及，让网络变得可读写，公众可以参与网络活动，人参与网络完成特定任务成为可能，这样的群体智能得以实现。人参与网络的经济活动成为共享经济，而人参与的网络计算就被称为"人本计算"（Human-based Computing）。

下面我来讲一个经典的人本计算的案例。大家都知道登录信息系统的验证码，其本质上是一个图灵测试（Turing test），用来判断此时的登录者是不是人。验证码其实是一个违背人的意愿的设计，相当于在正常登录过程时增加的一个"多此一举"的任务，因此每个人在做验证码任务时都不希望花费太多时间。由于登录必须通过验证码，因此在识别验证码时每个人都非常认真，希望通过最优的时间登录，也就是一次搞定验证码。而验证码的设计者路易斯·冯·安（Luis von Ahn）利用了公众的这一心理，在验证码后面"夹带"了需要识别的任务，让参与者不自觉地帮助完成识别任务。这就是一个典型的把人拖入网络的"计算"。

把公众拖进网络完成特定任务的案例还有很多，有一家免费的游戏公司GWAP（Game with a Purpose）利用用户在参与游戏时必然会"尽其所能"获胜的心理，获得了比一般人工更可信的数据标签。这类借助于群体智能解决问题的还有如维基百科、百度问答，这些利用公众特定的心理，把公众带入网络的方式，在极大地丰富内容的同时，也解决了信息的可信和精准问题。

在传播上，人参与的传播无疑与以往不同。如何利用公众的心理，让公众参与传播过程，使内容生产、传播效率、传播效果更符合传播的要求，就成了当下新媒体领域研究的挑战性问题。就新闻传播来说，把生产更接近真实的内容、打造更富有深度的观点作为特定任务，设计大众参与的新媒体就是传播领域的"人本计算"。

3 在智能传播领域，智能算法与推荐系统无疑形塑了一种基本的传播环境，算法在其中发挥着怎样的作用？您如何看待这些算法的影响？

媒体网络化以及用户参与的社交媒体彻底改变了内容的生产方式和用户交

换意见的方式。无论是信息的生产方式还是其在网络中的传播方式都已经变得越来越个性化。而智能算法与推荐系统，通过综合考虑信息的流行度和与用户偏好的相似度，主动地为用户推荐其需要的信息。通过与移动互联网结合，这种基于推荐系统的信息传播模式已经逐渐成为一种主流的信息消费方式，以"今日头条"和"抖音"为代表的应用的成功，已经预示着推荐系统在未来将扮演着越来越重要的角色。

相比于传统媒体，基于好友关系的社交媒体，在将推荐系统应用于满足用户个性化需求的同时，也直接干预了人们的信息消费过程。随着信息传播的个性化和去中心化趋势，一系列严重的问题也逐步体现。自2015年以来，相关的研究注意到了数字媒体造成的三个问题，即信息极化、意见冲突和肆虐的假消息（Fake news），而这三个问题的核心就是信息消费中多样性的丧失。

在线社交媒体为了取悦用户，通过算法制造出一个个"回音室"（Echo chamber）或"过滤气泡"（Filter bubble）。这些算法使人们逐渐陷入一个只能看见自己想看见的消息和意见，从而不断强化自身意识和社会认知的怪圈。人们更多倾向于仅关注特定的内容并加入一个单一化的群体之中。在这个具有隔离作用的群体中，用户不断加强自己的可能是错误的世界观，并忽视与之有冲突的任何信息。在这种"与世隔绝"的环境中对事件进行讨论和阐述会引发群体的两极分化并对用户情绪产生负面影响。简而言之，看似没有边界的互联网，实质上充斥着一个个意识和认知的孤岛。不少研究表明了这一现象的存在，并且日益恶化。

正如生物多样性对于全球生态系统的重要性一样，信息消费多样性不仅仅是每个网络用户的个体问题，更是关系到整个社会系统正常运行的关键问题。信息消费行为的微小变化可能对政治、社会、经济等领域带来极大的颠覆性的影响。例如，2017年10月西班牙加泰罗尼亚独立公投期间，有研究者发现数字媒体中存在大量智能社交机器人，这些机器人向支持独立的群体推送暴力性内容，增加他们与消极和煽动性内容的接触，从而大大加剧了网上社会冲突的激烈程度。

当然造成信息多样性丧失的主要原因也不能简单归结于推荐算法，人本身的心理学机制也很关键。传统上认为，社会是由多样的人组成的复杂系统，因而更多强调人与人的相互作用。然而，今天的数字媒体环境中人与人的互动不可避免地受到各类算法的影响。这些算法被用于执行特定的任务，包括信息生产、编辑、过滤和定向传播。而建立针对中国互联网环境的新闻消费多样性的量化评估系统，并探索新闻传播领域中智能算法对社会的影响成为研究者的一项重要任务。

在您看来，计算机和人工智能正朝着群体智能的方向演进，那么今天，机器与人类智能相比仍存在哪些局限与不足？

很多人对计算机、对人工智能盲目崇拜，认为什么事情都可以通过算法搞定。计算机作为一门科学，其计算能力自然也有一定的边界。其实，科学都存在局限性。我们初中学习的欧氏几何，其理论就是建立在5条公理基础上的。什么叫公理？不证自明，没有证明就认为其结论正确，而这5条公理之间是否存在矛盾，在欧氏几何的理论体系中是无法证明的。计算机科学也一样，自然有其适用范围。而人工智能，作为一个依然在探索的开放领域，更不可能是简单的应用。计算机与人工智能都不是万能的，我们必须正视其能力的边界，真正的科学就是在面对未知的前提下拓展理性的边界。

那么，人工智能究竟能否达到人的智能呢？我们目前对人的智能的理解也就是 ABC，简单地说计算机拥有人工智能显然是武断、不严谨的，就如我们没有见过某人的兄弟，就简单推断某人长得和他兄弟一样。其实，1950 年图灵提出的 Turing Test 给我们提供了思考的方向。到目前为止，人工智能尽管在"像"人一样思考上取得了长足的进步，但距离真正的人类"智能"还有巨大的差距。

首先是常识（Common sense）问题。人类拥有一个可以对付未知、探索未来的常识系统，但计算机没有。把人放在陌生的环境中，人会主动去适应新环境。而把一个人工智能的机器人扔在陌生的环境，不经任何训练，估计它什么也干不了。这就是所谓的冷启动问题。计算机必须有人设计的程序、提供的数据训练才能启动，人类没教过的事情，计算机就不会做。所以说计算机不是万能的，理论计算机科学领域还有一个顽固的计算机不可解问题——存在"停机问题"。

其次是逻辑思维。计算机是基于逻辑的，并没有给错误留余地，但是在人的思维中除了包括这种快速高效的逻辑思维以外，还可以有超越逻辑的灵感，对一般人而言就是出错，这或许才是创新的源泉。计算机因为逻辑，永远做算法规定的事情，做的是恒等式；而人不同，人会出错，可以做不等式。因此，我们的教育中要培养学生的逻辑思维，这一点还不够，还要鼓励学生拥有批判性思维。所谓的批判性思维，就是到边缘，甚至到系统外思考问题的能力，是一种跳脱系统的反思。其实出错，就是跳出了逻辑能够涉及的系统，因此，我们不必对犯错如此不包容，鼓励试错，真正的创新是惊喜。过于强调逻辑，会让个体陷入系统中，甚至困在其中不自知。拥有批判性思维，才有面向系统外的开拓，才会出现颠覆式创新的可能。目前计算机没有出错的能力，我们有理由相信，当哪一天计算机的程序会主动出错时，我们人类的"终结者"或许就真的来了。

5 如果将实现人的智能作为人工智能的最终目标，您如何看待当下人工智能的进展？

应该说，关于人工智能的研究一直在路上，在不断的发展过程中。如果把实现人的智能作为最终目标，当下基于 Turing 机实现的智能还没有看到实现的可能，但如果从人工智能的不同角度、不同应用场景看，人工智能还是取得了长足的进步。

比如基于深度学习的算法，让计算机视觉的应用走向了实际的应用场景。Google 的 Alpha Go 以及 Alpha Fold 都是在具体应用场景取得的重大突破。不过人工智能的发展也面临一些难题。以自然语言理解为例，目前的数据集都是局部的，通用的语言理解基本不可能。语言理解绝不是一个简单的工程问题，语言理解可能涉及多学科比如计算机科学、语言学、认知科学的交叉，靠一个算法根本解决不了如此复杂的问题。语言理解不是把几个词语输入电脑后给定几个固定的意义，比如我们尝试给机器输入"小桥、流水、人家"，计算机的输出估计就是三个孤立的单词，但人类则不同，在我们的脑海里呈现的可能是一幅美丽的画卷——江南水乡，是美感，是愉悦。计算机的语言是基于 0 和 1 的符号运算，而人的思维则不同，经常会产生"1+1>2"的凸显效果。在语言处理上，目前还没有真正的成熟产品。我们还必须看到，在语言理解这个问题上中文比英文要更难，因此我们中国的科学家可能需要付出更多的努力。在中文中，大家经常问"吃了吗？"尽管这是一句非常简单的话，但在不同场景中则有无限可能的语义,而想要用计算机的有限语言去理解这种无限的可能性,我不敢说不可能,但目前看来是非常困难的。

> **6** 我们之前一直在谈人类社会对计算机的发展贡献与逻辑差异,那么从理解人类社会的角度出发,网络与计算机的发展提供了什么样的机会?

这两个话题其实是相互关联的。我之前曾经提到计算机与智能技术的演变正在纳入更多人类社会的力量,即遵循一种群体智能的演变逻辑。近年来,学界和业界已经发展出了这样的趋势:在业界,从奈飞的《纸牌屋》开始,我们就学会了用计算识别用户、用数据挑选内容与制作团队,甚至确定其内容的播放模式;在学界,近年来社会科学研究涌现了一种新趋势——计算社会科学。当人类参与网络计算成为可能,过程线上化,生活网络化,数据自然被记录,让社会科学研究获得更可信的数据支撑,用计算的方式更好地研究社会科学成为可能。

具体来说,网络化通过连接重塑了人与人、人与产品、人与内容之间的距离。面对这个新的计算和社会融合的系统,社会计算一方面探索信息技术如何来支持公众的交互与协作,比如社交、支付、出行、娱乐等;另一方面,所有人的生活都线上化,通过分析网上的留痕就可以分析网络、理解社会。现在,生物科学和心理学开始交叉,研究人类智能的机制。将来的社会科学研究一定是跨学科的,需要更多的智能计算工具来辅助。

过去的社会科学实验大多在虚拟的环境中进行,具有不可重复性,而且难以开展,尤其是社会科学研究中数据的信度(可信性)和效度(有效性)的问题。

但是在今天网络时代就显得容易多了，实验的虚拟环境被线上的真实环境所取代，其中所发生的正是我们社会演变过程中的生活情境。人类在真实的程序与任务设定中所展现出来的反应其实是更具有可信性的。当然，如何选择适合的场景、获取有效的数据、构建可信的研究框架是目前做计算社会科学需要攻克的一个难题。

7 计算社会科学为社会科学领域开辟了一种新的研究范式，在目前社会科学领域，有哪些新方法可以应用？

计算社会科学让社会科学研究获得了新的范式与研究思路。当下的网络世界已经演化成一个人类深度依赖且融合的网络，其包含着个体行为信息、个体之间交互关系以及网络的整体特征，对这一包含丰富信息的网络进行量化研究，成为当下计算社会科学的重要研究方向之一，也涌现了理论推导、实证研究、计算机仿真以外的第四研究范式——数据密集下的知识发现。研究者从个体的行为到个体与个体的交互方式，从局部社区结构到整体网络展开量化研究。

在一个社会网络中，个体影响力的评价算法方面，最著名的当数 HITS 和 PageRank 算法。前者用于评价论文引用网络中论文的学术影响力；后者用于评价万维网络中网页的影响力，在商业上被 Google 公司成功应用于搜索，以提供信息检索服务。对网络局部特征的研究，通常指的是社区发现，用于识别具有特定功能和作用的局部子结构。而对于网络整体特性加以研究，让公众了解了小世界网络、幂律分布、无标度网络等。这些不同尺度的研究方法，为社会科学研究提供框架，让社会科学研究获得了更丰富的数据和量化的可能性。

8 关于社会网络的分析已经经历了数十年的发展，目前关于社会网络的研究有哪些基本的认识和模型？

在社会网络分析领域产生了大量的研究成果与模型，其中有两个非常重要的模型：一个是无标度网络模型，另一个是小世界效应网络模型。

首先是无标度网络模型。1999年，艾伯特-拉斯洛·巴拉巴西（Albert-László Barabási）等在《科学》（Science）期刊上发表了一篇论文：在对万维网中节点度数进行统计分析时发现，万维网的节点度数分布并非随机网络模型描述的正态分布，而是幂律分布。为了解释这种理论与实际观测的不一致性，巴拉巴西考虑了真实世界网络并非按照随机网络的等概率、网络规模固定这样的方式产生的，对过去的随机网络模型进行了修正，提出了新的BA模型：（1）随机网络的规模通常固定不变，而真实网络的规模会随着时间的推移而增长；（2）随机网络中，被连接的结点是等概率被连接的，而真实网络中建立连接却不是平等的，有择优连接的趋势。他们将网络增长和择优连接加入模型中，研究结果表明上述两个机制可获得具有幂律分布的网络。这一重大发现让这一模型成为描述当下社会网络的重要理论模型之一。

其次是小世界效应网络模型。小世界效应最初的理论雏形是六度分离理论，1967年由耶鲁大学社会心理学家米尔格伦提出。他设计了著名的连锁信件实验，发现要想让A寄信给完全不认识的B，最多只需要通过六次转寄。社交网络中的节点也是相同的道理，任意两个节点之间的连接长度通常不是无限大的。在这个世界上，人和人的关系距离是有限的。一个社会网络中任意两个节点之间只需要通过有限的几条边就能连接在一起。在一个稳定的社会网络中，即使再增加节点，任意两点之间的连接数会趋向稳定。换句话说，即便网络中任意两点间的平均距离L随节点数N的增加呈对数增长，网络的局部结构上仍具有较明显的集团化、平稳化的特征。所以在1998年，Watts等为了获得小世效应的网络构建了 WS 模型。该模型通过以某个很小的概率改变规则网络中边的连接方式，构造出了一种介于规则网络和随机网络之间的网络，它同时具有大的聚集系数和小的平均最短路径，即小世界效应。

9 对于当下想要从事社会网络研究的研究者来说，还有哪些维度的度量可以参考与应用？

关于社交网络，从前的理论放到现在的传播环境仍然有一定的适用性，但也需要更多维的研究去进行突破。我们要研究目前的社交网络的结构，通常有如下几个度量：一是度数分布。对网络中的节点连接数进行统计，如果满足幂律分布的特征，就是无标度网络。二是平均最短路径长度。从网络的整体特征来考量，所有节点路径长度的平均值代表着网络节点的连接特征。如果这个数值与网络节点呈对数级别，那么其中网络便称为小世界网络。三是聚集系数，主要用来衡量整体网络中的模块化程度。

上述三类都可以视为网络整体特征上的度量。对于节点而言，有一些度量方式可以用来考察节点在网络中的作用，如节点的影响力、中心度、权威度等。对于网络中边的形成机制的考察，可分为基于相似性的连接和基于权威性的连接。对于网络中的局部社区结构的度量，有平衡结构、网络中重要主题的分布等。当然，任何一种度量，其表达能力都存在局限性，因此需要针对具体问题进行研究与甄选。如前面提到的 PageRank 算法，尽管在商业上很好地被应用于搜索引擎，HITS 在学界被用于评价论文成果或者研究者的影响力，但由于这类算法只是关注了节点之间的连接关系，其连接的作用被放大，个体属性和节点内容的影响会被忽视。

> **10** 从社会计算的角度出发,未来的社会网络理论还有哪些创新的空间?

刚刚讲到,社会网络分析更多是在考虑拓扑结构上的特征,如果考察时间轴上的变迁,网络还是一个动态演进的过程,对其动力学特征的研究也有非常大的意义。

对于传播学研究而言,传播学者们一直希望研究传播的动态过程,这里可以是社交媒体中主题的演化、用户消费信息的多样性研究、舆论场中的观点极化现象以及舆论场中的情绪引导等。由于社交媒体的复杂性,关于这方面的建模与研究应该说刚刚起步。2005 年,《科学》(*Science*)杂志为了庆祝其创刊 125 周年,发布了 125 个科学未解释的重要问题,其中就包括"社会系统中合作行为是如何演化的"这一问题。人类和其他灵长类动物世界也充满了合作。具体到传播这一场景,更是一个个体协作完成内容生产、传播的过程,其中个体的多样性、个体之间交互的方式以及最后舆论场呈现的极化现象,都成了社会网络领域的研究热点。又由于在线社交媒体的数字化特征,用数据去研究人的行为和理解社会,注定吸引大家的关注。

> **11** 您所提及的动力学研究追求的是一种动态演化模型的生成,目前动力学领域的研究成果对于社会科学研究有何启示?

事实上,疫情的防控工作就是依托公共卫生领域关于传染病传播这一传播动力学的研究成果。人类与传染病作斗争已经有漫长的历史,在对传染病传播的研究中有两个经典的模型：SIS 模型、SIR 模型。传染病 SIS 模型和 SIR 模型，分别对应着传染病愈后不会产生抗体和传染病愈后会产生抗体的两类传染病传播过程。如果传染病愈后能产生抗体，则该个体就不会参与后面的传播过程。传染病研究者发现，通过切断传染源或者传播途径，把感染人数控制在医疗系统可承受的范围内，不会引起医疗资源的挤兑，保证医疗系统正常运行即可。传染病防控的目的其实并非追求零感染，零感染是理想的状况，传染病的防控策略是考虑现实中人们的生命权，在不影响社会活动、经济秩序等前提下的现实选择。对于传染病的防控，对应到传播这个领域，有类似的一个词，叫"信息疫情"。这里，类比一下，过去传播的是"传染病"，这里传播的是"内容"或者"谣言"。在信息传播领域谣言究竟是如何传播的？演化的路径是什么样的？如何控制谣言的扩散，或许这些传染病研究的模型与方法可以借鉴。

事实上，社会科学领域的著名学者、哈佛大学的社会学家诺瓦克（Martin Nowak）就进行了大量关于社会学中的演化问题研究。他运用博弈论的框架，描述了生物进化和人类社会中的合作、竞争、背叛如何作用于人类演化，研究惩罚机制对人类合作的影响，研究通往合作的途径，得出"合作是人类社会最大的成功"的结论。另外，科学家罗伯特·梅（Robert May）在《理论生态学》中使用了动态的生态观点来分析很多社会系统的运行状况。所谓系统、生态系统，是指具备多样性、稳定性的体系，可以类比生物的生态系统，形成一套逻辑。媒体也可以形成自己的生态系统。我们可以试着做相关探索，看看哪些因素影响媒体形成体系，构建媒体生态的系统分析理论与框架。

网络传播动力学研究可以有很多切入角度，包括博弈论、生态学等。但是，我也理解目前计算社会科学领域还存在一些需要突破的瓶颈：首先，我们可能需要找到一个较好的理论模型，这个理论模型不必基于真实发生的情况而构建出来，而是一种机理性的，借助于仿真实验检验是否符合人类的逻辑推演。其次，要把这个理论模型与现实关联起来，需要现实数据来"喂"这个模型，来检验模型的有效性。这或许是一个需要长期坚持且艰苦的研究过程，同时需要借鉴不同学科的思想、观念、理论与体系。目前可以运用于社会学分析的科学方法还相当有限，当下的数字化倒是为这方面的研究提供了契机，传播过程中所呈现的问题，留下的数据对于这方面的研究是非常珍贵的。

12 如果说仿真实验是建构理论模型的关键，那么研究者应该如何获取数据来检验模型的有效性？有哪些方式与途径？

这个问题是目前社会网络研究中普遍存在的问题。出于对数据安全和商业安全的考虑，现在很多媒体平台不愿意分享数据，而网络爬取到的数据质量又相当有限。所以最理想的方式是与 Facebook、微信这样的媒体合作获得真实的数据，基于"真人真环境"来展开研究，但很显然有时候这并不可行。其实还有两种方式可以选择：一种是过去基于"假人假环境"的仿真模拟研究，也就是说做一些假设的模型和条件，并通过模拟实验等方法来进行验证；另一种是"假人真环境"的仿真研究，目前一些前沿领域正在探索将社交机器人放在真实的社交媒体中，把这种机器人变成观测窗口，观测网络中个体的行为以及彼此的交互方式，这就是所谓的"假人真环境"。

仿真实验只是一些机制性的验证，比如前面的 BA 模型和 WS 模型，可用于验证无标度网络以及小世界效应网络的生成机制。而"假人真环境"则是一种在线控制实验。我们可以用一个社交机器人，作为观测窗口，来观察不同人在接收不同信息时的态度、信息消费的偏好、信息消费的多样性等。美国大选时有一些研究者就在做相关研究,希望在所观测到的信息接收情况与最终投票结果之间建立联系,嵌入时间节点,观察在这个过程中态度与意见的形成是如何演化、如何受到影响的。当然,这种在线控制实验最难平衡的就是数据真实性与控制程度的问题,需要在行为干预与结果预测中寻找一个合理的解释。

13　将动力学与传播生态相结合,本身就意味着一个新的理论突破点的出现。在您看来,有哪些前沿的传媒动态和趋势可以从这个角度去阐释?

动力学是研究时间轴上的演化规律,而传播生态则强调传播参与者的组成,两者叠加,让传播活动呈现出天翻地覆的变化。

首先,从内容生产来说,UGC 的比例会越来越大。过去媒体内容通常是 OGC,但现在因为网络交互,出现了 PGC 和 UGC。三者的内容生产方式和内容风格各不相同。UGC 精彩、好看,但信息太简单,OGC 的内容更丰富、更专业。当然,在舆论场中,传播效果并不依靠逻辑,人参与的传播让过程呈现了不确定性。不同的人、不同的认知、不同的参与方式,对舆论场产生着影响。舆论场中,需要呼吁公众理性参与,要引导公众区分事实和观点。要让公众知道,即便是专业内容生产者,也只是展示了事实的一个角度或者局部。2016 年 G20 杭州峰会宣传片《杭州映像诗》就是由两个自媒体人程方、程晓拍摄的,他们用了 5 年时间拍摄了 9 万张照片,上线后 48 小时内获得 119.5 万点赞,最终的全球播放量破 1800 万。

其次,为谁生产内容?互联网媒体通过大数据,按照用户画像精确推送,媒体与用户形成互动的强关系。传统媒体以自我判断的内容生产为出发点,分发是传播的结束；互联网媒体以用户需求为核心，整合资源，组建技术平台，发展用户，分发内容只是传播的开始。这是用户为王的时代，难以聚合强大用户的新媒体，是缺乏传播力的。

最后，新的技术和传播方式增强了讲故事的手段。移动互联网媒体是靠技术支撑、驱动的，靠技术维系、呈现的。动图、视频拍摄制作、AR、VR、MR、H5、3D等，不仅是互联网内容的生产方式、呈现方式，也是内容品质的重要标志，决定用户需求，影响用户黏性。英国《卫报》报道伊拉克战争的时候做了一张交互地图，用户点进去就能看到真实的死亡人数，这种模式很震撼。《金融时报》为了呈现奥运会举办地的风土人情，用虚拟现实的技术，让用户在谷歌地图上点进去就可以身临其境地感受巴西当地的民俗风貌，包括那些贫民区场景。故宫推出《胤禛美人图》，基于一个场景做一个小动画，让国画动起来，也让用户对画的来历、画中人物、画中所描述的时代有了更深的了解。

总之，信息技术重塑了传播过程，公众参与改变了传播生态，让舆论场呈现出全新的景观。旧有的理论范式已然失效，不再契合新问题的诠释和解决，发现问题—解决问题的方式也在发生改变，尤其是在以数据为导向的解决问题方式的当下。很多情况下，发现问题之后却难以获取相关数据，或者数据的表达能力不够，无法开展相关的研究，因此努力获取更可信、更精准的数据，构造有效的数据集服务于研究就显得尤为重要。

计算传播学研究范式：理论、方法与案例

张 伦

北京师范大学艺术与传媒学院数字媒体系副教授，中国新闻史学会计算传播学研究委员会理事，香港城市大学传播学博士。

近年来,网络生态的发展促使传播学理论与研究方法吸纳更多新鲜血液来推动学科发展,计算传播学本身也在这股跨学科发展的浪潮中逐渐成长。在您看来,应该如何理解学科交叉中计算传播学的学科归属与边界问题?

我个人认为,计算传播学其实是隶属于计算社会科学的,应该说在整个计算社会科学的新兴领域里面有这样一个方向,叫计算传播学。严格来说,对于计算传播学的理解应该是利用计算方法所从事的传播学研究,所以从更广阔的领域来说计算传播学属于计算社会科学的分支之一。但是,正如你所说,计算传播学在提出伊始就是一个跨学科的研究范畴,因此在这个范畴里,学者们可能并不会太在意研究来自哪个学科。比如国外一些非常顶级的传播学院,或者从事计算科学研究的学院,可能一个建制性的学院里有经济学、社会科学、理学、计算机科学、信息科学等不同背景的跨学科设置,这也符合计算传播这个范畴多学科交叉发展的背景。

出现这种现象的原因是,我们在传授知识、建立学术体系的时候需要给计算传播一个学科归属,但是一个领域在解决问题尤其在面对当代社会重大问题的时候,问题本身是不会进行学科划分的。对于传播学而言,传播学是一门研究人类一切传播行为、传播过程及其规律的科学。核心来讲,传播学就是运用不同的模式来解释信息传播的机制和本质,描绘传播过程与传播效果,预测未来传播趋势与结构的科学。那么在这些问题中,诸如信息传播学里面的复杂网络模型等应用,不仅仅是传播学在研究,计算机科学、社会科学乃至学物理的人都在进行研究，甚至复杂网络模型本身就是从物理学发端的，后来才逐渐应用于传播学中关系网络的研究。所以，所有类似于信息传播、传播网络这种领域，绝对不仅仅是一个单纯的传播学研究的问题，而是需要更多学科的交汇才能合理地解决的问题。

从这样一个前提出发，我们现在讨论很多计算传播学问题的时候，其实学科界限是比较模糊的。大家也不必执着于这件事，很多传播学期刊中也存在大量非典型的传播学议题，非传播学期刊中也有典型的传播学问题，我们大概知道这个领域与传播学有关就足够了。关于计算社会科学的理解，《科学》(Science)期刊2009年曾经发表了一篇文章 Computational Social Science。这篇文章将计算社会科学理解成一个利用大规模的数据采集和分析来解释社会个体和群体行为模式的领域。所以围绕着丰富的全样本和即时性数据对人类行为模式展开的计算社会科学研究是这个领域的基本任务。过去20多年来，关于数据存储硬件、数据形态、数据体量的开发使得我们有条件去处理规模庞大的数据，当然过程中不可避免地需要跨学科知识和方法的采纳。因此，理解这个基本任务之后我们才能更深入地理解这个学科。

2 目前，计算社会科学的发展情况如何？又面临哪些机遇与挑战？

我主要从发展现状、存在的问题、面临的困难以及未来的方向四个方面谈谈计算社会科学的发展。在发展现状方面，一是现在计算社会科学的核心——大数据变得越来越可以获得；二是熟练掌握计算工具的可能性正在提高，比如Python等软件应用也已经非常普遍；三是越来越多计算机科学家正在进入这个领域。在很多年前，这种跨学科的交流与合作其实是相当有难度的，但是当社会面临智能化转向的现实时，用计算科学、算法技术来解决社会问题便成为一种可能的科学进展。

但是，目前还有一些问题没有解决。比如说，虚假信息如何传播、疫情期间传染病的传染机制和防控等，这些都是值得研究且有待突破的问题。这背后也折射出目前计算社会科学研究面临的一些困难：第一是现实社会问题的复杂性，现实中的社会问题其实是非常复杂的，存在诸多可能性。虽然有一定的规律，但是不同个体、不同事件、不同研究对象的差异是很大的。我们尝试用计算的方式来解决社会问题，就很难绕开这种复杂性。第二是获取复杂数据的困难，我们在操作一个具体的研究时，部分数据的获取还是存在一定技术上和方法上的壁垒的，尤其对于人文社会科学领域的学生来说，相关技术和方法还是有难度的。第三是在社交媒体中进行在线大型实验的困难，研究者有时候会需要接入媒体平台后台的权限，但是很显然这是有一定障碍的。

对于未来的发展方向，有三点可供大家参考：第一，我们在研究一些问题的时候可以从不同的渠道来获取多元的数据去进行交叉验证，挖掘其中更深的关系；第二，通过做大型的实验来研究人们的行为，这是目前亟须探索的领域；第三，希望通过各领域的跨学科的参与和合作，为计算社会科学领域贡献更多理论基础。

> **3** 您认为计算传播学是计算社会科学的一部分，在学科建制过程中，计算传播是怎样进入传播学视野的？目前在整个传播学研究中的学科地位如何？

在国际上，传播学的研究领域分支可以观察国际传播学学会（International communication association and congress，ICA）的分会设置。ICA的分会并不是固定不变的，它会根据当年论文的投稿量，以及每年参会注册人数的会员数量对学科分会进行动态调整。如果某些领域的会员数量非常少,那么很有可能会被其他领域所取代。一些正在发展中的学科领域和方向,则会以兴趣小组的形式进入观察。通过研究国际传播学会每年各个方向的演化及投稿量,可以很好地勾画出每一个学科及其不同的方向在国际传播学研究中的流行程度。

在计算传播领域,国际传播学会于2016年设立了计算方法兴趣小组(Computational Methods interest Group),由华人学者彭泰权任首任主席。仅仅在两年之后的2018年,计算方法兴趣小组就正式转为国际传播学会下属的一个正式分会。从2019年国际传播学会计算传播分会的投稿数量来看,计算传播学在国际传播协会中的讨论会有13场,居所有传播学分会中的第18位,这基本上可以反映出计算传播学在传播学研究中目前的位置,其发展程度相对比较乐观。对于一个正在起步和发展的领域来说,近两年来计算传播学在国际传播学研究中的地位是在不断攀升的。

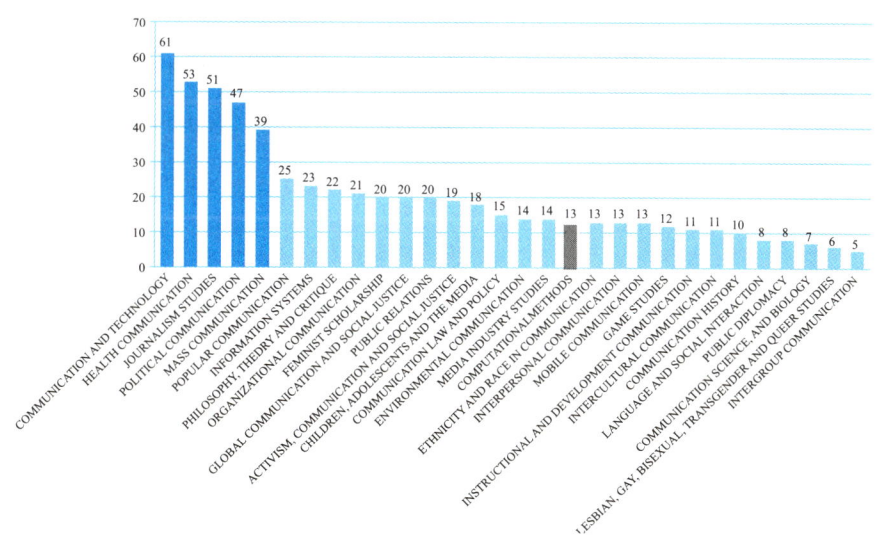

图1 第69届国际传播学会(ICA 2019)的小组分会(panel)数

来源:研究自制。

同时，对于国内传播学研究而言，2018年，中国新闻史学会也成立了计算传播学研究委员会（Computational Communication Research Association，CCRA），由香港城市大学的祝建华教授担任创会主席。这意味着计算传播学研究也在中国扎根发芽，正在成长为一个年轻而又相对独立的研究领域。这也标志着中国计算传播学与国际计算传播学之间开始实现同步发展。其次，《社交网络上的计算传播学》（高等教育出版社，2015）以及《计算传播学导论》（北京师范大学出版社，2018）两本书的出版填补了计算传播学在国内专著与教材方面的空白，促进了青年教师和学生从事计算传播学研究的学术自觉。

4　如何理解或定义计算传播学？计算传播学在发展过程中有哪些基础要素？

计算传播学致力于寻找传播学可计算化的基因，以传播网络分析、传播文本挖掘、数据科学等为主要分析工具，大规模地收集并分析人类传播行为数据，挖掘人类传播行为背后的模式和法则，分析模式背后的生成机制与基本原理。可以理解为，计算传播学是一种数据驱动研究的新方法论。它有三个非常重要的组成部分，第一个就是新的数据形式；第二个就是新的方法，也就是新的数据收集、数据处理、数据分析的方法；第三个也是最重要的，就是研究问题。所以回到刚刚的话题，传统的社会科学研究碰到的问题是过于强调理论或假设，而计算社会科学应该是以解决问题为导向的（solution oriented）视角。我特别喜欢邓肯·沃茨（Duncan Watts）写下的一句话，翻译成中文意思是：就像望远镜改变了人们对天空的看法一样，我们在社交媒体当中所获得的数据也可能会改变我们对人类行为的看法。

在我看来，计算传播学的基础要素主要有两种：一种是知识（knowledge），一种是方法（methods）。知识是学科重要基础，是一些重要课程，比如信息科学、社会科学和心理学这些领域的知识。方法其实应该分为具体的方法应用和工具，比较典型的方法包括社会网络分析、文本分析以及数据可视化等；在工具上，最简单的工具就是一种计算科学的语言，例如 R 语言和 Python。目前，计算传播学中一些前沿的、值得深入挖掘的领域，包括仿真和模拟、数据挖掘、文本分析、复杂网络、社团鉴别、机器学习和深度学习、时间序列分析、空间分析以及数据可视化，等等。

5 相较于传统的传播学研究范式，计算传播学在新闻传播学中有何创新性与必要性？

根据 Babbile 的观点，传统的传播学研究大体分为两种研究范式：第一种就是寻找因果或相关关系，也就是受众调查这类量化研究。最常用的一个研究范式就是去解释 a 变量和 b 变量之间的关系，或者多组变量之间的关系，这是比较传统的定量研究方法。第二种则是诠释意义，我们可以理解为一种定性研究，通常的模式是根据给定的传播现象延伸出一种对传播规律与社会意义的探索。但是这两种范式所遇到的主要问题是过于强调理论或者假设（Over-emphasize of Theories/Hypothesis）。对于理论和假设的强调会带来两个严重的问题：第一是并没有足够多的数据去验证理论和假设，很多理论和假设没有办法被证实或证伪，甚至存在一些基本机制相冲突的理论，包括量化研究也存在这样的问题；第二则是忽视了对现实问题的解决，体现为理论应用的无力感。虽然理论会从不同的角度提出各种各样的解决方法，但是真正使用理论时的效率并不高。因此，传统新闻传播学或社会科学研究中最大的弊端就是我们没有办法有效地解决现实问题。

美国社会学家尼古拉斯·克里斯塔基斯（Nicholas A. Christakis）曾在2013年发表了一篇文章 *Let's Shake Up the Social Sciences*，其中就提到了在过去100年里，社会科学不仅枯燥乏味，而且没有表现出足够的生产力。换句话说，这种社会科学的发展阻碍了我们对于新知识的发现，也没有能够生产出非常有价值的、能够改变人类社会认知的知识。那么，这时候我们就需要一些跨学科的方法来解决人类社会所面对的基本的现实问题。比如说在这次疫情期间，我们就可以看到许多关于社会网络的研究应用到传染病防控研究中。对于计算传播学或者计算社会科学来说，其最大特点就是需要面对和解决社会现实问题。当我们对社会现实进行计算和模拟仿真的时候，新的研究方法能够帮助我们更好地理解社会重大问题。

计算传播学的创新性也体现于此，即基于海量数据的人类信息传播行为分析，计算传播学研究范式能够帮助研究者发现、判定行为模式和规律，进一步发现和解决新闻传播学领域的重大问题。例如，舆论研究、健康传播等领域的实际问题，传统的研究都是从理论出发，数据验证，而计算传播学研究范式能够帮助我们从数据出发，解决问题，回归理论，推动学科发展。

6 以计算传播学的方式展开研究，主要需要哪些维度的数据？这与传统数据研究有何差异？

在传统社会科学中，根据数据采集方法和类别的不同，可以将学科大体分为三种：第一种是诸如心理学、政治学、社会学、传播学和教育学等社会科学，这些学科通常使用社会调查法、心理实验法和内容分析法；第二种是经济学、会计学和金融学等，这些学科使用最多的数据是二手数据和仿真数据，例如国家统计局的年度数据以及仿真和模型，仿真主要是设定一些变量的初始值，通过给定变量之间的互动关系来观察变量的变化；第三种是人文学科，文史哲等艺术领域里所用数据往往就是文本的分析或者是访谈、观察的笔记。其中的数据应用以结构化的数据为主，主要通过调查统计、实验法、内容编码等手段来获得结构化的分析数据。

而计算社会科学则会面对大量的非结构数据，以从中挖掘出解决社会现实问题的方案。从数据来源来说，计算社会科学主要的数据来源可以分为五种，分别是连续时间位置信息（Continuous-time location information）、政治偏好信息（Information about political preferences）、非结构文本信息（Unstructured textual data）、商业信息（Commercial information）和健康信息（Health information）。

连续时间位置信息主要是指带有时间点的在线行为记录，可以明确记录何时何地与何人在一起，做了哪些事情，主要是通过手机、IP地址进行记录。行为记录的核心问题就是要找到信息传播行为乃至人类其他行为的规律性，这是做计算社会科学一个非常重要的目标。这种数据规模和时空匹配是很难通过传统的研究方法得到的。

政治偏好信息在中国并不是一个特别重要的数据，但政治传播却是传播学里面一个非常重要的研究方向，其背后所蕴含的经典议题是媒介使用的认知、态度和情感倾向性问题。在今天，我们可以通过在线的数据分析将人们隐藏的政治偏向、消费偏向等计算出来，可以用技术手段对人的信息变量进行构建，来优化信息投放策略等问题。同时，这种基于真实环境的信息采集和建模对于传统的问卷调查来说也是很难完成的，相较而言也更能反映真实情况。

非结构文本信息采集主要指可以运用算法对人类所生产的一些非结构文本进行快速计算，以生成一些结构化变量。以前我们很难分析非结构文本数据，可能比较简单的办法就是通过人工标签的方式进行，但这些方式一方面过于主观化，另一方面也没有结构化成我们可以进行分析的变量，可读性差。而在计算社会科学中，我们可以将这些非结构数据快速结构化，比方说我们可以对京东、淘宝的用户评论进行快速的情感分析来获取人们在消费过程中对某一品类商品不同侧面的关注度。

商业信息和健康信息都是有利有弊的。例如，淘宝的推荐越来越精准，因为这种商业数据可以非常精确地去表述一个人，但同时这也是深度隐私的信息，在开发其价值的时候需要考量很多法律因素。

以非结构化数据为驱动的计算传播学在数据采集方面主要呈现出什么样的特点？

第一个特点是时空性（Spatial and Temple）。也就是通过人类活动的基本维度——时间与空间的相关数据来找到人类行为的规律性。

第二个特点是交互性（Interaction）。传统的受众研究通常将通过随机抽样获得的研究对象视为有代表性的样本。例如年龄这个变量，通常在相同年龄层中经过随机抽样抽取出来的人会被认为具有该年龄层的代表性，能够在一定程度上代表一个群体的想法。但是，在社会的范畴里，人的主观特质是通过人际互动互相影响来产生的结果，尤其在社交网络、媒体丰富的这样一些技术前提下，人的很多重要特质并不是生物性的，而是一种可变的主观认知和判断，受到身边很多人的影响。比方说一个人喜欢红色这件事不可能是孤立产生的，很可能是因为他的亲属、身边人喜欢红色，培养了他的这种主观特质，甚至包括对年龄、国别、种族等各种各样社会现象的理解。在传统调查数据中，我们没办法动态地考察人们主观意识的变化，所以会用样本的方式来构筑一种代表性。但很显然，现在的主观意志在经过一段时间的演化后，样本是几乎没有代表性的。所以当计算社会科学能够拿到一个整体的全网数据时，我们就可以去研究传统社会科学所不能研究的由于人际影响带来的主观态度的变化，这种动态的互动数据形式是它的一大特点。

第三个特点是非侵入式观察（Unobstrusively observation）。在传统的田野观察调查、访谈、调查问卷等研究方法中，被试者都会意识到研究者的存在，但在网上收集数据就不会有这个问题，大家所有的行为都是自然而然发生的，而不是一种三思之后的行为。

8 如果说计算传播学是以解决问题为导向的（solution oriented），那么对研究者来说，如何提出一个好的研究问题？

对于如何提出一个好的研究问题，我觉得有以下几个原则：第一个原则是要有问题意识。无论我们的研究方法是什么，研究的问题意识都是第一位的，我们要明确要解决什么问题、要回答的问题首先应该是个真问题，是一个值得回答的问题。从这个层面来说，计算传播学与其他传播学领域的问题意识应该是没有区别的。

第二个原则是计算传播学的问题提出通常都是和理论有所勾连，但在现实中也是有所反映的。我们不可能完全抛弃传统的理论另起炉灶，更多的则是去发展理论、验证理论、推翻理论,所以研究问题往往是某个领域的理论发展到某一个核心阶段所可能遇到的现实问题。在研究中,我们要根据计算数据去发展、验证甚至推翻、重新构建理论。

第三个原则就是通过计算传播学帮助我们挖掘一些问题。有时候研究问题并不是一开始就形成的,而是需要在拿到数据、对数据有了基本的认识之后初步进行计算,可能在计算的过程当中,突然发现有一个点和之前的想法是不一样的,或者与理论文献是不一样的,这就是我们发现的研究问题。比如说我们可能会感觉现在的很多评论数据中都有水分,但是传统学术研究又鲜有涉及"水军"评论的影响,那么当我们爬取出数据、筛选出数据之后,这种对数据的敏锐度也会带来新的问题:我们该如何区分"水军"评论?"水军"评论会对他人评论产生什么影响?

> **9** 任何一门学科的应用都有其方法特点,有其可为和不可为之处。对于计算传播学而言,有哪些问题是研究者在实际研究过程中需要注意的?

社会科学的一个原则是需要对数据分析进行阐释,可是当我们面对一个数据分析的结果时,似乎总有说不完的理论来解释我们的数据分析结果,原因正是在于研究者通常会用常识来解释或者推导结果。甚至有时候我们会发现,用两套完全相反的理论或者常识来解释,可以解释完全相反的分析结果。所以,解释的适用性问题,其实是我们在做计算社会科学时一个很大的问题。

首先,是对研究方法及研究对象的清晰掌握。比方说当我们在进行行为和动机分析(behavioral analysis vs. motivation)时,如果没有非常成熟的行为心理动机量表，研究者是没有办法通过分析用户的行为去分析他的动机的。举个例子，有些人每天刷 100 条微博，有些人每天只刷几条微博，我们能够从这些行为中推导出他们浏览动机的强弱吗？很显然不一定，这就是解释的适用性问题。那么，我们要实现这种解释，就需要通过更进一步的文献和数据收集来推动解释。此外，做计算社会科学研究的时候，单一平台的数据很难做一个非常完整的结论，除非数据量足够大到基本覆盖所有用户。因此，我们需要跨源数据来解决该问题（Need cross-sources data to address the issue），以支持我们的解释。计算传播学面临的真正问题是即便是大数据研究，结论也只有一定的代表性，有其局限性，需要正视所能够获得的结论及其可解释的范畴。

其次，研究者需要反复甄别正在测量的概念是否为核心概念。比如说幸福感是一个心理学上很成熟的概念，如果用心理学的这些量表去测量，可能只需 10 个问题就可以做一个很专业的幸福感的测量。如果通过收集数据去看在线行为，用哪些变量去测量幸福感就会成为一个有争议的问题。所以用计算的方式做变量的测量，特别是用爬取的二手数据做某一个变量的测量，需要非常谨慎，因为测量往往还是不完整的。实际情况的限制会让我们没有办法和传统的调查方法相比较，得到同等的完美结果。因此，研究者需要知道这个问题是一个不完美的测量，第二个就是它在多大程度上不完美，第三个就是能不能接受。

最后，现在的计算传播研究还是存在一些技术壁垒的。在研究中，我们可以通过合作的方式完成这样一些研究，但是合作的基础是建立在你掌握了对方计算机或者物理的概念、方法和语言，这样你才能理解对方是怎么思考的。这种合作是一个非常有机的合作，大家能够站在对方的视角去看这个问题，坐在一起去讨论。能够建立这种合作机制是一个挑战，当然也是一个机遇。

10

您一直比较关注社会网络理论及其方法应用，有哪些经典理论来支撑计算传播学有关网络结构的研究？这些理论在今天应该如何运用？

传播结构是指传播的社会网络、关系的构建，或者行为传播的结构特点。传统的社会网络研究里有很多经典的关于社会结构的理论，如三元闭包理论、小世界理论、强关系和弱关系、结构洞等。

三元闭包理论，通俗来说就是"朋友的朋友是朋友"，可以放在信息网络的研究中。以图 2 为例，图（a）就是网络所呈现出的最初结构特征。到下一个时间节点的时候，C 和 B 就很容易连接，因为他们都有一个共同的好友 A；同时，既然 B 和 C 因为 A 联系起来了，D 和 E 两个节点也会很快连接起来。联系起来之后，D 和 G 由于有两组共同的好友所以也会产生连接，形成图（b）这种最终的连接形态。如果这是一个大的网络，就可以去验证这种动力机制能不能引发网络的宏观结构的变化，以及变化之后发生了哪些有意思的现象，或者导致信息传播的某个结构特征的改变，对于信息传播本身有什么样的影响，这就是经典的三元闭包理论在社交媒体与计算传播中最简单的应用。

强弱关系其实是对于信息传播中节点关系的考察，研究多注重探讨两种不同关系给信息传播行为带来的影响。比如强关系传递的是社会资源，弱关系则更多是指一般性的信息传播行为。格兰诺维特的《弱关系的力量》是一篇非常有名的文章，文中有一个非常核心的研究发现：当美国大四的学生毕业找工作时，他最后找到工作的信息往往是通过弱关系获得的，一个重要原因是弱关系能带来异质的信息。1989 年，中国社会学家边燕杰在天津也做了一个同样的研究，但他发现对于中国人来说强关系交往似乎更重要。

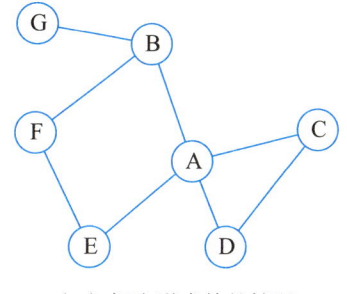 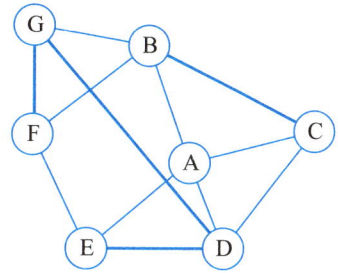

（a）新边形成前的情况　　　　（b）新边形成后的情况

图2　三元闭包与社会网络演化

来源：大卫·伊斯利，乔恩·克莱因伯格. 网络、群体与市场［M］. 李晓明等译. 北京：清华大学出版社，2011：33.

结构洞讲的是一个人的网络位置特点。一个人处在两个密集联系的社团之间的位置，这就是结构洞。处于结构洞位置的人有很多重要的特点：首先，这个人的认知和创新能力比较强，可以同时接收两部分人的信息；其次，他有很强的信息控制能力，当这个社团的信息传递到他而他不想传给另外一个社团时，他基本处于"一夫当关，万夫莫开"的位置，这个位置赋予了人进行信息传播的权利。

总体来说，这些经典的理论在今天可以有两种处理路径：一是我们可以尝试在社交媒体研究中进行证实或证伪；二是我们也可以去观察它们动态演化的过程，通过观察演化之后结构与信息传播模式的变化来推导出新的理论解释。

 能否举例说明网络结构的动态演化过程？其中有哪些值得挖掘的关键点需要研究者注意？

我们可以从微观、宏观等不同层面去研究信息的传播模式与传播网络的结

构性变化。微观层面是指个体节点的传播能力，包括个体的信息传播行为；宏观层面则是指一些宏观的信息传播模型。这半年有很多信息传播尤其是疾病传播的模型，这些模型对于现实中解决、控制传染病的流行等问题会做出很大的理论贡献。

图 3 是我与合作者共同完成的一个关于知乎传播网络演化的研究。这个图中共有 500 个节点，反映的是知乎 7 万个界面，也就是我们所能够查到的知乎上的所有数据，从 2011 年到 2018 年其节点网络生长的基本情况。

从宏观上看，知识网络等演化特点是由中心的早期节点（即浅色）向外围延伸，逐渐"长"出后期（即颜色更深）的节点，树状结构非常明显。这种连接机制与网络科学中发现的节点"择优连接"机制相符，反映出知乎作为在线知识网络，其知识疆域从无到有，在用户自发贡献内容的情景下的基本生成规律。

从微观上看，本研究还发现一种辅助连接机制，即"桥节点连接"。具体而言，新生节点（即深色节点）连接在两个早期节点（即浅色节点）中间。中间的新生节点称为桥节点（Bridge），新生节点构建了早期节点间的新关联。充当桥节点的标签，往往具有较强的创新性，即其通过结合已有的标签，生发出具有创新意义的新知识。这说明，在线知识分享系统体现了知识构建的"自组织性"，即知识之间的互动能够产生新思想、涌现出新的概念。

此外，用户自发生成的知识网络，与传统的自上而下归纳出的知识领域结构存在差异。最后，节点的生成反映了社团语义演变的规律。例如，对于"健康"的关注，衍生出各种运动类型（"跑步""篮球""足球"等），进而衍生出"减肥""运动健身""锻炼"，最后衍生出了"减脂""塑形""运动减肥"，由此可见用户对于"健康"概念的内涵有不断现代化的演化趋势。

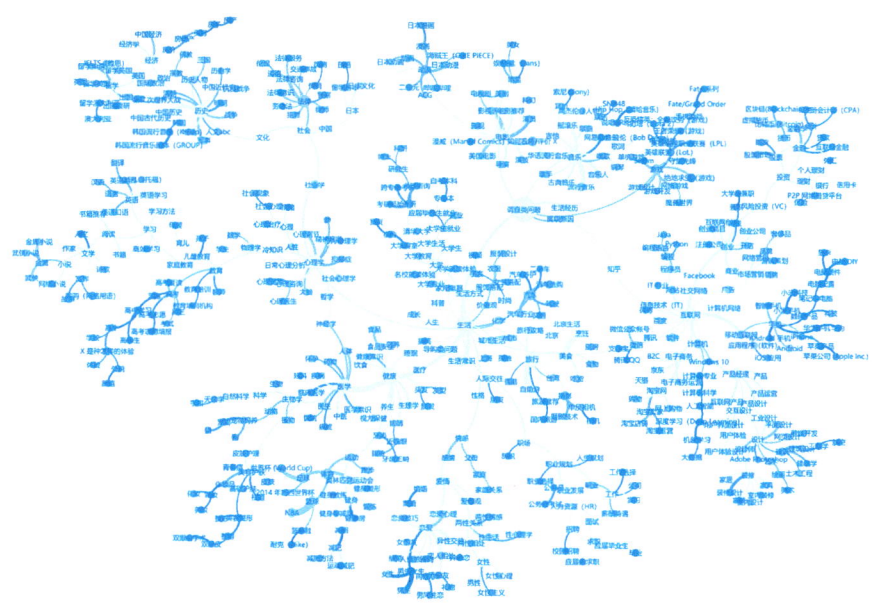

图 3 知乎话题节点的结构性演化历程

来源：张伦，李永宁，吴晔．绘制知识版图：在线知识分享系统的知识协同构建［J］．新闻与传播研究，2021（01），66-67．

> **12** 在计算传播研究中，我们可以看到各种前沿计算与机器学习方法的运用。除了学术研究之外，这些方法如何与传播实践相联系？

从方法上来看，一些计算方法是非常具有前沿性和应用性的，也被应用到传播实践当中，如数据新闻。数据新闻或数据驱动新闻是计算传播学在新闻生产过程中的应用，具体包括运用各种技术软件来抓取、清洗、分析、呈现数据并分析其传播效果。数据新闻提倡通过计算机处理原始数据，分析数据将成为未来新闻的特征，以为公众提供更重要、更有参考价值的报告，使公众更深刻地理解世界。在这个过程中，用于数据叙事的工具、技巧和方法，涵盖了计算机辅助报道、数据可视化、新闻应用等一切叙事形式，而数据计算与可视化呈现则是其中的关键一环。

13 关于计算传播学，目前在教学和研究应用中还存在哪些不足？应该如何改进？

在教学层面，计算传播学的教学体系还不够完善，表现在教材比较稀缺，配套课程（如研究方法、研究设计和基础理论等）的支撑还不够丰富。目前，中国新闻史学会计算传播专业委员会正在商议，期望拟定一个计算传播学初步教学框架和大纲，从而促进国内计算传播学的教学体系化和规范化。

在研究层面，计算传播学范畴的研究多注重对典型事件的分析，缺乏对全局数据的抓取和对新闻传播的重要且根本性问题的分析。更重要的是，计算传播学研究缺乏理论建树。现有研究多侧重于强调新方法的应用，而缺乏问题意识，缺乏对理论的建树。此外，不同研究领域对于计算传播学研究方法的认同和接纳程度不同，存在较严重的学科壁垒。

新要素、新功能：数据富足与数据内核

丁　迈

中国广视索福瑞媒介研究有限责任公司（CSM）董事、总经理，曾任中国传媒大学教授、博士生导师。

> 2018年底,中央经济工作会议首次提出"新基建"的概念,主要目标是加强人工智能、工业互联网、物联网等新型基础设施建设。在您看来,我们应该如何看待数据在其中的作用?

进入2020年以来,新基建成为我们国家自上而下都在努力发展的新理念。所谓新基建,主要指的是新型基础设施的建设,其中包括信息基础设施建设、融合基础设施建设和创新基础设施建设。我们所熟悉的5G基站建设、数据中心建设以及关于AI和人工智能的发展等,这些都属于新基建的一部分。

在这一背景下,2020年4月国务院发布了《关于构建更加完善的要素市场化配置体制机制的意见》,文件中首次将数据和土地、劳动力、资本、技术并列,称之为新型生产要素,同时也提出要加快建设数据这种新型生产要素的发展。这意味着目前关于数据的开发和利用已经成为一个非常重要的领域。我们可以通过一组数字来了解数据开发的重要性:2015年整个人类社会生产的数据是12ZB,是人类过去历史上产生的数据量的总和,并且从2015年的预测来看,2015年之后人类社会的数据量会以40%—50%的比例逐年增长。根据2020年中国信息通信研究院的大数据白皮书,截至2020年,人类社会所生产的数据总量已经达到42ZB,这个增长的比例已经超过了当年的预测。所以说,我们现在身处的时代,是一个数据富足的时代,我们需要数据来驱动未来的发展。

虽然大家都明白整个社会的数据量已经极大丰富了,但是从另一方面来看,数据的富足与增长是不是给我们带来了更多的数据价值？实际上并没有很好地体现出来。2015年，在整个由人类生产的12ZB的总体数据中，只有9%的是以结构化数据的形式保存在数据库中，能够被人类所利用，其余数据信息都被浪费掉了，没有得到很好的开发。到2020年，这个情况稍微好一些，但是结构化数据的占比也只有16%，这意味着大量的数据等待社会去挖掘它们的价值。同时我们也知道，数据存储耗资巨大。所以目前存在的一个主要矛盾是：日益增长的数据存储费用、资源损耗与数据价值挖掘之间的矛盾。回到我们这个主题，无论是智能系统的开发还是数据中心的建设，如何更好地挖掘数据价值，如何利用数据驱动产业发展，这些是未来新型基础设施建设所无法回避的问题。

2 具体到电视产业/视频生态来说，可挖掘的数据价值主要体现在哪些方面？

对于整个传媒行业而言，数据的价值主要体现在两个方面：首先是数据驱动内容。目前，传媒行业的数据实际上是伴随内容增量实现了增量传播的价值。比如我们个人除了会看电视直播之外，还可能会收看IPTV和OTT智能电视，也可能会在爱奇艺、腾讯、优酷等网络平台上收视。在小屏端，短视频可以对长视频进行切条处理，内容显然相较于以前已经实现了增量传播，我们在消费这些内容增量的同时也会时时刻刻留下自己的数据。我们所面临的问题是，在内容增量面前，如何利用数据来证明内容增量的价值，如何辨别这些增量中哪些是可以深入挖掘和借鉴的，这些都是需要深入探讨的问题。

其次是数据驱动营销。我们都说要把观众变成用户，观众用户化之后，内容增量也相应地实现了，而如何利用数据帮助营销升级是目前传媒行业所面临的关于数据价值挖掘的主要问题。目前的解决办法主要还是在做内容加法以尝试更多的营销空间，例如，电视在做电视+，可以在电视端加入互动平台、长视频平台和短视频平台等；互联网也在做互联网+；社交媒体也是一样，微信推出的视频号，其实也是一个内容加法的举措。

> **3** 在视频内容跨平台传播的今天，数据生态也在改变，您能介绍一下目前家庭大屏收视数据的分布情况吗？

以家庭大屏收视为例，现在的视频内容依据传播渠道可以分为有线电视、IPTV、智能电视等，此外还有我们长视频平台和短视频平台的内容，但我主要介绍前面三种渠道的数据形态分布。

从有线电视来说，全国大约有 2.07 亿有线电视用户，其中有些是单向网，有些是双向网。所谓单向网是指无法互动，只是从上到下的单向信号传输。所谓双向网就是可以实现点播及传输互动行为。而所有有线电视的双向网络，都会自动记录大家的收视、点播及回看行为，并进行回传。传统上说，有线电视所产生的数据归各省的有线运营商所有，由他们来运营自己当地的有线电视网络。但我们也看到，2020 年 10 月，中国广电网络股份有限公司在北京正式成立，主要目标就是要把全国的有线电视网整合成一张网，同时推动广电网络的 5G 建设。所以有线电视的数据网络未来也将可能成为全国网。

从 IPTV 来说，全国的 IPTV 用户有 3.07 亿，其用户量已经超过有线网的用户量了。IPTV 也实现了点播和回看，可以说它是一个完全互动的宽带网络。IPTV 的运营构成可以分成两部分。运营网络的内容提供者主要是广播电视部门，各省广电可以被认为是分播控平台，分播控平台之上，还有一个总播控平台——爱上电视，这是它们主要的网络运营商。爱上电视传媒有限公司是由中国网络电视台（出资方：央视国际网络无锡有限公司）与上海广播电视台（出资方：百视通技术公司）联合投资设立的 IPTV 合资公司。所以 IPTV 数据也相应被分为两大部分：一部分叫 EPG 数据——节目数据，这部分数据会与各省的电视台共享，与我们的广电部门进行互通。另一部分叫流量数据，这部分数据主要由中国移动、中国联通、中国电信、爱上电视等服务提供商进行共享。

从智能电视来说，智能电视每一个品牌方都有自己的数据，因为各品牌方只要在智能电视里做个 APK，它的数据就能传回来。例如，有人买了台创维电视，创维电视的所有数据都会回传到该电视的品牌方那里。另外，传统电视往往需要搭配 OTT 盒子（也称互联网盒子）进行使用，如小米盒子、天猫盒子等，所以 OTT 盒子也有一套数据。如小米盒子、天猫盒子的数据就掌握在各自的运营商手里。再比如我们看到的爱奇艺的奇异果 TV、腾讯的云视听极光等，都有自己的一套数据。

4

目前各自分立的媒体数据格局被形容为"数据孤岛"，您认为数据孤岛的形成对市场影响如何？未来会有哪些可能的解决方案？

上述所有的数据确实都是一个个数据孤岛，各个数据平台之间是有相当隔阂的。一方面，这种数据孤岛存在于各个品牌商、运营商、广电部门以及电视台之间。因为大家都明白这个时代数据的价值，同时还存在一定的商业竞争关系，谁也不愿意主动分享数据。另一方面，这种数据孤岛甚至存在于企事业单位的各个部门中，例如一家省级电视台想拿到 IPTV 数据不一定可行，要看 IPTV 数据在省级运营商中由哪个部门分管。同时，IPTV 和有线电视的数据管理部门也很难共享数据。

所以，虽然现在行业中的数据非常多，但更像是一个个封闭的王国。目前，大部分公司还处于数据的加法增长阶段，少部分公司进入数据的指数增长阶段。在指数级增长后，公司的主要矛盾将成为日益增长的数据存储费用和仍然稀缺的数据应用之间的矛盾。这种数据富足和数据孤岛并存的状态所带来的问题是，数据价值在市场中的不断贬值，这稀释了管理者对于数据市场价值的认知。换言之，数据随处可见，而又标准各立，大家会发现好像在面对这些数据的时候有些无所适从的感觉。因为每套数据体系各用一套标准来衡量，没有全国乃至世界统一的一个标准，在这种情况下数据的市场价值就很难真正去衡量了。

解决这个问题的主要方案是建立一套权威、标准的数据标准体系，实现跨平台的数据统一，这也是目前数据市场所面临的难题。从目前来看，我国媒体融合的方向主要还是在尝试做内容的加法，打通产业链；大屏电视、长视频平台、短视频平台以及具有社交媒体属性的互动平台都在互相布局。微信推出的视频号功能，西瓜视频尝试做中长视频的思路，都是内容加法的一种应用。所以，未来的媒体生态其实是一个共生共荣的内容生态。那么，我们的数据生态也就是评价体系如何呢？如图 1 所示，左边是 CNNIC 发布的第 46 次《中国互联网络发展状况统计报告》的数据，其中网络应用包括即时通信、网络视频、音频、短视频、网络音乐、网络直播、游戏、在线教育、网络新闻、网络文学和其他。右边是 2020 年上半年 CSM 所有调查城市当中各类节目的收视比重，其中包括整个电视媒体的三大支撑——综艺、新闻及电视剧，其次还包括生活服务专题、青少电影、体育等。大家一般引用的大屏端数据是CSM的，互联网端数据是CNNIC的，但这两套数据是完全没关系的。换句话说，这两套数据的评价内容是共融共生的，但评价体系却是分裂的。所以，我们不仅需要建设一个共融共生的内容生态，也要建设一个共融共生的评价体系。

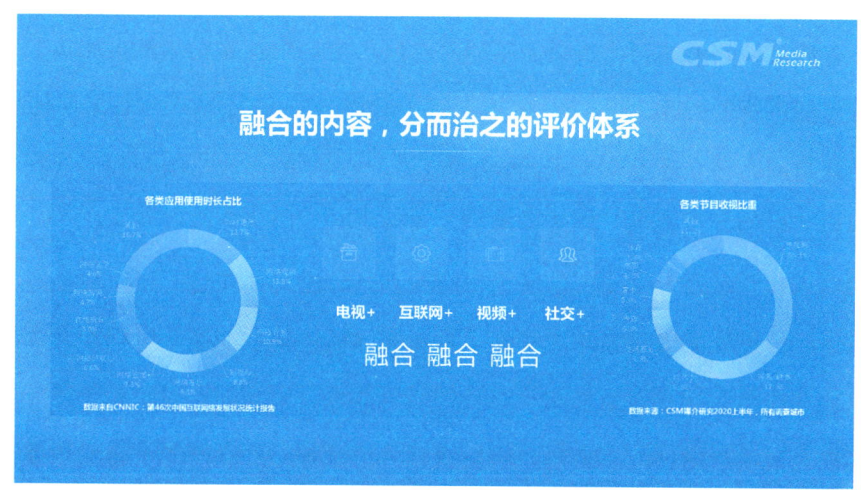

图1　CSM媒介研究网络端与电视端的评价体系

来源：中国广视索福瑞媒介研究（CSM）。

5　近年来互联网发展势头强劲，广告也随之转移，中国电视面临前所未有的冲击，有人甚至做出"电视已死"的断言，您对此有何看法？在这个背景下应该如何构建一个共融共生的评价体系？

我们在讨论这个问题的时候，不可否认的是传统广告市场中有一半的份额被互联网广告所取代了，大量的广告流向互联网。但是，如果我们仔细考察广告效果就会发现，广告效果的主要目标是要求服务商在合适的时间把合适的内容以合适的方式高效投放给合适的人，那么有没有研究能够说明互联网广告相较于传统的广告方式更精准、更有效呢？事实上，目前仍然没有基础研究能够说明广告在不同平台投放时，究竟产生了怎样的效果，以及产生效果的作用方式。从广告效果层面来说，我们可以分为认知效果、态度效果、行为效果，还可以分成品牌效果与转化效果，不同平台所产生的广告效果侧重点如何，这些实际上都还是未知数。

这是因为至今还没有基于同一标准、同一水平的比较。刚刚我们谈到在整个内容评价的过程当中，评价标准是各自分立的，广告评价也是一样，传统媒体的广告和互联网媒体的广告从来没有放到一起进行比较过。所以我们有一个观点，广告逐渐流向新媒体，实际上是新媒体话语体系在这个过程中发挥了非常重要的作用。互联网带来的一套新的话语体系，大家都比较熟悉，比如月活跃用户、日活跃用户、点击量、转发量、评论量等。互联网的这套话语体系目前在市场上占了上风，而这套强势的话语体系对于营销的影响是非常大的，它直接影响了整个广告投放的走向。

实际究竟如何呢？我们尝试将电视收视数据与互联网视频消费数据放到一个维度上去比较时，就可以看出端倪。以一个数据为例，2020年上半年，传统电视行业的日人均收视时长是146分钟，日人均观众收视时长是286分钟。前者以全国电视受众为分母，后者以有电视收看行为的观众为分母，这是二者的区别。虽然电视行业的数据正在逐渐下滑，但这两年日人均观众收视时长还是保持着250分钟以上的较为稳定的趋势，尤其在疫情期间，乃至复工复产后，这个数字还有所抬头。对比互联网数据，根据CNNIC在2020年9月发布的第46次《中国互联网络发展状况统计报告》，网民周平均上网时长为28小时，日均上网时长为4小时，也就是240分钟。从视频消费的角度来说，与收视有关的时长主要包括：网络长视频消费12.8%、网络短视频消费8.8%以及网络直播消费7.3%，总计28.9%。换算成时长大约为70分钟。网民日视频消费的时长应该与电视日人均收视时长进行对比，因为调查总体分别是我国全体网民以及全体电视受众。所以如果满足相同标准，考虑观众的相同需求，我们的视频消费究竟在哪个平台上消费时长更占优势，实际上仍然是电视大屏。

其次，在计算口径上，互联网内部与电视界也有所不同。互联网月活的概念是以账号为统计单位的，而且活跃的标准判定也有所不同，有的平台消费3秒以上才算活跃，有的平台登录就算活跃。对应过来电视端就是到达的概念，在电视到达率的定义中，认为收视一分钟才可被视为一次到达，从到达人数来说，CCTV-1的月到达人数是7.5亿，CCTV-6是6.9亿，这样的观众规模转化成月活跃用户也是相当可观的。所以总体来说，我认为我们需要将这些数据放在一个标准上去比较。首先是计算口径标准的统一，我们需要一个统计口径来进行数据比较；其次，我们需要考虑在跨屏条件下，到底应该建立一个什么样的标准去进行数据评价，把所有的媒体形式放到同一个框架下去比较，这个标准才是我们在数据富足时代的一个核心价值。所有选手都在一条跑道上竞争，这样的营商环境才是更公平的。

6 传统电视大屏端的测量以抽样数据为主，互联网测量则主要生产大数据，这两种方法和两类数据各有什么特点？

在数据逻辑层面，大屏端的抽样调查一直备受诟病，很多人认为抽样数据量级有限，在社会现实环境中使用大数据比抽样数据更好、真实性更高。但实际上在现实环境中，抽样数据更能说明问题。

首先，以往统计学的书上总有一个关于抽样调查的例子。假如我们面前有一碗汤，我想知道这碗汤的味道，就盛一勺来尝尝，如果这个汤均匀的话，我就能够知道整碗汤的味道到底怎么样，也就是说我们可以实现从样本推及总体这个过程。但是就大数据来说，刚才提到了几套大数据系统，IPTV、OTT智能电视等。以IPTV为例，主要有三个数据源构成：中国联通、中国电信和中国移动。这三个数据源可以理解为"三碗汤"，它们彼此之间都是孤岛，数据是不交换、不统合的。很多书上说大数据是全量数据，但实际上我们根本拿不到整个网络中的全量数据，现实环境中我们能够拿到的只有自己的存量数据。除非能够统合这"三碗汤"，这才是一个真正的全量数据。现在大数据的问题在于市场中没有全量数据，都是数据孤岛，我们很难了解一个市场的消费全貌，这是大数据的第一个问题。

其次，所谓大数据采集的全部都是设备数据，也就是说没有办法到"人"这个维度，这是它的第二个问题。

最后，大数据处理过程中存在很多"噪音"。一方面是监测环节的问题，比如说我们晚上关了电视，但是没有关盒子，盒子会一直记录数据，所有数据一直持续记录着，停留在最后一个收看的频道上，数据系统里会有一个停止记录的标准，但各家标准不一。这实际上是抽样误差和非抽样误差的问题，在大数据系统中，非抽样误差是更大的。另一方面，大数据在数据处理或是数据回传过程中通常会有bug产生，类似的情况非常之多。当然，抽样数据和大数据有各自解决问题的优势，抽样数据其实更适合去解决结构性问题，比如在一个市场中，我们想看看观众构成是什么样的，那么通过抽样数据就可以很有力地说明这一点，而大数据则更适合应对长尾问题。

关于收视率的抽样调查，好处在于有一套国际通行的标准，也就是国际通行的关于收视率的操作流程和标准。这在漫长的历史过程中逐渐形成了固定的操作流程：从基础研究的抽样设计—组建样本户—确定样本户—培训样本户—定期维护、轮换样本户—数据采集。这种通行标准的好处在于具有可比较性，不仅确保在国家体系内可以比较，同时在国家之间也是可以比较的。例如2020年上半年疫情期间，我们就做了中国、西班牙、土耳其、英国、斯洛伐克和巴西六国收视率的比较研究。

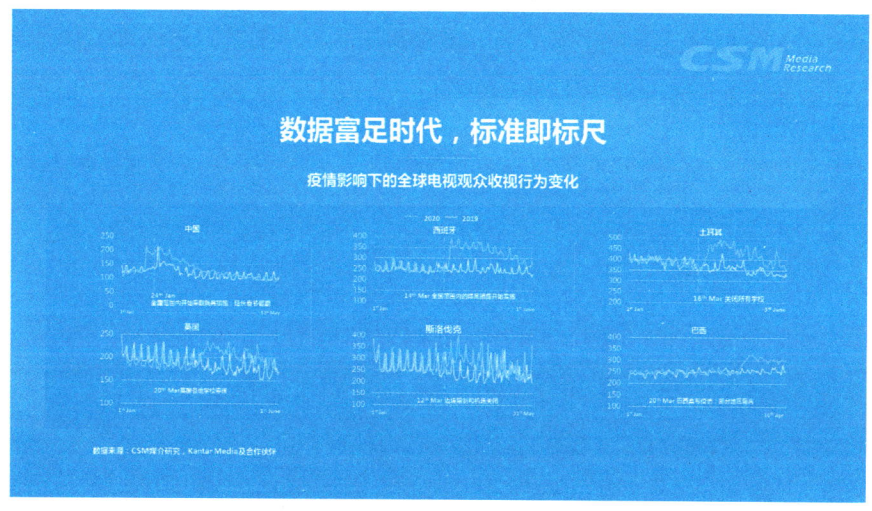

图2 疫情影响下的全球电视观众收视行为变化

来源：中国广视索福瑞媒介研究（CSM）。

上述比较也说明了为什么我们用互联网大数据来统合电视端收视率数据时，总是觉得不太适合。反过来，我们需要思考的是能否用电视收视率的这套话语体系来统合互联网。其实收视率能够作为广告商和电视台进行结算的货币，就是因为有这么一套世界通行的标准。到目前为止，关于解决融合数据问题，国际上还没有一个最先进的、大家都认可的结论。

7. 跨屏测量和数据融合的方法及标准的建立，是一个世界性行业难题，目前国际上的最新进展如何？

在当今大数据时代，大数据还不能代替总体，学界和业界的共识是大数据下抽样仍然是必要的。国际上对于大数据环境下的测量方法做了很多创新，也取得了一定的成果，如对于视频内容多屏受众的测量，目前国际上仍以基于抽样技术的受众测量为主流，通过建立小样本的固定样本组，辅以通过植码或水印测量技术获取的全量大数据，运用大数据算法，将来自固定样本组的抽样数据与跟踪监测到的全量大数据进行数据整合，对抽样数据进行校正，尽量还原收视率不高甚至为零的长尾节目的受众观看行为，保证数据的精确性和可靠性。

8. 媒介融合在我国正如火如荼地进行着，并形成了多元复杂的传媒生态。关于融合测量体系的构建，广视索福瑞（CSM）有哪些新进展？

以前，我们能够去学习借鉴世界的先进经验，比如收视率测量的相关标准就是从国外引进的，但是今天，中国的媒体融合远远走在了世界的最前列，全国都在轰轰烈烈地进行着媒体融合，包括我们现在的很多政府机构，如检察院、司法单位，它们也都在社交媒体上有社交媒体号、短视频号等，都在通过各种各样的融合形式传播声音。这种复杂的媒介生态使得我们在数据评价过程中没有太多的国外经验可以借鉴，只能用自己的方式来解决跨屏测量的问题。

广视索福瑞目前主要还是通过收视率测量的方式来兼顾其他家庭大屏数据。我们通过对测量仪接口的改造来识别内容来源，以区分有线电视、IPTV、智能电视和OTT盒子（也称互联网盒子）几种渠道。我们已经把所有的这些内容来源都整合到我们的测量仪当中，这使得来自各个平台的数据都可以在我们的系统中进行测量、计算分析和发布。

2020年上半年，来自IPTV点播平台的收视份额占比是7.93%，而来自OTT智能电视点播平台的收视份额占比是9.35%。这两个数字看似不大，但实际上，如果与我们传统的五大卫视（湖南卫视、东方卫视、浙江卫视、江苏卫视和北京卫视）进行比较，它们的综合电视直播收视份额是14.67%，就会发现IPTV和OTT智能电视的收视份额其实已经达到了一个可比的水平，而且前者的数据还在逐年上涨。正因如此，广电部门现在也要重新布局自己的基础设施建设，包括5G网络的建设等，传统有线电视的频段资源已经不占很大优势了。这是我们在大屏端所做的一个跨平台、标准化、全场景的数据体系。当然，跨平台、全场景是指跨越电视直播、电视点播的平台，标准化是说我们把监测数据全部放在同一个体系下去计算的一套数据体系。

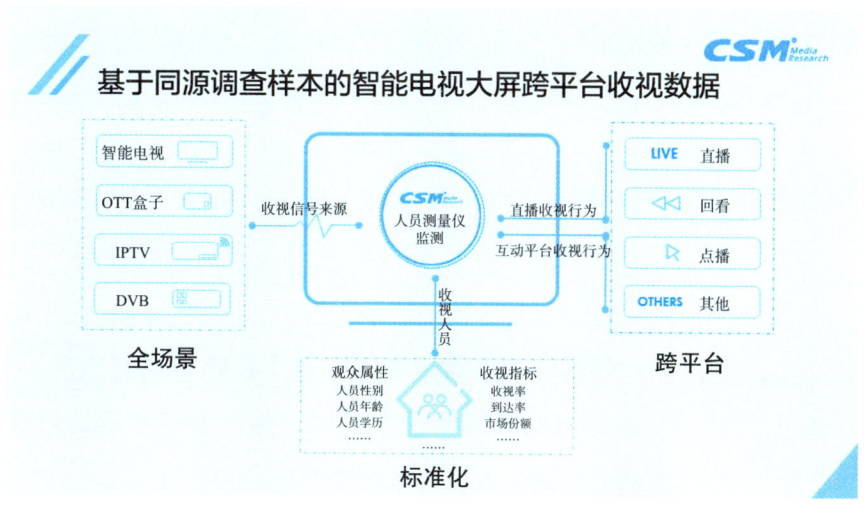

图3　CSM媒介研究电视大屏跨平台收视数据体系

来源：中国广视索福瑞媒介研究（CSM）。

对于大屏、中屏、小屏的跨屏测量，我们目前仍在测试阶段。目前在跨越大屏、小屏的测量方面，测量技术主要采用的是声音匹配技术，声音匹配技术可以采集大家的环境音，那么自然也可以用于采集手机的声音，把虚拟测量仪安装在大家的手机上以记录媒介消费行为。虚拟测量仪技术在 2015 年率先使用在 CSM 广播测量项目上，实现了对广播频率收听情况的调查。2019 年，我们对 8 个广播测量仪城市网基于音频传播的听众进行了 28 天为期 4 周的全媒体视听测试，包括北京、广州、合肥、济南、南京、上海、深圳和无锡。这套数据测量技术已经相对成熟，形成的数据波形是非常稳定的。这套技术可以说是国内第一次打破数据孤岛的融合测量技术，不管是通过大屏的 IPTV，还是小屏端手机 App 所进行的视频消费，都可以在这套体系内被监测和区分。

在这套数据测量体系中，监测到的人均视听消费时长是 218 分钟。其中，人均电视直播的消费时长是 88 分钟，人均广播直播的消费时长是 61 分钟，人均 VOD（音、视频点播）的时长是 69 分钟。这套数据测量体系的优势在于：一是这套数据是全天候的测量数据，可以看到全天每时每刻的视听消费数据，这就使得我们可以观察每种不同音视频消费形式的全天使用规律。二是当真正用一个标准来统合数据孤岛时，我们便可以实现多种交互分析。通过交互分析、比较分析，可以发现很多有意思的现象。其中包括年龄、学历、性别和媒介使用内容的交互，现在我们发现对人的媒介行为影响最大的指标其实就是年龄。

9 如何定义收视大数据？对于数据量级庞大却又尚未结构化的跨屏收视大数据，如何看待其应用价值，在测量方法上有哪些新探索？

理想的大数据是全量数据，实际上目前市面上来自智能电视、IPTV、数字有线机顶盒等终端的收视大数据很难做到全量收集。如何在现有数据基础上进行清洗处理以保证其代表性，是需要各方不断探索的议题。更重要的是，收视大数据仍然是终端数据，在商业化使用前势必要解决数据到人的问题，这也是CSM从数字有线和IPTV发展之初就一直关注的。我们和中国传媒大学合作开展的SMART TA项目就是为这个问题提供解决方案，使用算法模型将终端数据还原到人。现在已经有IPTV运营方在使用这个成果帮助广告营销，相信未来也会逐步发展到比如与智能电视OTT大数据相结合等更广泛的应用中。

10 融合测量体系主要针对受众/用户的媒介行为，着眼于融媒效果的综合评价。您能否谈谈目前有哪些比较流行的评价方式，有什么特点？

融合效果评价体系可以分成两种，一种是基于上面提到的监测媒体融合效果的跨屏同源测量体系，就是在同一套调查体系中测量不同渠道的媒介接触行为；另一种则是不在一个测量体系中所进行的数据融合，这样的数据来源比较复杂，实际上是多方数据整合的结果，我们也在进行这方面的探索。我着重给大家说一下第二种融合评价方式，也就是在没有这套数据的时候，在媒体融合领域，大家是如何解决数据问题的。

比较流行的做法是，将媒体融合传播的数据通过加权的方式来做一个整合，得出一个指数。例如2016年，人民网下属的人民网研究院就创立了媒体融合传播指数指标体系，主要用于考察主流媒体在各个平台（传统端、PC端、移动端）的综合传播力，其中大屏端的数据主要是广视索福瑞的收视数据，PC端和小屏端主要是一些页面数据，也就是爬虫数据。目前有很多家机构都在做这样的指数指标，包括清博大数据等。当然每家公司指标权重的侧重点有所不同。清博大数据所建构的评价指数实际上不包含大屏部分，主要就是网络部分，网络部分也主要采用的是页面数据，比如播放量、点赞量、评论量等，用这些数据来加权形成一个指数。

我们之前也做了一些研究，可以给大家看一个例子。CSM 曾推出新闻融合传播指数，实际上集合了电视与微博、微信、短视频 App 所进行的数据加权。数据加权的意义正如刚刚所提到的，这些不同平台的数据有不同的统计口径，并不可比，不能简单地累加在一起，我们必须通过算法把它们整合到一起，才有可能将数据放到一个维度下去比较。我们使用了 20 多个指标，在电视端用的是总收视时长和大学及以上学历的观众占比等；短视频端也有一些指标，例如总粉丝量、总发布量、播放量、转发量、评论量、点赞量；微信端是发布量、阅读量和在看量；微博端是总粉丝量、总发布量、转发量、评论量和点赞量，构成了一个总体的指数。指数的特征体现在它的可比较性，相较于原来不具有可比性的各项指标，指数为媒体内容的融合评估搭建了一座桥梁。

近年来，OTT、IPTV 等互动收视发展迅速，这也使得部分广告开始回归大屏。在您看来，应该如何评估和优化广告的效果？这方面有哪些新举措？

媒介消费行为数据一直是广告投放的重要参考，跨媒体的广告投放提升了对跨媒体数据整合的需求。在数据富足时代，更需要用同一把"标尺"来客观测量和有效评估，公正、完整地衡量和体现数据价值，真实、全面地还原以人为研究对象的跨媒体消费形态。

OTT 和 IPTV 都是基于电视大屏的收视设备，最好的方法就是同源测量。CSM 在 2019 年推动升级了收视测量技术，建成跨平台、全场景、标准化的家庭电视大屏收视数据体系，将数据扩展到包括智能电视、OTT 盒子、IPTV 等在内的不同收视平台，辨识开机、直播、互动等收视场景，客观地呈现精准到人的收视行为。

为了适应 4A 公司的使用习惯，我们在调研基础上自主研发了 CSM-MAPS 大屏跨平台广告效果评估软件，基于 CSM 跨平台收视数据及第三方广告监测数据，对于跨电视大屏的电视频道、IPTV、OTT 等各平台，跨开机、直播和点播等多种行为，进行跨大屏直点播不同平台间 MIX 的广告投前计划和投后评估的综合分析。

12

谈到数据，有一个无法回避的问题就是数据隐私保护。欧盟 2018 年出台《通用数据保护条例》（GDPR）之后，美国加州也推出了《消费者隐私法案》（CCPA）。目前世界上关于数据采集和隐私保护的法律法规越来越完善，跨屏收视测量如何平衡两者之间的关系？

首先，我们在进行测量的过程中会对全国样本进行一个抽样。所选取的样本在采集数据前肯定会与其达成事前协议，告知其相关信息，在征得其同意的情况下进行采集。

其次，要测量与识别不同的信息内容，得先有全面的音视频数据库，这个音视频数据库是通过对全国 900 多个电视频道、广播节目进行监测获得的。必须要有一个匹配的数据库才能进行内容的识别，才能知道这个过程中具体的媒介消费内容以及时长。同时，收视率测量是一个双向的采集过程。一边是受众的收视行为，另一边是监测电视台播出的节目，然后将收视数据进行实时回传，两边进行匹配，通过这样的一个匹配过程来获取数据。最重要的一点是，无论采集的数据，还是相互匹配的数据，整个过程使用的数据都是特征码，也就是每隔 20 秒采集 8 秒在这个过程中最强烈的声音特征，而不是抽取我们的媒体声音、环境声音本身，所以其实不存在全天候监控以及隐私侵犯这个问题。在声音的匹配上，目前收视率数据是做得比较好的，一方面节约资源，避免大量图像、音视频回传造成的数据存储的浪费；另一方面我们也会考虑隐私保护的问题。

13

据悉，CSM 正在建立一个侧重移动端的测量网，现在进展如何？这个网络的建设会对原有的受众视听率测量体系产生什么样的影响？

准确地说，CSM 正在建立的是一个全媒体视听同源调查网，不仅仅是移动端测量，而是采用电视人员测量仪和移动虚拟测量仪两种测量技术来实现。2020 年 7 月我们在城市广播调查网上进行了为期一个月的虚拟测量仪对移动端测量的数据有效性测试，数据结果稳定；2020 年 10 月开始构建覆盖全国的全媒体视听同源测量调查网，经过对测量技术、抽样方案、质量管理等方面进行多轮论证和运作实践，已于 2021 年 1 月 1 日进行全媒体数据应用测试。

该调查网实质上是基于全媒体测量的全国网络，从调查成本、数据代表性、应用效度等多方面考虑，与目前覆盖不同省份、不同城市的视听率调查体系是并行的，是 CSM 为媒体行业和相关市场提供的丰富的数据产品之一。

智能营销的数据逻辑与应用

谭北平

秒针营销科学院院长,品牌研究、媒体研究与营销数字化资深专家。

传媒前沿课

进入智能传播时代,广告营销正逐渐向智能化转型,您认为智能营销和传统的营销方式有什么不同?

传统的营销方式,从传播学来说,是基于渠道的规模化投放和分发,大规模购买优质媒体进行广告投放,以"铺点位"的方式影响受众的心智和行为。比如,传统营销会购买媒体展示位、时段,以及实体店和各种影视剧内容中的陈列,这是大众媒体时代很成功的营销闭环。

首先,智能营销的出现源于互联网的发展。它区别于传统营销的基本点,是可寻址性(addressable)。过去,营销是无法找到消费者个体的,广告主购买媒体展示位后,无法知道谁浏览了这个展示位,产生了什么效果。基于互联网,智能营销可以连接消费者,还可以通过互联网设备的寻址能力采集分析广告数据、管理广告内容。当然,这种连接并非绝对意义上的触达到个人,因为智能营销的可寻址能力,链路一般是先触及设备地址(包括Cookie ID、智能手机ID、智能电视ID等),再从设备推导到消费者,是一个通过个人设备寻址的过程。

其次,智能营销是可控的(controllability)。这种可控性建立在可寻址的基础之上,只有拥有数据采集的途径以及个人数据的反馈,才能实现精准、可控的广告管理,包括广告出现的时间、内容、形态、次数等。营销人员可以基于数据反馈的结果,优化营销布局。传播的可控性,让营销人有机会通过消费者的反馈调整营销策略。

最后,智能营销与传统营销的区别,在于它重塑了内容生产流程。如今,我们看到的很多内容，已不再由人工编制，而是由机器生产。智能化的内容生产就是后台通过读取用户的标签，基于数据信息对内容进行重新编排、组织、提取甚至自动生产的过程，数据和技术结合的最终目的，就是提高整个市场的营销效率。

总体来说，智能营销与传统营销的区别有三点：一是可寻址性，二是传播流程的可控性，三是内容生态的重塑性。

此外，智能营销还有很多辅助功能。比如生产海量广告内容，基于不同广告场景投放不同的内容，即程序化内容生产或称程序化创意；同时辅助大量自动化的 AB 测试，加快洞察与反馈的速度；最终积累大量的数据和知识，大幅提升营销过程的行动力和感知力，加快营销部门的决策速度。再如，通过智能营销，部分公司不仅能对消费市场的变化快速反应，还能加速测试新产品，优化产品设计。智能营销的优势，在于其摆脱了传统营销的渠道中介问题，让越来越多的企业有能力通过数字化手段直接与消费者沟通。过去，营销面临大量的中介代理、分销问题，企业需要通过媒体打造自己的品牌形象，而智能营销引领了 D2C（director to consumer）和 B2C（brand to consumer）风潮的崛起，企业可以拥有自己的媒体能力、流量池，沉淀自有用户数据资产。这是基于数据与互联的新能力，也是可寻址能力被开发后，技术的必然延伸。

> **2** 如果说传统营销是通过购买媒体的方式进行，拥有整套的媒体定价体系，那么在智能营销中，媒体购买的价格机制如何？

传统的媒体定价是在价格博弈的过程中产生的，整套价格体系的循环很慢。

如果某报今天的某个版面定价较高，可能卖不出去或者卖得不好，它的广告位就会闲置，之后它可能会调整该位置的广告定价。在这个过程中，媒体的价格会调整，但速度很慢。

今天的广告定价调整得很快，但也更加模糊了，不再拥有统一的价格机制，这是因为现在有些智能化交易采用的是竞争定价的方式。每次媒体带来的广告展现机会因为有不同的需求方参与，所以会出现不同的实际成交价格。

每个人获得的曝光机会不一样，某些商品对于不同群体的广告价值也不一样。比方说，我有一杯咖啡和一台投影仪，一般来说投影仪的价格高于咖啡，但我卖给企业白领一杯咖啡的广告位价格可能比一台投影仪更高。不同的广告形式、受众群体，对于广告主的价值是不一样的，这背后会出现大量竞争定价的拍卖机制。智能营销包含了这种价格优化分配的过程，本质上是技术带来的整个交易效率的提升。

> **3** 这种竞争定价的价格优化机制也可能导致各种各样的问题，比如，新用户作为价格敏感者可能收到更低的定价，而老用户作为品牌依赖者却没有享受到一些应有的价格福利。这也是大家经常说的大数据"杀熟"，您如何看待这个问题？

所谓的大数据"杀熟"，反过来理解就是，如果给老用户优惠，那同时给新客户优惠合理吗？可能公司就有把最低价推给新用户的营销策略，即所谓的拉新。

除此之外，还有不同终端的"杀熟"，即不同机型显示不同价格。回归到商业层面，不同渠道不同价，不同人不同价，不同时段不同价，似乎也没问题。对品牌方来说，无非是如何利用各种营销策略，让销售做得更好的问题，因此面对市场给出不同的折扣权限也就不难理解。对于大数据"杀熟"，我们真正要考虑的，是其对消费者行为的影响到底有多大，有多少人会感知到"杀熟"，感知之后对其行为决策有什么影响。之后再反过来思考，是否有必要消除"区别定价"。

需要注意的是，大数据与智能化虽然给营销者和媒体平台赋予更多能力，包括区别定价的能力，但这些能力的应用一定要自觉地接受法律和道德的约束。

4 智能营销目前发展到什么阶段？如何与互联网的发展相匹配？未来的智能营销走向与趋势如何？

整体来看，目前中国的智能营销到了一个相对发达的阶段。今天，绝大多数的互联网广告投放都是在数据的支撑和指导下进行的，不管是电商广告还是数字化的精准内容、服务推送，以及通过在线视频、智能电视的大规模定向传播，背后都有数据的支持。精准的匹配既包括了人群、区域、兴趣，也涵盖时机、场景、频次等。在应用层面，绝大多数的广告投放都已经智能化。此外，广告的形态也已经发生了变化，接近半数的广告内容基于智能化平台生产，我们看到的很多广告是通过程序化创意的方式，也就是机器生产的。

在决策方面，目前 AI 辅助决策相对来说还处于初级阶段，但也在向更高水平发展。比如部分 AI 硬件可以基于语音识别等技术识别消费者所处场景或需求，从而更贴合消费者的需求去推送广告或产品信息，解决实际问题。随着技术的进步，我们相信未来这样的应用会越来越多。

综合来看，智能营销的发展与互联网的发展进程是匹配的，目前在数据应用、广告投放、内容生产，以及智能决策领域，都已经取得了不同程度的进展。根据最新的统计，2020年中国互联网智能营销的总规模超过1万亿元人民币。这已经远远超过其他非互联网广告规模的总和。而且基于智能营销的市场发展，中国市场也涌现出一大批互联网上市企业。业内人士有一个共识，中国的智能营销已经在全世界处于领先地位，从过去跟随美国互联网发展，到美国许多企业也需要从中国取经的程度。

目前，智能营销的数据应用已经较为普及和便捷，未来想要进一步发展，需要重点考虑数据安全、数据主权、隐私保护等问题。未来营销者面临的一大挑战，是可用的数据及数据精度可能会下降，如何通过尽量少的数据、在不侵犯用户隐私的情况下实现智能营销，值得思考。

5 您曾经说，秒针营销科学研究院希望将营销理解成一种科学去对待，其中基本的科学元素是什么？在智能营销领域有哪些科学性的重要命题？

我们现在谈科学，一般都认为科学是有假设的、可验证的甚至是可预测的，而不是一种不可验证的观点或者信仰。营销（marketing）其实是一种行为科学，人类的所有行为都可能被营销的手段所影响。举个例子，我们看到抖音、快手中的信息流广告时，可能会点赞、评论，长此以往，后台便可以通过数据预测大家点赞某种类型广告的可能性有多大，以及这些行为与哪些要素相关。这就是一个假设和一个模型，通过模型我们可以预测、判断和验证人们的行为，从这个意义上说，营销也是一门科学。

当然，科学也分不同的类型，有更关注整体企业经营发展，偏宏观的营销科学；也有关注具体活动测量评估、消费者行为动机，偏微观的营销科学。

从宏观角度来看，营销科学常常研究企业的增长方法、市场定位、品牌发展、投资优化等问题。*How Brands Grow*（中文译名为《非传统营销》）这本书，核心命题就是研究企业如何增长，增长真正的动力是什么。书里拆解出两个可能的原因：一是让消费者买更多，二是让更多消费者买。通过分析发现，对于大部分行业而言，让消费者买更多是一个不可能的任务，所以企业想要增长，核心任务是让更多消费者买。同样，假如我有一个企业，我们应该做头部市场还是长尾市场，这种看似是营销举措的宏观话题，背后其实有很多假设和检验，这就是宏观科学。

从微观角度出发的营销科学命题更多。例如营销投资回报率（ROI）应该如何测量？广告主投钱打广告之后，怎么知道广告效果对营销的贡献？每个媒体投放的市场反应曲线是如何的？互联网时代受众的决策行为有什么变化？受众为什么会更喜欢短视频形态？等等。

中国市场智能营销的实践已经走到了领先的位置，此时更需要我们用科学的方法论将这些实践总结为营销科学结论。

在秒针系统携手秒针营销科学院举办的"逆势·智胜"2020营销科学大会上，通过科学家票选，我们选出了中国营销科学工作者关注的营销科学命题，我分享一下TOP3。第一个命题是互联网时代消费者决策的路径。关于消费决策路径有很多学派，有学派认为消费之前的铺垫都不重要，重要的是消费的时刻；有学派认为消费者的建立还是要靠品牌印记；还有一些学派认为需要启发式决策的引导，也就是基于简单的规则做复杂的决策。互联网场景下的消费者决策究竟如何，以及是否可以将认知决策模式测量出来，是很重要的命题。

第二个命题是规模投放和精准投放的最优配置是什么。营销投放领域有两大理论，过去的理论叫规模化投放，强调的是规模经济，也就是触达（reach）。另一个理论则是精准投放，强调点对点投放。我们很好奇，规模化投放和点对点精准投放之间最有效的配比是什么，二者是否有相关关系、因果效应或者其他影响机制。

第三个命题就是营销投入的投资回报率（ROI）和净资产收益率（ROE）怎么测量。过去也有两大学派和模型设计，一个叫作营销混合模型（Marketing Mix Modeling），一个叫作多点归因模型（Multiple Touchpoints Attribution）。但是这两个模型在具体的使用过程中都存在可能被媒体方占便宜的漏洞，具体实施过程中还有待优化。同时，从长期来说，一个企业需要找到各项营销投入，如KOL营销投入、社交媒体投入、内容投入、广告投入以及电商投入等对企业的长期价值和贡献，这种长期的投资回报率和净资产收益率该如何测量，二者之间有哪些关联？

> **6** 正如我们刚刚所探讨的，营销时常会被引入"科学"与"艺术"、"技术"与"创意"这样的类比关系中。传统上可能认为营销更偏重内容和创意。在智能营销时代，谈到"技术"与"创意"这一对范畴，您如何看待两者之间的关系？

在今天这个时代，我可以肯定地说，科学技术对于营销的影响更大。首先，即使我们有一个很好的创意，我们也需要现有的技术来辅助它的实现。其次，创意正在变得越来越廉价，我不是否定个体创意的价值，而是强调靠一个创意打遍天下的情况已经不复存在了。不是说今天不需要创意，而是我们的营销在机器和技术的辅助和支持下，产生或转化创意已经变得更为容易了。举个例子，我们现在通过众包模式生产短视频，每个人拿着手机就能拍摄大量的短视频，大大降低了生产成本，现在一个短视频的成本已经低于 200 元人民币。过去，视频内容生产需要导演、摄像机等人员和设备的投入，耗费巨大；而现在，我们可以通过各种技术方式让这些创意有挑选和优化的空间。

所谓创意优先，这个说法背后的含义是"big idea"。过去的传统营销生态需要"big idea"的创新，因为这是支撑我们营销执行的首要动力，我们需要依据一些创意做执行，执行之后再看效果反馈，这是过去的生态循环。今天，智能营销领域有一个很重要的逻辑，叫作 AB 测试，快速迭代是 AB 测试的重要特点。AB 测试就是把两种（A 或者 B）内容受控制地投放给市场上两批少数的受众，通过收集互动反馈，快速筛选出 A 和 B 中显著性好的那一个，这个差异性，可以是故事的差异、一根线条的粗细，或一个文字的变化。AB 测试所强调的快速迭代，指的是每一个变化都需要有量化的依据。今天的营销模式并不阻碍每一个新想法的产生和实现，也可以针对很多现象进行优化尝试，测试完之后立刻看到效果，而不需要等待一个"big idea"来推动营销，产生效果。因此，这个时代内容创意的成本大幅度降低了。

从生态的角度分析，本质上还是我们所处的世界发生了变化。过去我们认为这个世界是头部的世界，今天我们认为这个世界是个长尾的世界。长尾世界最大的特点，就是它很少有突出的头部内容，中间每个元素都比较平均，被改造后才能称为头部。在这个世界上，真正的头部内容有很大的偶然性，谁也不敢有把握地说，今天就能制造出一个举世瞩目的头部内容或者创意，这几乎是不可预测的。我们只能改造和优化长尾内容，至于它最终是否能够成为头部，不是必然的。

7 智能营销需要技术的支撑,在智能营销领域现在有哪些主要技术?所采集到的数据在智能营销中发挥着什么作用?

今天市场上的技术还是比较丰富的,从投放技术到标签技术,再到内容生产、内容匹配,文本的自然语言处理技术等,很多技术都已经存在了。中国市场上的技术红利让这类技术的成本大幅度降低,过去需要一个庞大的团队才能搭建的技术平台,现在一个小团队也能干。当然,我并不是唯技术论者,在智能营销这个领域我们需要一些前瞻性的思考来突破,而不是完全信赖技术。

智能营销中实现各种流转以支撑起这个营销体系的关键,就是数据,可以说数据和技术都是智能营销的基础。数据是必须有的,并且需要考虑如何优化所持有的数据。大家并不追求百分之百准确的数据,市场上各家媒体或者机构所拥有的数据都是片段的,但是没有关系,只要有数据,它就会变成一个可闭环反馈的小宇宙,支撑很多营销行为的智能化。比如,有公司在抖音或者快手等媒体平台上投放了一个广告,半个小时内我就能知道这个内容的展出率、点击率和互动率,这些数据反馈全方位地支撑着我们营销流程的加速,我们可以根据数据反馈来调整后续的营销决策。

8 与传统营销不同,智能营销一般需要识别顾客特征并做出决策以实现个性化内容推送,您能否举例详细说明这种营销方式的变化?

智能营销其实已变成很多人的日常工作。我举一个简单的例子,如果我们希望在短视频平台上投放一个餐饮业的广告，我们就需要知道这个平台的流量规律。可能快手早上 7 点就已经非常活跃了，抖音或许要到 8 点以后，我们的投放也基本会遵循这样的规律。现在行业内有一种职业叫优化师，就像我们日常开车可以随时参看地图一样，优化师可以通过用户特征的实时反馈做出调整，监测互联网广告的投放排期如何、反馈如何、目标有没有达成、是否需要补量等，这些都是非常日常的工作，不像以前的"big idea"，需要等待创意内容。

各类平台会提供大量的用户行为标签，企业需要应用这些用户标签来优化自己的营销行为。这些行为标签给了企业精细化行动的能力以及获得精细化的反馈。仍然使用餐厅的案例，平台可能提供了位置、性别、兴趣等标签。餐厅可以先分别投放给距离餐厅 1 公里、2 公里、3 公里的住户，系统给出反馈发现距离 2 公里的投放效果和距离 1 公里的效果一样好，而投放给距离 3 公里的住户的效果则降低 50%。此时如果餐厅基本客满，就可以只投放 1、2 公里的住户；如果餐厅急需客流，则需要添加距离 3 公里的住户作为目标。当然在实际操作时，标签的分析维度多种多样，企业需要根据自身需求和数据反馈不断地调整策略。

9 越来越多的用户反映，在精准营销和个性化内容推送过程中存在受到侵扰的情况，智能营销应该如何优化以平衡用户体验？

在智能化营销过程中，针对用户的广告投放可能会对用户造成打扰，降低用户体验。有很多用户会感觉个人隐私被侵犯，或者感觉被过度干扰等，这些现象是客观存在的。

首先要强调，用户体验本身是营销效果的重要因素。媒体平台和广告主需要极力避免降低用户体验。大多数媒体平台都有用户体验部门，力求在用户体验和营销效果之间取得平衡。而且大多数媒体平台都制定了严格的规则来避免冒犯性的创意、数据的滥用等现象发生。比如，微信产品就一直没有 App 开屏广告，微信朋友圈每天能够呈现的广告条数也被严格限制在数条之内。

体验本身也是一个非常主观的因素，对于同样一个广告，一部分人感受好，也有一部分人感受不好。用户对于智能营销总体感受的趋势，以及感受不好的方面，是需要综合研究判断的。

近几年，政府监管和行业规范对于消费者权利保护和用户体验越来越重视，出台和落实了一系列用户数据使用、用户隐私保护、广告内容、广告形式方面的法规和行业规范。比如，最近推出的一条规范是所有的开屏广告需要有明确的点击互动区域，而不能扩大和隐蔽点击区域以误导点击行为。这些法规和行业规范的落地在不停地规范智能营销行为，提高用户体验。

10 数字技术让我们可以获取更复杂的数据资产，对于智能营销而言，这是一种核心的资产配置。这些数据一般分为哪几类，又是如何收集、处理和应用的？

毫无疑问，数据肯定是重要的资产。首先，我们要明确，对于营销来说，数据资产包括哪些类型。

数据资产简单而言，包括消费者个体数据、营销过程数据、营销统计数据、营销知识数据。

消费者个体数据：关于消费者是谁、行为如何，以及消费者标签、消费者的 ID 等信息。这一部分是最复杂最敏感的数据。可以分为确定的消费者个体数据和推论的消费者个体标签。确定的消费者个体数据，比如消费者姓名、联系方式、住址、手机号等受到了严格的监管，企业在获取、保存、交易、应用这些数据的时候首先要考虑数据合规问题。推论的消费者个体标签并不是准确的消费者数据，而是通过一些过程数据给消费者做的画像，比如体育迷、年轻人等，这些数据标签往往不代表一个具体的个人，而是代表一个有特征的群体。一些企业可以自己建立所谓的私域流量平台，获得消费者的授权和大量的流程数据，构建独有的更加准确的用户画像。这一类数据是企业的重要数据资产。

这一类数据资产有多种复用的方法。比如做精准投放，有句话叫作标签再多，也不是广告主所需要的，广告主需要的是客户和销售的机会。在这种情况下，好的做法是把广告主自身的客户样本和画像作为学习样本来训练、拓展，也就是广告主在广告投放前会有一个范围设定，谁是他们的客户或者潜在客户。秒针系统作为第三方，会帮助广告主扩展客户圈层，比如某广告主过去设定的是 1 万人，我们据此拓展出 100 万人，具体操作时就会投给这 100 万人，而不是更大的 1 亿人或 10 亿人，这是精准投放的常态逻辑。当然，这一般是在广告主对自己的用户有相对充分认知的情况下，秒针系统能做的，是帮广告主拓展用户特征，找到最有可能消费产品的人。

营销过程数据：广告推送曝光、信息推送、消费者点击互动、消费者发布信息等过程中产生大量的营销过程数据，这类数据往往是媒体平台、第三方、广告主必须处理，也是能够大量获取的数据。广告程序化交易过程、电商服务过程、内容推荐等都依赖于这些营销过程数据。这类数据还包括大量的爬虫抓取的消费者发帖、评论、点赞等数据。

营销统计数据：在营销过程中，企业最后会得到各类统计数据，比如不同的广告内容获得的点击率统计、不同渠道的触达率统计等。这些统计数据往往是企业忽视的数据资产。这一类数据量往往不大，但结构复杂，来源复杂，内部涉及的部门众多，企业往往缺少统一的平台储存、分析和复用这些数据。从价值上来说，这一类数据基本不存在数据是否合规的问题，是与企业的属性密切相关的独特数据资产。

营销知识数据：当以上数据逐渐增多而且累积起来，就有机会建立企业的数据中台与知识中心，这些知识会帮助企业建立独特性优势。

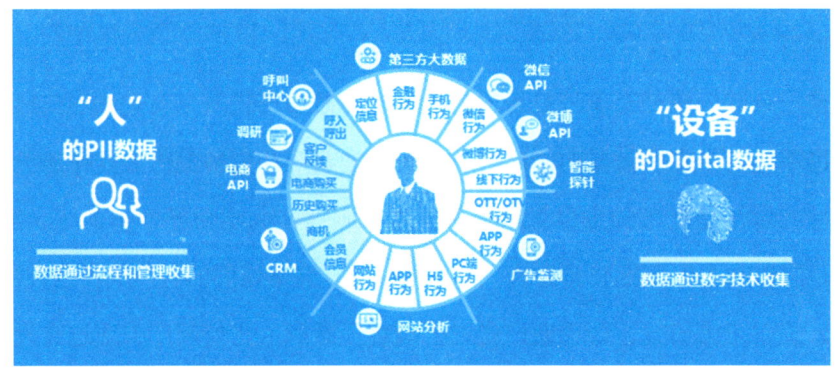

图 1 个体数据分类图示

来源：秒针营销科学院。

智能营销的效果如何评估，其中关于广告效果包含哪些核心指标？

目前市场上并不存在为智能营销定制的效果评估方式，也不存在一个统一的量化指标来衡量智能营销效果，但它可以从以下两个方面拆分，分别进行评估。

首先是触达，这是营销最核心、最基础的测量指标，即广告和营销内容触达多少目标人群，是否提升了品牌及产品声量，这是广告起作用的基础条件。智能营销的作用就是在同样的预算内，通过使用更高效的时机、场景、内容、渠道匹配，使触达的效率更高。

其次是品效协同，即测量品牌与转化的协同配合效果。品即品牌，其测量的基本原理比较清晰，指广告触达目标人群后，测量消费者品牌认知、态度等方面的变化，主要通过 AB 测试或者增量测量的方式进行。将人群随机分为两组，一组为广告触达的人群，一组为未被触达的人群，通过比较两组人群在品牌认知、态度等方面的差异，来衡量广告对品牌的作用。

关于营销效果测量，在理论和实际测量方法上还需要探索。电商平台内，我们可以测量广告的点击和转化率，或产品在某个购买周期内的转化率，但无法追踪电商外渠道，比如搜索、社交"种草"等对转化的贡献。我们期望推动的，是购买周期或路径较为复杂的品牌或产品广告的跨域转化表现，而非单一的域内转化效果，目的是更为全面地评估整体营销的效果，进而实现更有效的全域测量和优化。

12

秒针营销科学院提出的社媒营销"号角图"如何适应当今时代广告营销的新趋势？与过去传统广告营销的逻辑相比有何特点？

近两年，品牌用于社媒营销的预算不断增加，社媒的投资有必要建立起一套完整的评估体系，来实现投资的持续优化。过去，广告的逻辑是漏斗逻辑，

"曝光－点击－访问－下单"层层收窄转化，现在我们重新捋了一个号角逻辑，它用一张图清楚解释了社媒投资的几个方向以及最终产生效果的路径。

理想的社媒营销的转化形态应该是"号角型"，就是影响的人数层层扩大。基于社媒营销的"号角"形态，秒针营销科学院提出了社媒营销指标评估的"号角图"，它解决了几个问题：钱投进去后营销侧能获得什么？如何为企业产生长期收益？我们分为三个方面：跨域转化、品牌建设、粉丝建构，这就把整个社媒投资的内在逻辑以及商业收益逻辑讲清楚了。

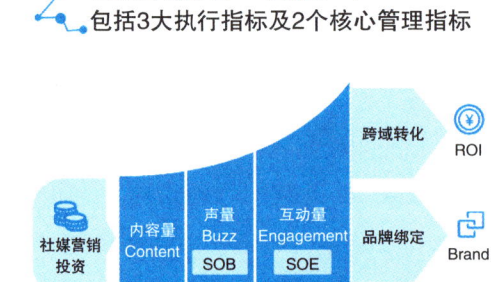

图 2. 社媒营销评估"号角图"

来源：秒针营销科学院

社媒"号角"指标体系中的主要量化指标有内容量、声量、SOB(声音份额)、互动量、SOE（互动量份额）、激发率、跨域 ROI、品牌关联率、品牌粉丝等，其中内容量、声量、互动量、激发率和品牌关联率为主要执行指标，SOB 和 SOE 为核心管理指标。

社媒营销"号角图"不是直接用来做成某个产品，而是用来改变大家对社媒的认知，在这个逻辑下，很多行为需要改变。比如，做生意增长时要思考我不能选最好的内容而要选更多的内容，那么企业的方向就是把更多的内容做得更有效率，而不是所谓的做得更好；更有效率之后我要在哪些层面上做优化，是在内容元素还是在 KOL、品牌、运营上等。社媒营销"号角图"是看待事物的一种基本方式，后面会引申出一系列的优化和运营动作。

13 目前智能营销行业中数据方较为分散，存在信息孤岛现象，要改变这一局面，未来在哪些方面需要突破和创新？

总体来看，行业内存在的信息孤岛现象越来越严重。首先，受相关法律法规的约束，涉及消费者个体的数据被越来越严格的监管，交易受到限制。其次，涉及商业利益的保护，比如电商平台是最封闭的，广告主使用数据，需要到它的平台上去，其中既有平台商业利益的驱使，也有广告、数据合规的问题，最终形成了数据孤岛现象。

打破信息孤岛，首先，要保证数据合规，不能滥用数据，要保护消费者隐私；其次，要通过技术手段，如隐私计算、多方安全计算等，确保即使是数据孤岛，只要有意愿还是有可能进行数据交换的。

秒针系统作为一个第三方平台，其广告营销的数据从何而来？主要有哪几种数据采集模式？

我们有很大一部分数据是通过广告投放流程获取的，也就是营销过程数据。秒针的一个主要产品是广告监测，如果某位广告主想在媒体平台上投放一则广告，我们就需要全程追踪广告的投放情况，当这个广告在屏端或者终端设备上呈现的时候，后台会收到日志，反馈广告在何时，在什么 IP、什么设备上展现了。这种采集模式我们称为 C2S（client to service）的数据采集模式，也就是数据从客户端流向了服务器端，这是占比最大的数据采集模式。

还有一种是 S2S（service to service）数据采集模式，也就是说一则广告通过服务器传送到终端，我们是从服务器上采集数据，而不是从终端采集。目前户外广告等主要就是用这种模式，之前像 IPTV 的盒子等，也有 S2S 模式。

这两个模式里面标准较高的是 C2S 模式，因为数据是来自终端的一手呈现情况，而 S2S 模式，从服务器到终端存在一定的丢失或错误的可能性。

另外，关于广告的测量，最后一定会落到人，落到设备上，甚至落到露出机会上，所以数据监测过程还可能包含一些所谓的可见性判断。比如说，我的广告虽然投放出去了，但是用户的 App 没打开，这种广告投放肯定是没有效果的。所以我们还会做可见性测量，包括对异常流量的测量、品牌安全的测量等。刚才说的测量工作虽然看起来很简单，但背后都有大量的保障工作，比如，如何通过监测保证用户每打开一个信息流广告，广告的内容都是被完全加载显示在屏幕中的。这需要遵循相关的行业标准，比如说至少要露出多少像素才能算一个展现（也有规定 50% 像素或 100% 像素），如果页面没有加载，广告连被看到的机会都没有。

15 秒针系统目前的广告监测包含哪些业务及应用，是如何运行的？

目前，秒针系统的广告测量已经发展为全域、全链路测量。秒针系统始终相信，没有测量就很难谈优化，也就无法有效辅助商业决策，企业要提升 ROI，就应该全盘考虑，基于全域测量数据敏捷决策。随着数字生态日益发展，中国市场营销的前后链路都能实现数字化追踪，这为全域、全链路测量创造了条件。具体而言，秒针系统的全域广告测量覆盖以下几个层面。

数字化的互联网广告测量：包括传统的 PC、移动端互联网广告，以及带有互联网基因、操作系统和投放平台与移动端高度相似的智能大屏广告。移动端和智能大屏均采用的是行业认证的广告监测及验证统一的 SDK 及 API 接口，通过 C2S 模式加码回传的测量方式进行，回传的信息包括设备信息、曝光时间及设备 ID 等相关信息，基于这些数据秒针系统可以进行广告曝光的统计、异常流量的识别，并辅助进行广告投放优化。PC 端的广告测量主要通过 cookie 加码的方式进行测量，通过添加触发代码，获取包括曝光时间、IP 地址、cookie ID、广告内容等在内的统计数据。

户外广告测量：包括数字化上刊监播及线下受众测量。上刊监播的目的是核实广告是否按时、按量、按广告购买的需求投放到指定的户外位置，避免错误投放、设备损坏等因素的影响。对于数字化的楼宇、电梯及影院等户外大小屏，针对这些数字化的户外屏，测量方式与移动端一致，通过 SDK/API 和定制化技术等进行全链监测。对于框架类非数字化户外广告，主要通过人工拍照监播，上传 App 后按照时间和 GPS 进行双重认证测量。此外，针对户外难以像线上一样，精准定位人群的痛点，秒针系统还可基于 OTC 模型，测量户外广告的 PV、UV 和 reach。

私域流量测量：包括品牌网站、App、小程序及站内落地页等自有媒体的测量，同样基于移动端 SDK/API 加码的方式进行，主要用于测量流量从公域进入私域后的访问路径，以更好地优化内容布局和访问体验，也可以跟后端的转化数据打通，积累用户资产，验证广告效果。

社交洞察及内容测量：包括社交聆听、KOL 测量与评估、明星及内容测量、评估及洞察。秒针系统可以对微博、微信、抖音等主要社交平台，以及门户、新闻、论坛、贴吧、问答、视频、App、KOL 等媒体的内容进行测量，并基于 NLP 语义分析和图片、视频识别等技术，获取社交及内容洞察。

电商转化测量：主要是帮助广告主测量天猫、京东等主流电商平台站内广告的展示、点击情况，进而优化电商投放策略，可以覆盖电商平台多个频道的多种广告类型。

综合来看，目前秒针系统的测量服务并不局限于互联网广告的测量，而是覆盖了广告、营销、内容等多种形式、多种平台和终端的全域和全链测量。

16

智能大屏测量也被纳入了数字互联网的测量体系之中，成为智能营销的一个终端领域。在您看来，未来 OTT 营销会有哪些发展趋势？

我们认为 OTT，或者说智能大屏未来可能会崛起，2021 年，我国智能大屏覆盖人口已经达到 7.6 亿，2023 年预计将会超过 10 亿。因为智能大屏的智能化，营销者有机会覆盖所有的终端，充分利用各种广告形态，快速覆盖指定市场的大多数受众。根据秒针系统媒介智库数据分析，整体数字媒体硬广流量中，品牌通过智能大屏投放的广告流量占比23%，甚至有部分品牌的智能大屏广告投放已经达到了30%—50%的份额。海外市场也有同样的趋势，根据BMO Capital Markets（加拿大蒙特利尔银行金融集团）华尔街股票研究团队发布的报告，2021年美国的联网电视（CTV）广告支出预计将达到近210亿美元，此后将以每年约23%的速度增长，到2030年时达到约1000亿美元。联网电视（CTV）是指一切能够连接到互联网服务的电视，包括OTT、IPTV等。

作为家庭智能终端，未来智能大屏将迎来以下发展趋势：第一，大屏将成新用户增长的流量洼地。根据2020年群邑山海今调研，OTT与短视频广告组合中，OTT广告独占触达为17%；OTT与OTV（在线视频）组合中，OTT广告独占触达18%。独占触达能力突出意味着可助力品牌触达更多消费者，尤其是移动互联网之外的新增用户，这对于网络服务和电商类品牌极具吸引力。如今众多网络服务和电商类品牌都在积极拓展大屏端的合作机会，除了常规广告投放以实现更多用户覆盖，据悉抖音已与海信达成合作打造大屏专区、联合互动活动等，以更多创新形式获取新增用户。第二，高清大屏将成为品牌建设新阵地。大屏开机后的广告产品越发丰富，组合搭配花样更多，同时，近年来火爆的短视频、直播等形式也给予品牌更多的选择。对于高端品牌如奢侈品类，品牌可以通过大屏广告传达超越传统渠道的广告质感，带给用户更具冲击力的视觉体验，可以说智能大屏是高端产品广告更好的传达方式。第三，大屏广告将与内容深度整合。智能大屏系统层资源与内容有效结合，可以满足品牌把握流量红利与创意营销的双重需求，更能通过每个广告触点助力品牌实现不同的营销目标。例如，系统层导视贴片实现强曝光效果并触达更多会员用户，提升品牌认知度，而结合用户观看视频内容的创意贴则可提升用户记忆力。

> **17** 智能营销作为一个新兴行业，其发展需要新型跨界人才的支撑。您认为在智能营销领域跨界人才应当具备什么样的素质和能力？

数据和技术是智能营销的核心，但实现真正意义上的智能营销创新，核心还是要靠人才。智能营销需要既懂市场，又懂数据，同时还懂分析和技术的多技能复合型人才，还要求人才能适应变化不断自我进化，以适应变化的技术和市场环境。

除了需求理解、专业知识储备、方案撰写、数据分析、工具使用及报告撰写等专业硬实力储备，智能营销人才还要具备一系列软实力，包括学习能力、多线协作的执行力、逻辑思考能力、整体规划能力、项目执行管理能力以及内外部沟通表达能力。

具体而言，我们认为，全面的智能营销人才，需要完整具备五个层面的软硬件能力储备，配合数据分析工作的各个环节，分为数据采集能力、数据分析能力、技术实现能力、方法理论构建能力以及业务应用能力。数据采集层：需要熟悉如何进行网络数据获取、内部数据获取、自然语言处理、定向问卷调研和定性访谈。数据分析层：需要了解基础数据统计、假设检验、高阶数据分析及数据科学研究方法。技术实现层：需要把握数据处理的流程，使用相关工具，能够进行商业智能、营销人工智能的探索。方法理论构建层：需要知晓商业分析模型，掌握市场研究、用户分析、数字营销和运营理论。顶层的业务应用层：

要求智能营销工作者熟悉行业，了解用户数据，掌握市场分析的思维方法，关注营销前沿动态，并练就写作输出能力。

当然，完全具备上述能力的人凤毛麟角，这已是智能营销人才的顶级配置。智能营销需要具备跨界知识背景和能力的人才，但实际上跨界并不容易。智能营销人才要求有坚持数据驱动决策的基本信仰，除了具有基础能力之外，还要敢于提出并验证假设，最核心的还是要有敢于尝试的勇气。

媒体趋势洞察与融合传播效果评估

姜 涛

央视市场研究股份有限公司（CTR）总经理助理，媒体融合总经理，CTR媒体融合研究院执行副院长，心理学博士。

> **1** 媒体融合作为国家战略目前发展已经进入攻坚期，您在媒介调研领域耕耘多年，您认为媒介领域有哪些新趋势、新动向？央视市场研究（CTR）在媒介研究相关领域有哪些新业务、新进展？

2021 年中国媒体市场的发展趋势有以下几点。

一是深化媒体融合已进入经营突破阶段。这个趋势主要体现在主流媒体的组织架构变革及经营模式创新两方面。在组织架构变革方面，媒体一方面纷纷成立 MCN 机构、融媒体工作室来解决"体制内市场化"的问题；另一方面对外升级经营部门职能，扩大经营范围。在经营模式创新方面，根据媒体特点有广告资源平台化售卖、会员付费服务、研发内容电商、拓展内容营销、全域流量运营服务、打造区域经济名片、社区大数据营销平台等模式。

二是企业媒体化催生企业内容战略。近年来，一方面由于新媒体渠道的多元化、精细化、垂直化，企业利用新媒体进行营销的矩阵规模也不断扩大，一般包括"双微"平台、资讯平台、视频 / 直播平台、专业类平台。头部平台逐步建立起"流量—转化"的赋能工具及服务，越来越多的企业正在不断构建并完善"内容 / 直播引流、打造账号主页作为营销枢纽、私信 / 社群实现流量沉淀、店铺 / 外链作为流量转化"的完整商业链路。矩阵化运营、企业自播、拟人"IP"打造是企业内容营销架构的典型打法。

三是以 IP 为核心的文化新业态正在崛起。以 IP 打造为核心的内容创作领域增长显著，主要体现为二次元、游戏、数字出版中的知识付费等与 IP 内核密切相关的领域。其中虚拟偶像的市场化规模已超千亿，盲盒、游戏、知识付费、剧本杀、密室逃脱的市场规模均已超百亿。

媒体融合是在数字经济发展过程中，体现在媒介传播环境中的变革。适配市场环境的变化，CTR 在原有调研方式的基础上适时升级研究方法，创新研究范式。CTR 的业务范围涵盖媒介研究、消费者研究和广告研究三大研究领域，从客户数字化和互联网化的需求升级的角度，我们不断推出数字化的监测产品和服务，在新媒体方面推出了媒体融合效果评估体系、短视频商业决策系统以及移动互联网监测业务，在广告方面拓展了互联网广告加码监测业务等。

CTR 拥抱短视频产业发展向好的市场趋势，通过短视频传播商业决策平台，为短视频产业链上下游赋能。基于抖音、快手、B 站、央视频等八大平台账号构建的监测池，为广告主提供全方位洞察各平台生态的服务，发掘热门视频、直播、爆款商品及优质账号，有效助力账号运营变现和品牌策略投放。不仅如此，CTR 对传统媒体的新媒体布局也拥有针对性的解决方案——CTR 媒体融合效果评估体系，以解决各家机构互联网传播力的测量问题，推动媒体融合进一步加速发展。

针对企业营销一体化的发展趋势，CTR 于 2021 年 7 月推出面向移动互联网用户行为监测的第三方 SaaS 产品——移动用户分析系统（MUI），旨在更安全、合规、实用、精准地研究分析用户使用 App 的行为。

截至目前，CTR 的数字化业务已经涵盖全域数字营销测量（数字电视、互联网、数字户外媒体等）、短视频研究、移动 App 测量等多个领域，构建了"全域营销监测"评估体系的新版图。

> **2** 您在 2020 年 10 月中国传媒大学传播研究院主办的"智能传播论坛"上,曾经将媒体划分为展示类媒体、互动类媒体和算法推送类媒体,这三类媒体是否有交叉融合的可能,或者形成以某种传播方式为主兼具多种传播方式的媒体?媒体融合在这三类媒体中有哪些不同的表征?

当时我们是从传播方式的维度进行划分的。第一类是展示类媒体,这类媒体以电视、广播、报纸、门户网站、户外媒体等为代表,以单向传播为主要特征。这类媒体的内容是由专门机构制作的,有专门的渠道传播,有固定的平台展示,媒体展示和传播的时间相对比较固定,但是这类媒体的受众是无法参与或者无法直接进行参与反馈的。这类媒体正在逐渐从渠道、内容、传播方式上进行融合转型。

第二类是互动类媒体,这类媒体以视频网站、微信、微博等为代表,这种媒体典型的特点是双向传播,受众可以参与进来,内容多为开放式、即时性的,信息主体多元化,基于用户的关系来生产交换内容,参与感强。此类媒体更强调媒体的议题设计能力,升级用户体验是这类媒体重点运营的方向,打造沉浸式体验是未来的发展趋势之一。

第三类是算法推送类媒体,这类媒体以今日头条、抖音、快手等为代表,传播方式以反馈性传播为主。这种媒体我们称之为智能型媒体,它根据受众的画像、受众以往的行为特点形成算法模型,从而实现信息的精准送达。平台遵循千人千面的推送逻辑,此类内容的需求更大,也更细分,受众更加垂直化、圈层化,该类媒体未来以人性化、预测性为主要发展趋势。

这三类媒体各有侧重点,同时又呈现出交叉融合的发展特征,当前媒体普遍呈现出泛社交化的趋势,且在资讯分发上逐渐融入基于用户、内容特征学习的人工智能算法。现阶段是以推荐算法为主要信息获取方式的时代，展示类、互动类等多元化媒介形态将长期共存，但推荐算法颠覆了以往的传播形式，通过智能匹配，大幅提升了传播效率，并在某种程度上帮助用户选择有用的信息……，这也从多方面提出了挑战：首先，如何评价内容的质量，算法时代原来的评判标准已经被打破，当前的流媒体平台仅对内容的底线把关，优质内容未必获得更多的流量，而流量爆款的内容也未必是优质内容。其次，算法是基于用户画像和内容画像匹配的分发机制，个人信息收集与隐私安全也会出现冲突。基于用户偏好的推荐算法带来的"信息茧房"效应、价值观引领，基于商业化而频遭诟病的利益绑架传播等问题也值得我们反思。

> **3** 您在媒介生态现状中将电视媒体划分为高用户规模及高用户黏性两种类型，电视用户可触达的用户规模十分庞大，但高黏性的用户规模相对小很多。电视媒体有可能同时满足这两个属性吗？

根据广视索福瑞（CSM）2021年2月4日发布的《2020智能电视大屏收视洞察研究报告》，2020年全年电视大屏端观众超过12.8亿，目标电视观众每天收看电视时长4小时29分钟，超出近5年同期约20分钟。其中，15—24岁的年轻观众收视时长涨幅最大，达18%。媒体的公信力直接影响观众对媒体所传达信息的信任程度，但凡大事节点，电视仍然是人们获取信息的首选渠道。用户规模和用户黏性是两个不同维度的指标，用户规模是基于全人群来说的，而用户黏性是基于核心和重度的用户而言。所以，从这个角度来看，电视媒体是可以兼顾用户规模大和用户黏性高这两个属性的。

人们对于重大事件的关注热度在大屏收视上体现得非常充分。2021年东京奥运会期间，全天24小时不停歇的奥运赛事转播，强势拉动观众回归电视大屏。CCTV-5作为奥运主频道，收视份额一路走高，7月23日东京奥运会开幕之后，连续10天收视份额列上星频道首位。根据CSM全国测量仪数据，7月29日CCTV-5收视份额达到13.03%，创2005年以来频道单日收视份额最高纪录，在35个中心城市中份额更是高达13.82%。与2016年里约奥运会同期均值相比，东京奥运会期间CCTV-5收视份额涨幅高达20%。对比2021年上半年，CCTV-5和CCTV-5+（央视体育赛事频道，以全高清格式播出）在东京奥运会期间的收视份额分别提升了837%、882%。

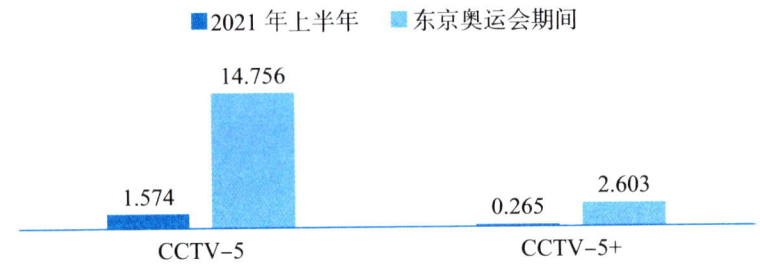

图1　2021年东京奥运会期间CCTV-5及CCTV-5+收视份额变化

来源：CSM全国网。

> **4**　2021年是"十四五"开局之年，打造自主可控的传播平台是媒体融合进入"动本体、改存量"纵深阶段具有标志性意义的事件。以您的观察，有哪些主流媒体的平台模式及做法是值得借鉴的？

近年来，CTR媒体融合研究院一直在监测主流媒体机构的融合传播效果，同时也在密切关注它们在媒体融合方面的变革和转型举措。以我们长期的观测来看，截至 2021 年 5 月，在 38 家省级以上广电机构开设的自有 App 中，已有 20 余款 App 呈现出"聚合""平台化"的运营特征，分布在 18 家广电机构中。广电机构的核心竞争力之一是其强大的新闻资讯内容采编能力，在 38 家广电机构中有 35 家依托新闻资讯打造自有综合资讯类平台。同时，广电资讯类 App 普遍注重复合型内容形态的兼容，累计下载量超过百万的 81 款 App 中，86% 的 App 整合了其他形态的内容资源，如广播、社区、栏目、政府、电商、电视、音频、报纸等。

中央广播电视总台在"5G+4K/8K+AI"的全新战略布局下，全面推展以民生为导向的内容供给侧结构性改革。疫情期间，"央视频"率先以火神山、雷神山医院建设的"云监工"开启"慢直播+"风潮，充分体现主流媒体在视频技术应用上的引领作用。在教育部"停课不停学"的号召下，"央视频"迅速策划与市场头部教育品牌开通"云充电"系列教育课程，提供多样化课程学习平台，相关专题"直播+点播"累计观看超 8.6 亿次。面对疫情带来的大学生就业难的问题，"央视频"与国投人力共同主办的"国聘行动"上线，两季累计提供近 300 万个职位。

值得一提的是，"央视频"借东京奥运会直播独家版权热播期间上线 VIP 会员服务，东京奥运会开赛一周，付费会员数量即跨越百万大关。截至 2021 年 7 月 25 日"央视频"App 累计下载量成功突破 3 亿次，7 月 27 日"央视频"累计激活用户数成功突破 1 亿人，单日视频总观看量（VV）突破 2 亿人次。8 月 21 日晚，"央视频"推出首档融媒体综艺节目《央 young 之夏》，以直播、短视频、公开竞演、实时互动等形式卷入主播和观众情感，创新性地把主播才艺直播秀等各种元素挪用到综艺表达上。《央 young 之夏》首期节目播出后，总共收获 42 个全平台热搜热榜，超 4 亿全网话题总阅读量，以及 3.5 亿 + 全网视频播放量。

已有广电 App 具备用户导向思维，积极探索创新赛道潜力，深度挖掘用户需求；明确产品应用场景并充分洞悉用户心理进行拉新促活；同时，采用线上转线下的模式进行社区运营以打造垂类圈层，增强用户黏性。例如，湖南广电的"小芒 App"锁定近期大热垂类——汉服，打造主题"狂欢节"，推出汉服电商专区，开拓汉服爱好者交流社区；同时主办汉服新品发布与走秀活动，为全国知名汉服品牌和汉服社团创造交流机会，实现双边资源对接，形成圈层内多元价值连接。

随着"智慧政府"建设的推进，广电 App 合作地方政府、前端深入整合地市县域融媒体资源的特点越发突出，聚焦于本地服务中垂类资源整合利用，做深做广本地服务。具体而言，各广电 App 以多元板块设置广泛覆盖各垂类本地服务；同时平台对垂类服务进行深度挖掘，提供更具针对性的便民服务，以期打造"超级城市 App"。另外，平台以区域主流平台型媒体建设为目标，以"城市服务"深度结合电视栏目，围绕媒体的多维融合和跨界服务，以原本就具有一定公信力的广电品牌赋能城市服务品牌建设。

例如"住枫桥 App"，由苏州广播电视总台与苏州高新区枫桥街道联手打造，"触手下探"提供各类便民政务服务，方便政府进行社会治理。苏州广播电视总台打造的"无线苏州 App"，主打本地特色并提供地方政务服务，多个城市以"无线苏州"为模板推广其模式，结盟全国 40 多个城市打造出"城市服务信息云平台"。

湖北长江云移动政务新媒体平台的建设，实现了对电视、广播、网站、微信、微博、客户端等不同类型媒体产品的融合，以及对全省不同区域媒体产品的聚合，逐步构建起媒体融合发展生态。通过"云稿库"和"中央厨房"两大中枢神经，对不同媒体产品进行统一管理，打通了全省各家媒体间的内容、用户和运营数据等资源，实现了跨行业、跨地域的全省媒体共享和联动。

安徽台通过市场、技术、行政等多种手段，推动区域化平台发展战略，实现"聚全台"（聚合全台王牌节目、优质内容及其用户粉丝）、"聚全省"（汇聚全省资讯，集结社会化创作者）、"最安徽"（打造最了解安徽、最有安徽特色的客户端）、"安徽最"（打造安徽最大的综合性、聚合性区域性超级 App）。

5 广电媒体布局短视频对于短视频平台和内容生态有着重要影响，关于短视频崛起带来的媒介生态变革，有哪些典型特征？

中国互联网络信息中心（CNNIC）2021 年 8 月发布的《中国互联网络发展状况统计报告》显示，截至 2021 年 6 月，短视频平台的用户规模高达 8.88 亿，较 2020 年 12 月增长 1440 万，占整体互联网用户的 87.8%；直播观众增长了 13%，达到 6.37 亿。CTR 短视频工作室监测显示，截至 2021 年上半年，47 家央媒及省级以上广电机构在抖音、快手平台上开设的媒体号已超 1700 个，平均粉丝量已达 173 万，广电媒体短视频传播日臻娴熟，爆款作品（点赞 10W+）同比增加 136%。短视频行业的崛起带来了媒介生态的变革，典型特征有网红化传播、直播带货、企业营销媒体化等。

网红化或人格化传播体现的是以智能推送模式进行传播的账号形式，而打造账号的人设是传播效果的关键。传播的网红化也体现在传播的垂直化、专业化和深度化方面。随着融合传播日益规范，90% 以上网络达人专注于某个单一领域，越精耕用户，对达人的识别度越高，市场空间就越明确。2019 年上半年开始，一些专家通过开设账号进行专业化知识的传播相继破圈走红，他们所代表的专业类、知识类 KOL 不断崛起，成为网红化的佐证。一些原本晦涩且需要通过科研院所、高校机构才能接触和学习到的内容，网红学者们以轻松活泼的形式进行讲授，并提供适合随互联网发展而成长起来的用户们学习的方式，构成了互相交流和自由分享的学习氛围。

短视频直播带货成为近年来内容商业化的典型模式，究其属性是产品售卖与传播的结合。直播带货作为产品的一种售卖模式，必须有利润保障，具有可持续性。而直播带货要有动辄几万到几十万的坑位费，5%—20% 不等的平台分成，还有主播佣金，同时需要具备全网最低价的炒作噱头，如果这些都满足了，实际上盈利很难保证。

回顾产品销售模式的演变，经历了百货商场、超市、便利店、专卖店、体验店和电商等六个阶段。从这个意义上来说，直播带货也可以说是电商模式的升级版。从营销模式的演变来看，直播带货具备传统营销 4P 的所有要素（产品、价格、促销、渠道）。基于互联网时代的营销强调营销活动的即时转化效果，以及精准触达模式，而直播带货恰好迎合了品牌主的这种营销诉求。

主流媒体入局直播带货首先有着公信力的优势，长期的品牌认知有利于调动和整合各方面资源；其次，人才优势，媒体的主持人、记者天然适合公众传播；最后，组织保障更不必说，直播态、视频态内容生产均不在话下，完备的传播矩阵可以实现立体式传播。随着行业趋向规范化发展，直播带货也逐渐趋于专业化，当下的竞争更多来自供应链端，这恰恰是主流媒体拓展电商及文创产业的机遇。

在移动互联网技术的推动下，企业的营销模式在不断变化：由过去一对多的粗放式营销模式，转变为一对一的精细化营销模式；由完全借助专业媒体的传播功能，转变为通过自建社会化媒体矩阵展开营销；由围绕市场和产品，转变为以客户为中心的营销；由注重传播产品或服务的广告，转变为通过社交媒体建立与消费者感情的关系营销。短视频作为内容分发和用户交互"一站式解决"的传播平台，加速了企业营销媒体化发展。比如汽车垂类，CTR短视频商业决策系统的数据显示，截至2021年8月，已有超过130个汽车品牌开通了官方汽车短视频企业号，数万家经销商在抖音、快手等平台上不间断直播，汽车销售直播开播数迎来爆发式增长，奥迪品牌活跃的企业认证经销商账号多达44个。

6 在2021年CTR洞察高峰论坛上，您曾经提到已有超过30家广电机构成立了MCN机构。MCN这种新的机制，对于有效推动媒体融合深度发展有哪些影响？

作为媒体融合转型的新业态，广电MCN正推动媒体融合向着建立跨媒体、跨体制的新型综合性媒体集团发展，媒体融合正进入体制机制改革的重要阶段。广电MCN不仅仅是内容逻辑的转变，更需要相应配套的体制机制、薪酬改革、组织架构的创新，广电MCN也正倒逼广电体制机制改革。

以电视为例，以前原有的架构是"电视台"之下有"频道"，"频道"之下有"栏目"和"节目"。而现在，作为内容播发平台，像抖音、快手这样的短视频平台方对应的是电视台，频道对应的是MCN，再往下，栏目和节目就会变成账号。

从内容产业发展趋势来看，在行业发展和规模化效应的驱使下，MCN机构成为连接产业链各方的中心枢纽。MCN上游对接各种PGC、UGC等内容方，下游延伸至社交、电商等各类平台方，由平台方分发至用户端，这使得内容方、平台方和品牌方的沟通更加高效，根据创始前的特性逐渐演化为以内容生产及运营为核心（包含营销、电商、经纪、知识付费、IP授权等）的经营模式。在新兴主阵地，广电通过布局 MCN 将旗下的优质内容资源通过短视频、直播等形式再度开发，MCN 恰恰解决了广电影响力、传播力供需关系中的难点，也有望带来广电系商业化的二次成长。

从广电 MCN 的可推广性、复制性来看，相对于自建平台，广电 MCN 没有壁垒，更适合大多数广电媒体。相对于中央以及省级媒体，大多数广电媒体自建 App 影响力有限，而通过布局广电 MCN，将广电原本积累的资源富矿重新调度配置，进行 IP 孵化和矩阵建设，反而更容易操作、复制和裂变，也容易突破区域局限将影响力辐射至全国。

7 除了 MCN 之外，工作室模式也被认为是主流媒体运行机制改革的有效举措，CTR 在这方面有哪些研究发现？

其实工作室模式是一种生产经营运行机制的变革，以实现"体制内的市场化"。传统媒体以往的运行机制属于各司其职的模式，工作目标及模式相对固化，策划团队管提案，制作团队管节目呈现，广告团队管权益销售。进入互联网时代后，内容的载体及消费形态发生了很大的变化，内容不再以线性方式进行排播，用户在内容消费方面也有了更大的自主权，营销传播的方式方法也变得多元化，整个传播环境从安然有序的计划传播时代走向了生机盎然的竞争传播时代，这就需要打破固化的生产机制，充分调动人和资源的价值挖掘能力。

融媒体工作室是在这样一种时代背景下的产物。据不完全统计，目前有 9 家广电机构打造了近 300 个融媒体工作室。其中，自 2017 年工作室制度在芒果 TV 大力推行以来，目前湖南卫视和芒果 TV 双平台共拥有 44 个节目制作工作室与团队、27个影视剧制作工作室与团队。

工作室模式的最大特点在于：一是从价值取向来看，对人才进行有机重组，统一价值取向，均对最终项目的经营成果负责；二是业务灵活，工作室制度采取扁平的管理模式，工作室本身的话语权、主动性、工作效率以及职业晋升的可能性大大提高，从而最大限度地释放人才和资源的价值。

举例来说，湖南广电的何忱团队近年来孵化的 IP 产业链经营模式较为典型。他们所在的工作室早在 2016 年孵化出的综艺节目《明星大侦探》目前已播至第六季，第六季的累计播放量达 42.3 亿次，豆瓣评分 8.9 分，在综 N 代节目中已属于"常青类"IP，并且形成独特的 IP 产业链打法，除了联动相关节目 IP、推出衍生 IP 和演唱会外，还对线下娱乐项目进行布局。

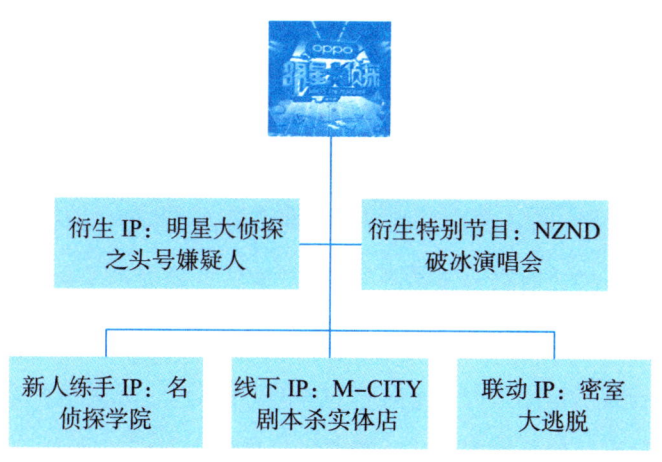

图 2　湖南广电《明星大侦探》IP 产业链

来源：研究自制。

芒果 TV 的工作室制度释放了创新源泉与团队活力，为内容生产提供了持续的动力。工作室的管理模式不仅赋予内容创作者更多的主动权，还运用"创新机制＋奖励机制＋竞争机制"的人才激励机制鼓励团队的创新，工作室制度也有选择地继承了组织架构的稳定，但在执行方面选择更为扁平的管理，为有创作能力的人提供了更大的创作空间，使其无后顾之忧。

> **8** 关于媒体融合传播效果的研究，CTR 建构了一个以"三力"著称的综合性评估体系，即引领力、传播力与影响力。这个评估框架是如何确定的？主要涉及哪些评估维度，包含哪些细分指标？权重如何分配？

媒体融合发展至今，行业出现不同类型的媒体融合产品，从单一的榜单产品服务，到优化运营的产品分析服务和提升运维效能的工具类产品，再到辅助变现模式的交易平台产品，媒体融合不断深化，相关服务产品也在不断升级迭代。CTR 媒体融合研究院围绕"媒体融合效果评估"形成了周期性的榜单产品、连续性监测数据库，以及融媒体数据查询及管理平台。这套体系旨在科学量化评估媒体融合效果、深入洞悉了解媒体融合问题、前瞻预见指引媒体融合方向。

这套体系在搭建时主要遵循四项基本原则：一是聚焦受众侧，关注传播效果，还原传播初衷；二是遵循 SMART 原则，所有指标是具体的、可衡量的、可达成的，与测量目标相关，并具有明确的时间周期；三是适配媒体融合的发展特征，根据媒体融合发展的实际情况进行权重与指标调整等；四是进行主渠道全覆盖。在适配行业发展方面，在 2019 年适时将短视频从其他第三方平台中分离出来作为独立渠道进行评估。通过在线基础调查和德尔菲法（专家调查法）相结合的方法确定各平台的权重，覆盖自有 App（权重 22%）、官网（权重 5%）、微博（权重 15%）、微信（权重 25%）、短视频（权重 15%）和其他第三方平台（权重 18%，包括综合资讯、综合视频、综合音频等主要流量渠道）。

在评估体系指标构建上综合考量了引领力（测量传播方向）、传播力（测量传播广度）和影响力（测量传播深度）三个因素，其中传播力为核心评估维度，其评估的是品牌层面的传播能力，引领力和影响力则是内容层面的重要评估维度。基于这个基础架构，CTR 媒体融合研究院已连续推出逾 10 期主流媒体传播力评估榜单报告，主要评估主流媒体的新媒体产品在传播覆盖及到达上的能力及成长性；在两会、国庆等大事节点推出主流媒体事件融合传播效果评估榜单报告，综合评估主流媒体在公共事件主题宣传上的投入、传播广度及互动影响力。

9 在推动与支持传统媒体融合转型的业务方向上，CTR 进行了哪些有益的探索与尝试？

我们主要加大了新媒体研究产品的开发，如成立了媒体融合研究院、短视频工作室等战略研发项目团队，适配市场发展制定 OKR 指标（Objectives and Key Results，即目标和关键成果），比如短视频商业决策系统目前已覆盖抖音、快手、B 站、小红书、央视频、微博、微信公众号、微信视频号等八大主要流媒体平台。在此基础上，整合了近 1000 名国内外顶级专家资源，为总台及各级广电、传统媒体机构提供深入的、专业的驻场式服务。

CTR 从成立之初便具备"知识服务"的基因。在这个碎片化传播的时代，非常需要对行业发展有深度、有观点的知识服务提供方，CTR 媒体融合研究院承担起了为行业拨云见日的责任。2015 年，CTR 媒体融合研究院自成立起，便开设了 CTR 媒体融合研究院的官方账号——"德外 5 号"。立足于我们 20 多年在媒介研究、受众测量和消费者洞察等方面的专业优势，"德外 5 号"对媒体融合行业的发展趋势和现象级举措进行连续观察，为传统媒体迈向融合领域探索破冰之路、解决之道，为互联网企业找寻与媒体基因的融合之法、跨界之路。"德外 5 号"打造了若干固定的品牌栏目，包括德外独家、德外视窗、德外荐读、德外资讯、周末读书等，迄今，共发送文章 3000 余篇，累计阅读量超 200 万，关注用户数近 10 万，已入驻微信公众号、今日头条、知乎、36 氪等平台，获得融媒领域业内人士的广泛肯定。在行业共创方面，针对媒体融合发展过程中的痛点、热点、难点问题，"德外 5 号"集结国内外一线学界、业界专家，产出思想、输出策略，力图成为媒体融合核心观点的策源地，第一时间将专家的最新观点、业界成功案例的解读通过"德外 5 号"进行分享。

在行业交流方面，CTR 媒体融合研究院每年组织"818 专家沙龙"针对时下融合发展的热点问题进行探讨交流，通过"德外 5 号"进行核心观点的梳理分享。CTR 主办及承办的"CTR 洞察高峰论坛""中国视协媒体融合推进委员会理事会""中国电视大会媒体融合峰会"及相关行业会议，亦邀请行业内具有突出发展成效的机构嘉宾进行主题分享，均引发业界高度关注。

10 全媒体时代媒介调研业务应该如何进行转型？有哪些新的业务布局和市场洞察可以和大家分享？

在传统媒介调研中，我们服务的是媒体主、广告代理公司、品牌主，这些客户一般都是大中型机构；全媒体时代，我们可能要增加一个"流量主"及 MCN 这类代理机构的服务主体，并且这类客户很可能是小型的机构或自媒体形态。

在服务内容方面，我们需要更多地从调研转向监测以及数据智能方面，从为客户洞察自身发展状态及市场发展动态角度入手，和客户形成"共创"合作模式，整合数据及技术资源来解决日新月异的发展中的问题。

比如，我们在短视频产品的建设过程中，便整合短视频平台、运营商、电商的数据，为"流量主"类客户提供四大应用场景解决方案：第一，通过基于抖音、快手、央视频、B站、视频号等多个头部短视频平台构建的监测池，进行内容传播效果监测，对发布的内容进行全面分析，让运营者知己知彼，目前已实现对数百万个头部账号和重点垂类活跃账号的监测。第二，系统能够通过算法找到平台正"流行"的热门视频、话题等，实现平台内容洞察，在创作端为从业者提供参考，助力爆款产生。第三，CTR基于监测数据，独家推出了打通各大平台的"短视频传播评价体系"。该体系包括触达率和互动率两个一级指标，其中触达率指标下设接触度、热播度、粉丝吸附力、增粉量、发布指数等二级指标，互动率指标下设评论指数、转发指数、点赞指数、播赞比、播评比等二级指标，再将账号各个平台评分结果进行加权形成综合指数。此体系聚焦于机构或自媒体在短视频全市场的布局，致力于解决账号在多个平台传播测量的问题，系统定期发布CTR短视频指数榜单和各类特色榜单，如近期发布的车企官方号榜单、高校官方号榜单、银行官方号榜单等，让黑马账号进入监测视野，供学习借鉴。第四，系统支持自定义圈选关注账号池，通过自动汇总、下探呈现指标数据、分析提示趋势异常因子等功能，高效便捷地一站式管理和运营账号。

针对数字经济带来的商业机会，CTR从流量的经营分析角度研发推出了CTR-MUI移动用户分析系统，是CTR基于20余年媒介研究的算法和模型积累，汇集多源权威大数据的独立第三方移动应用监测系统。我们认为需要从用户行为研究、用户质量监测、用户画像洞察和用户重合分析四个出发点，解决四大类精细化运营场景需求：1）趋势分析，横跨周、月、季、年，支持长周期持续监测，助力企业产品持续迭代，及时找到用户增长关键节点，保证数据连续性和有效性；2）多元标签属性，有效提升企业对行业应用的清晰认知，发现显著特征，获得业务灵感；3）流向分析，沉默流向、卸载流向、品牌来源去向和机型来源去向分析四大功能，为企业的 App 综合价值评估，细分人群触点转化路径洞察，渠道流量拉动贡献度分析等提供支持；4）互联网大数据与调研小数据相结合，构建独有用户分层及用户付费态度模型，满足企业对 App 商业价值评估及商业变现模式分析的需求等。

通过不断延伸和进化，CTR 搭上了数字化转型的"快车道"。未来，CTR 将继续围绕全媒介、全域数字化传播、数字化营销的数据与评估需求，向市场和客户提供全方位的数据测量、市场研究与洞察服务，并积极展开产品的迭代和创新，创造出更多完善、稳定、安全、高效，且值得市场信任的数字营销监测和评估产品。

请您从 CTR 的核心业务媒介、广告、消费三条主线出发，基于对市场发展的判断，谈谈对媒介生态产业链上各参与方的启示。

行业大背景中，有一个重要变量，就是政策环境。过去一年也是数据安全、隐私保护相关政策密集出台的一年。包括过去几年中，不管是第三方 cookie 的禁用，还是苹果的 IDFA 新政，对用户信息的保护越来越严格。我们看到，在新的政策和规则下，互联网精准营销这条路会越来越不好走，企业很难像以前那样轻松地找到目标消费者。如果捷径和近路不好走了，就要坚定地回归品牌建设的大路。这是跨越周期、克服不确定性的法宝，也是一种长期主义的战略选择。

我们要重建一条与消费者连接的纽带，那就是内容。内容正在成为所有行业的标配，我们大胆判断——未来一切生意都是内容生意，内容力也正在成为一种社会通用能力。这就意味着：对于媒体主来说，一切生意都是内容生意的时候，就是我们输出媒体能力的好商机。对于广告主来说，以前说内容营销只是一种营销方式，而今天要说没有内容就没法营销。内容不再是用来修饰营销的副词，也不再是营销的皮囊。对于企业主来说，企业媒体化不是选择题，而是必答题。内容不仅是媒体主的事情，广告主、企业主也要有自己的内容战略。"内容为王"也不再仅仅是媒体挥舞的大旗了，今天我们要在这样的逻辑上，重新理解"内容为王"。

针对产业链各方在内容上的策略布局，CTR 会结合短视频商业决策系统的持续性监测，深度洞察各垂直领域的典型打法，通过"德外5号"与业界同人分享，也期待共享"媒介繁荣"盛宴的媒体主、广告主、企业主和CTR 一起开启数字化研究"共创"的合作新旅程。

跨屏受众测量发展现状与问题

郑维东

凯度媒介（Kantar Media）中国区资深数据科学家，曾任中国广视索福瑞媒介研究有限责任公司（CSM）副总经理，北京大学传播学博士。

> **1** 智能融媒的发展对于跨屏测量升级创新带来新的推动,作为媒介测量市场龙头的中国广视索福瑞公司(CSM)也陆续推出了包括"热点节目跨屏收视报告"在内的一系列跨屏测量产品。您长期从事视听率调研工作,能否联系CSM的探索实践,谈谈跨屏受众测量在中国大陆的发展情况?

在跨屏受众测量领域,CSM的发展大致分为三个阶段。第一个阶段叫"大屏+"或者叫"电视+"的测量。原来的测量主要是测量直播频道电视观众的收视,后来直播电视在大屏端演化出了点播互动、OTT这些非线性的收视,所以电视大屏就不只是看直播频道了,还会看这些回放的节目,一些时移收视、一些点播的VOD部分。这部分的测量主要分成两部分,一部分是电视内容的非线性播出,回放、VOD等,另一部分是非电视内容在电视上的呈现,像银河奇异果APK在智能电视上的这种使用。

所以这两部分测量都算是电视"TV+"或者"大屏+",分别对应着上述两部分内容。"TV+"目前主要解决的是对电视内容回放的测量。而"大屏+"除了加电视节目的回放之外,还要加上针对互联网内容的测量,即测量互联网长视频在电视上的收视行为。这部分内容实际上很难具体监测到每个节目,因为具体到节目的话需要逐个对节目进行识别,那就需要更多复杂的技术,目前我们的状况是可以监测到大屏的APK,可以知道在电视上看的内容是来自哪个互联网应用。所以整体来说,目前"TV+"和"大屏+"实际上是电视端的,也就是第一阶段又分成两个小阶段。第一个是"TV+",第二个是"大屏+"。所提到的时移收视、大屏跨平台互动收视,这都属于电视端这个阶段。第一个阶段现在已经有很多成型的产品了,CSM 基本上从 2016 年就开始探索这个领域。

第二个阶段的跨屏测量就需要跨越到除了电视以外的其他屏端了。这些屏端包括手机屏、电脑屏、平板电脑屏等。当然,以现在的收视规律来说,主要还是以手机屏和平板电脑屏为主,也就是跨越到小屏端。小屏端的内容消费主要可以分为三部分:一是使用小屏观看电视直播;二是使用小屏观看电视内容在互联网平台上的呈现;三是在互联网平台上观看非电视内容。当然,第一部分虽然存在,但是占比很小,人们很少通过中小屏看电视直播,更多是收看电视内容或非电视内容在互联网平台的呈现。所以我们第二个阶段的主要任务是监测电视内容在互联网上的使用行为。比如很多电视剧不仅在传统电视上播出,在 OTT 平台或者互联网视频平台上也可以观看。

关于这部分测量,现在市场上的公司主要有两种方法:第一种是通过样本监测的方法,就是 panel 的方法,构建一个基于移动端用户的固定样本组。这个样本组当然可以和传统电视大屏测量用户同源,也可以不同源进行测量。国际上流行的方法以不同源样本组为主,同源样本组较少。如果进行同源测量,那么移动端的测量方法肯定会跟电视大屏的测量方法相关,或者通过类似的声纹匹配的方法进行测量,这是一种办法。

另一种就是对内容进行标记加码,即用 Tagging 的方法,或者为内容增加水印。这一类方法的目的都是使内容可识别。内容可识别要么是识别内容的声音特征,要么是给内容加一个特殊的标签再读取这个标签,比如通过添加水印、读取水印的方法进行识别,国际测量和咨询公司凯度就是使用加水印的方法进行测量的。无论通过何种途径,内容标记的本质都是使用特殊标记,找到哪些内容被看了、看了多长时间。

上述主要是针对移动端的测量方式。目前CSM正在做的，就是使用同源测量的方法在全国建立一个和电视测量同源的移动端样本组，然后去测量受众的移动端行为，其中涵盖了电视内容的互联网传播行为以及互联网端的视频消费行为。

具体到互联网端的测量内容，我们可以将其跟电视进行类比，基本上互联网端的一个App就相当于电视的一个频道，因为它们都是聚合性的；在这个频道或者App里面当然还可以再分节目级别、节目类型，或者再分小频道。比如说儿童类的节目、影视剧等聚类本身就算是一个虚拟的频道，因为大家都可以有很多的分法去划分其中的内容类型，但是更重要的是要具体监测到内容。然而，在互联网端的内容监测不像电视是可以穷尽的，电视直播频道、电视端的内容基本上还是有限的，而监测互联网内容犹如大海捞针，主要原因是量级太大而且每天更新速度非常快。如果我们把短视频、自媒体内容也放在里面去进行监测的话，那就更是海量。所以一般在互联网端监测内容基本上是考虑以版权内容为主的监测，监测范围主要考虑头部平台。可能一些小的平台、用户少的平台就不再监测了，所以这是一个有限监测的方法。

现在CSM已经做到了第二个阶段，就是从大屏端跨到了小屏端，大屏小屏之间因为样本实现了同源，这在技术上是可行的。当然，我们在向互联网端延伸的时候用了有限的监测范围，而不是一个所有的、全部、完整的监测行为，主要集中在头部监测。目前所涉及的一个问题是：当我们试图将互联网的监测数据纳入大屏收视数据时，收视份额算起来就相对比较麻烦，因为有一些收视份额被排除在外了，但是计算收视率是没问题的，收视率不涉及相互的相对份额，它是一个绝对数。

第三个阶段则是通过大数据的方法补足样本数据所覆盖不了的部分，即用一些算法模型、画像等方法弥补样本数据的不足。因为我们在浏览互联网内容的过程中，大数据都是有实时记录可以追溯的，这样可以使更多的市场内容能够完整地反映出来。但这是一个理想状态，总体来讲第三个阶段还是比较难以实现的，CSM 现在也在做一些研究，有一些 RPD（Return Path Date，回路数据）项目目前正在研发中。IPTV 运营商、OTT 内容分发平台以及电信运营商等都占有丰富而海量的记录用户端视频消费行为的回路大数据，从这些大数据中提取和挖掘与收视分析有关的各种要素数据，并结合抽样样本数据，完全可以形成一套可信的有价值的跨屏收视分析系统。

2 就第三个阶段的探索而言，拥有大数据的主体分布情况如何？第三个阶段研究会有哪些可能的突破与方向？

有两种后台是持有大数据的：第一种是内容运营商自身的后台，如爱奇艺、腾讯、优酷这样的平台商，他们自身的数据中都可以监测到对每个内容的消费行为。然而，这种行为是不以人为基本单位的，而是对应到设备，就是知道哪个设备、哪些账号在进行内容收视。第二种平台是所谓的电信运营商，因为所有的数据都要流经运营商，所以其中有个通道的问题。无论在哪个平台观看内容，只要通过移动、电信、联通等运营商接入网络，那么移动端的行为在网络运营商处就会留存有数据。所以网络运营商也是具备这些底层数据的，可以追溯到具体的观看内容和行为。当然，这些数据存储都存在前面提到的那个问题，也是它们与样本调查的区别：样本能够具体到人，而底层数据看到的都是设备和账号，很难对应到一个个具体的人。所以这也是为什么大数据需要建构用户画像，就是因为要把机器的数据、设备的数据变成人的数据，但使用画像方法描绘出来的人是个虚拟的人。不过对于样本调查来说，大数据的作用就在于能够补足市场中长尾的部分，把更多市场内容完整地呈现出来，让我们能更好地把握市场规律。

现在也有一些机构在尝试使用大数据的方法，探索第三个阶段。比如说广电总局开发的CVB收视大数据，不过其中的大数据实际上只是有线电视网、IPTV等所呈现出来的大数据，与互联网是没太大关系的。它的大数据实际上也是不能具体到人的，只能具体到盒子、具体到设备。盒子和设备本身既不能替代收视中户的概念，也不能等同于人。所以所谓的收视数据也只能说是机器行为的一个展示了。我曾经在2019年写过一篇短文《关于收视率的年终思考》，主要就是在讲不是随便算出来一个比例都叫收视率。

除此之外，当然还有一些附加的大数据产品，如微博电视指数、微信电视指标等指数加权数据以及一些数据公司可能推出的热度榜单等，但其实那些都跟收视率数据的测量没有关系，只是利用收视率进行了一些延伸，做了一些增值服务产品，但这些数据都不是收视率调查体系里面的。

3 国外的跨屏受众测量近几年发展较为迅速。美国媒体评估委员会（MRC）在2019年推出了《跨媒介受众测量标准（视频版）》，这一标准针对跨媒介测量提出了一些基础性的要求，您认为这一标准的推出主要受哪些因素的影响？

美国媒体评估委员会对于跨媒体测量的关注，最早是由美国互动广告局（IAB）开始的。美国互动广告局起初关注的是互联网上的互动广告、数字广告等网络广告形式的测量、效果计算与广告定价的问题，所以美国媒体评估委员会实际上是受美国互动广告局的推动来制定这么一个行业标准。在全世界各地，关于效果跨媒体测量大部分并没有统一的行业性标准。但是在美国，这样的行业性标准在互联网广告发展的影响下就随之出炉了。

那么，为什么美国能形成这样一套测量标准呢？当互联网广告的投放规模、收入规模接近甚至超过传统媒体的时候，实际上广告主就需要他的代理公司或者合作方，包括互联网平台去使用数据说明为什么广告要投放在互联网上、投放在数字媒体上；同时数字媒体生态纷繁复杂，究竟应该如何进行广告投放的决策，这些都需要测量技术的支撑。所以最早的推动力来自广告主和广告公司。同时，一些规模庞大的互联网平台也需要第三方数据来证明自己所投放的广告是有效果的，有利于实现公司的价值增长。例如，我们看到的很多流量广告、数字媒体广告，其实都需要很多测量和算法来证明其价值。但是，如果一个平台是相对独立的，比如某个公司要证明它的广告是有价值的，如果都是靠它自己来证明，就很难完成。虽然可以提供用户数、流量数、播放量等维度的数据，但是始终要通过第三方检验才可以说数据是可靠的，否则相当于"王婆卖瓜，自卖自夸"。因此，类似于互动广告局、媒体评估委员会这样的行业组织就扮演着第三方的角色，开始组织、合作制定这样一些标准来鼓励从业机构提供一些符合标准的数据，为互联网上的广告营销提供服务。

除了广告之外，视频内容也慢慢成为标准建立的重要推动因素。随着奈飞、优兔这样的平台的崛起，实际上我们知道互联网越来越从原来的图像媒体、文本媒体，向视频媒体进行迭代，目前互联网更多的流量使用来自视频。而视频内容的价值实现与变现方式无非两种：一种主要是订户费，另一种则是广告。对于广告来说，大体有两种效果评估方案：一是按订阅户、用户和流量等维度来计算广告效果，也形成了互联网上广告的一些算法，如信息流广告等；二是需要依靠第三方的评估数据来挖掘广告价值。因为现有的流量数据对目标人群的画像比较粗略甚至是不区分目标人群的，同时，流量中也存在着很多问题，比方说无效流量、流量水分等，所以类似于建立跨媒体测量标准这种第三方测量方式，就可以去除水分流量、无效流量等来提高数据的价值，这对视频平台自身的订户保持，以及平台上的植入广告、贴片广告等品牌形象广告来说，可能会更重要。另外，随着版权意识的不断增强、版权保护技术不断进步、版权内容投资不断加大，后面很多版权视频内容本身也会发展成为推动行业标准的重要力量。

4　《跨媒介受众测量标准（视频版）》中列出了多家行业机构的名单，以示多方参与标准的制定。据您的了解，新标准在行业内的推广情况如何？

美国媒体评估委员会（MRC）在制定这些标准的时候，有多家行业机构参与，确实是多方反复权衡的结果。首先，他们邀请各家利益相关方参与进来，由利益相关方共同委托一些专家学者来起草初稿；其次，经过大家讨论后才能进入行业发布试运行标准，并通过不断校正成为一个新标准，可能还会有一些修订。

目前来看，《跨媒介受众测量标准（视频版）》的推广情况并不理想。从标准本身来说，美国媒体评估委员会制定的这些标准相对比较高，作为一个行业组织者在制定标准时要讲究科学性、专业性，标准门槛肯定不会特别低。比如其中提到的可视印象（又称可见曝光）是两秒100%的像素暴露（即画面露出100%像素，至少持续两秒，就被计为一次可视印象）等，实际上高于一些公司的标准。标准高的原因在于，现在数字媒体的丰富性和多变性要求广告投放更加科学和慎重，不是简单可以将流量等同于广告效果的。比方说企业花了很多钱去买流量，但未必能买来销售，为什么呢？因为流量的转化率是非常低的，关于广告消费的流量数据本身没有经过严格的、符合标准的测量。换句话说，就是广告流量的真正价值没有被衡量出来，这时候就需要一些标准和方法而不是流量本身来衡量流量数据的价值。

门槛较高的新标准在行业中的推广注定会面临重重阻力。一方面是平台配合度比较低，很多互联网平台不愿意被第三方稽核。比如，一些互联网平台依靠流量广告营收已经相当可观了，同时流量广告一旦形成体系之后，也没人会去挑战广告的定价问题，没人会去挑战广告数据的真实性问题，那整个流量广告市场就变成了单一市场，或者说卖方市场，这时候互联网平台不会愿意有一个标准去约束自己。另一方面，由于互联网平台都是数据孤岛、利益孤岛，面临着激烈的竞争，所以也不愿意向第三方公开自己的数据。这样，整个行业标准推广的现状并不是很理想。

当然，还有一个问题是时间问题。《跨媒介受众测量标准（视频版）》是2019年刚刚发布的，2020年又赶上疫情，所以还没有足够的时间去推广、去考察。

5 《跨媒介受众测量标准（视频版）》强调要识别和去除无效流量，以规范行业中流量广告的转化率，目前对于无效流量的处理大致呈现什么状况？

关于去除无效流量的方法，现在有一些算法可以删除一些无效流量，但是基本上互联网平台都不太愿意，或者是有一些平台乐意去做只是为了证明自己的用户更有价值，平台在市场上显得更加高端。同时，关于何谓无效流量，实际上市场中的认定也是参差不齐的，没有一个统一标准。

目前只能依靠第三方机构在稽核流量的时候，用一些自己的算法来剔除无效流量。比如国内现在有不少机构在发布互联网平台上各视频的点击率数据，包括长视频点击率、短视频点击率等，但是我们会发现第三方机构的标准也都不一样，数据差别比较大。虽然都声称做了算法，但算法处理的结果并不一致。

6 《跨媒介受众测量标准（视频版）》中提出内容和广告测量采用同一尺度，您认为对于内容收视测量和广告曝光监测来说，这一尺度是否有必要统一？

美国媒体评估委员会目前只发布了《跨媒介受众测量标准（视频版）》的第一个阶段，即视频版标准，目前还没有特别强调说内容测量和广告测量需要保持同一尺度，没有特别将内容和广告进行统一。对于广告而言，其标准相对来说是要更高的，比如之前提到的可视印象两秒100%的像素暴露。因为广告到达实际上需要在很短的时间内传递足够多的信息，这样才能保证广告的有效性，所以关于广告效果就存在一个露出的问题，即需要考虑露出时间、露出像素等因素来衡量露出的程度。同时这还取决于互联网基础设施的一些数据，有些地方网络连接比较慢，可能两秒钟看不全一个画面，还会有卡顿现象等，所以关于广告露出情况需要有一定的硬性要求。

对于内容和广告测量的统一，如果这只是一个技术上的要求，那么这个要求在互联网平台上是完全可以实现的。比方说我们想知道某个内容在规定时间内有没有完整下载完，因为互联网的时间刻度都是以毫秒为单位，消费视频内容、广告内容的像素也都是会被记录的，二者统计口径也一致，所以从技术上来说内容和广告测量使用统一尺度是没有问题的。

但是，其中存在一个必要性问题。正如刚刚所提到的，广告测量追求的是广告的有效性，即考察广告的露出情况。对于广告效果来说，数据颗粒度需要更加细致，包括广告的露出时间（以秒为单位）以及在时间范围内的触达人数等。但对节目内容来说往往不一定按照这么精细的刻度来报告。因为就市场价值而言，精细的刻度就意味着更大的数据处理量和工作量，但是所带来的数据价值增量并不大，这就需要考虑投入和产出的问题了，因此，从实际应用上来看，内容测量和广告测量的标准可以不统一。或者采取一种折中的路径：在测量内容与广告时，从技术上使用同一个尺度来展开测量，但在进行数据分析和汇报时可以相互区分开来，关于内容的报告可能不一定按照这么精细的刻度来进行反馈。整体上说，从应用层面来理解，两者可以不统一；但从技术层面来看，两者完全可以统一。

> **7** 美国尼尔森（Nielsen）公司尝试通过建立"数据处理中心"的方式来整合数据，他们主要通过什么方式进行整合？您认为这样做的价值和意义是什么？

美国尼尔森公司建立的数据集成平台叫 Nielsen One，其中所搭载的数据可以有电视端数据，有互联网端的数据；既存在样本数据，也有大数据、回路数据等，包括很多不同通路的数据。

这个数据集成平台会有多种不同的数据来源。这些数据可能是同源的，但多数情况下是不同源的，即这些数据不是在测量同一个人或者同一组用户。这些数据有些来自对人的测量，有些是对设备和账号的测量，将这些数据放到一起的时候，我们需要对数据进行统合处理。行业内主要通过搭桥的方式来做，也就是我们要在测量人的数据和测量设备的数据之间搭建起一座桥梁，通过数据进行用户画像，然后可以将用户画像与内容收视结合起来进行分析。比如，我们建立起用户画像之后，可以看到某一内容在大屏电视上有多少次曝光，在互联网上有多少次曝光，每一次曝光时间大概有多长，并与其收看的观众相联系，找出什么人收看这个内容。

所谓搭桥，实际上是当测量公司拥有非常庞大的数据处理中心时，研究人员就可以从不同角度对数据进行切片，从不同维度分析数据的价值。所以 Nielsen One 这种做法是希望在海量数据之间建立联系，找到一些关键变量进行数据整合，同时结合一些更复杂的数据挖掘等分析方法。在整合之后，既可以从设备终端的角度考察效果，也可以从节目的角度考察效果，同时还可以从时间、空间等角度考察。虽然数据之间不同源，但是这些维度都是有的，研究人员只要把这个维度提取出来，可能就会看到不同的结果，能分析到不同的价值。

这种做法虽然很难产生一些非常精准的、严格的类似于收视率的数据，但是这类数据集成平台的价值与意义在于可以满足广告公司、广告主的一些需求。因为广告公司和广告主现在已经不是简单地看收视率报表来算账了，他们在进行投放策略的决策过程中需要更多数据维度来参考，特别是在进行预算分配的时候。很多时候不一定非要做特别精准的预算，比如具体到每个百分点的数据来衡量广告效果，决定广告投入。这种方式往往没有考虑到其他维度的因素，很可能会产生效果上的偏差。所以，广告主往往采取一个预算对应着一个效果区间就可以。数据集成平台可以通过数据分析来提供效果区间，这样做是有效的。我想将来数据科学发展的一大方向可能是在聚合成一个庞大的数据集成平台后，使用人工智能、机器学习等方法进行数据提炼和挖掘，不是对有限的一些样本做非常精准的测量，而是使用仿真、模拟、算法等方式来还原真实的媒介消费情况。所以，未来数据集成平台可能会朝着机器学习、人工智能等方向发展。

> **8** 在使用数据集成平台这种整合方式时，可能会遭遇哪些问题？目前行业针对这些问题有没有公认有效的解决办法？

首先是数据清理问题。样本数据是具体到人的、比较真实的反馈，但是大数据中可能会有一些虚假的部分；同时，不同数据的颗粒度也有不同，有些数据颗粒度比较细，有些就比较粗了。比如互联网的收视时间数据可能是秒这一单位级别的，但是电视端的数据可能是到分钟这一单位级别的。所以我们面临的问题，第一步便是清洗数据以及数据颗粒度的统一问题。目前这些在技术逻辑上是可行的，可以对数据进行处理与合并。当然，市场上一些数据公司所使用的数据分析工具有所不同，尼尔森公司也在开发自己的数据处理工具。

其次如上面所说，这类数据集成平台使用的是同源样本和非同源样本相互混合的数据，无法产生非常精准的收视数据，其中最主要的原因在于非同源数据中不同平台之间存在重复收视的问题，而非同源数据的去重设计是非常有挑战性的。比方说同一个人在不同的设备上观看过同一个节目，但是后台收到的数据没有办法确定这一个人是在两个设备上进行的观看，所以这个人可能就会被重复统计两次收看行为。或者说，收看的人本来是同一个人，但是在不同设备观看相同内容的时候被当成不同的人去对待了。这种没有去重的统计数据会带来对到达率等指标的计算偏差。

目前关于去重问题还没有一个得到广泛认可的方法。对于非同源样本而言，很难定义的是它们的重复度有多高，有多大比例的数据需要去重。这就需要有另外一个同源样本的调查来解决。我们拥有两组样本或者两个数据源时，需要通过比对的方式来确定一个重复比例的真值，即以同源样本为参照，确定非同源样本中有多大可能性是重复的，用真值来判断这个比例。然后通过算法的方式去调整非同源数据的重复比例。这实际上面对的不是一个真实的行为，而是通过算法的方式进行模拟操作的，对于重复对象的指定也是通过算法来实现的。去重并不是真正意义上把重复的数据删掉，而是用同源数据考量比例之后把重复的可能性去掉，对结果进行修正。最终获取的也只是相对正确的结果，因为只是对有可能重复的人进行概率性去重，而不是对原始数据进行去重。至于最终究竟如何能真正识别数据中的重复值并将其剔除掉，目前仍是一个待突破的领域。

9 内容加水印、数据集成平台等都是跨屏测量领域的新特征，您能否谈谈这个领域的主要思路或模式？

内容添加水印实际上是为了把内容标签化，便于跟踪，对多终端的内容都可以实现有效的监测，而且有助于去重。

严格来说，内容测量和建立数据集成平台不是两种思路，而是两种不同的技术类型：一种是测量技术，通过内容的标签化有效实现多终端的内容测量；数据集成则是一种数据应用，把测量所得数据、后台回传数据等多种来源的数据进行整合，其中有同源样本数据，也有非同源样本数据。但是从逻辑的角度来说，实际上只有一种思路，即能用样本测量解决问题的就用样本测量来解决，样本测量解决不了的问题，就用大数据或者回路数据等其他办法来解决。但是目前的传媒实践是平台很多，内容也相应很多，就变成了各种数据混合而成的集成数据，而不是一套完整的数据。但是在具体的数据获取和测量方式上，可能有所不同，例如凯度是通过对测量内容添加水印的方式来获取测量数据的，而尼尔森也有别的办法。

所以要做跨屏测量其实主要的思路就是先分再合。混合的数据要放到一起，通过数据处理中心的规则算法抽取和清洗这些数据，获得有关收视行为和用户标签大数据的基本维度，然后再将这些数据进行融合，现在业界有一些整合数据的方法，比如可以通过数据融合（data fusion）、数据整合（data calibration）等方式找到其中的一些关键变量，对不同维度的数据进行搭桥，来实现同源、不同源样本数据的融合，其中就涉及一些具体的算法了。

10 您前面提到对于多维数据可以使用数据融合或数据整合算法进行处理，这两种算法的主要差别在哪里？

数据融合是 data fusion。一般来说是指在多组数据之间，其中一部分数据有某个维度，但是另一部分没有这个维度，这时候就需要使用数据进行推断补充。举个例子，当我们做电视收视测量的时候，如果使用人员测量仪（People Meter）进行测量的话，家里所有的人（4岁以上）都能够测量到。但是在监测手机端过程中，有可能16岁以下的青少年是很难监测到的。因为家长很少同意在手机上给孩子们安装监测软件。相当于固定端、家庭端的收视数据是有小孩样本的，但是手机端则缺少小孩样本。我们希望将家庭端和移动端的数据进行合并，那么就可以通过数据融合的方式，用现有数据的某些特征经过推算将孩子的收视数据补全，进而完成融合。总体来说，数据融合更偏向补足，相当于有一部分数据并不清楚，就用其他部分的某些特征来推断该部分数据并补全，这就是数据融合。

数据整合是 data calibration。最早的数据整合可能更多涉及小数据和大数据，即样本数据和大数据。大数据实际上回答了一些样本数据没回答的问题，但是样本数据能够告诉我们一些非常精准的信息，一些结构性的信息，大数据就很难做到这点。这时，我们就需要发挥二者的优势，构成一个更完美的数据集。比方说，业界可能会以样本数据做一个种子来整合大数据，把大数据按照样本数据的结构去训练成一个合理的数据结构，然后得出一些有价值的结果。一方面，大数据往往是一些无序的数据，要把那些无序的东西去除掉，使它变得有秩序，那么就需要样本数据的结构。另一方面，样本数据也能通过大数据的补充变得更加同构和真实。整体而言，数据整合就是将样本数据和大数据整合成一个更加真实、更加有效的信息。

对比国内外跨屏测量的发展，您认为这一领域主要面临哪些问题？国内外所面临的问题有何不同？

现在实际上国内外的跨屏测量领域都才进入标准落地的阶段。我在 2016 年写过一篇短文《跨屏收视二三事儿》来预测跨屏测量成为标准大概还有多长时间，当时写的是需要 3 到 5 年，现在基本上有了标准和依据，但全面落地还面临很多挑战。

目前，国内外主要面临的问题都是小样本组数据可能解决不了碎片化测量的问题。跨屏测量意味着从电视大屏跨到电脑中屏、手机小屏，这个过程中碎片化的行为就变多了。面对这种碎片化行为，小样本组数据是很难描绘整个市场全貌的。而扩大大样本就意味着需要更多的资金投入。实际上在互联网领域，首先平台方并没有特别强烈的需求来花钱加大样本量，因为它们自己都有数据，而数据又决定了广告与流量销量，基本不需要花钱给自己戴上一个"紧箍咒"。所以实际上大家都面临同样的问题：如果做成大样本，就面临资金支持不够，大样本很难实行；如果用样本量有限，只能解决部分问题。于是，行业就只能用大数据来弥补小样本组数据的不足，而不是选择扩大样本的方法。但是大数据也有自己的问题，大数据的获取成本是比较低的，因为大数据里面的冗余信息多，价值含量也低，很难开发出有效的应用产品。这时就需要一个行业的共识，即主要的平台方或者电信运营商愿意拿数据出来给研究公司。现在研究公司也积极地与这些大数据平台方还有运营商合作去挖掘一些有效的数据，但难度较大。大数据虽然成本低，但各家平台很多时候都不愿意分享。这是现在面临的主要问题，也就是数据可得性问题。

目前国内外跨屏测量的发展所面临的不是技术问题，更多是数据可得性和利益机制相关的问题。对于视频平台来说，只有第三方测量机构证明它们的流量有价值时，测量的数据才会被它们所认可，第三方测量数据对它们来说是一种认证，当它们在认证中处于不利地位，它们就不会认可这种合作方式。现在有两种方法，一种方法是当所有广告主愿意用统一的标准来衡量广告时，视频平台就会同意，但是平台即使同意，也会以数据涉及商业机密为由拒绝分享数据；另一种方法需要一个超越利益相关者的第三方来提供数据，如果电信运营商愿意提供底层数据就会变得相对容易。所以目前也有公司在跟电信运营商合作，但其实还是面临缺乏标准等问题，虽然这些问题或多或少都有解决方案，但都不够完备。

就国内跨屏测量的发展来说，相关各方形成统一的跨屏测量需求的意愿还没有那么强烈。我觉得还需要再培育一段时间，但是已经可以做一些测试和项目了，CSM 现在正在尝试这些项目。

12　广告商/广告主对于跨屏测量的态度如何？有没有可能支持大样本测量项目？

现在的广告主本身的营销费用是比较分散的，换句话说广告主的费用并不是全部花费在广告上。我们通常说的广告营销，其实是广告、营销各占一部分。目前的发展趋势是形象广告、品牌广告的费用越来越小于做营销的费用。现在广告主在线下营销、直播带货、信息流广告等可以直接转化成购买上的投入增长很快。随着互联网和电商平台的发展，企业在营销费用的分布上也越来越从广告投放转移到了营销促进。我们经常说"品效合一"或者"品效互动"，"品"是指品牌，这部分主要是靠广告来带动的。"效"就是指转化率，从品牌广告转化成销售，中间会有很多环节，但是在电商上主要依靠点击、流量直接转化成销售，效率会更高。所以"品""效"之间的平衡其实还是挺难的，很多企业是大品牌，但在电商销售领域表现很一般；有些企业没什么品牌，在电商上有价格优势反而也能卖得很好。

在这种情况下，广告主市场也是相对分裂的。广告主并不关心是否用全国性大样本测量数据来解决测量问题，广告商可能比广告主更关心这种问题。广告主关心的是网红的带货能力，是效果反馈。而且再大的样本都不足以解决碎片化收视的问题，实际上样本量是一个相对的概念，有多少样本才能称为大样本？这需要找到一个性价比的平衡点来解决问题。

13. 您如何看待当前行业中面临的"数据孤岛"问题？有哪些可能的解决方案？

我觉得不太可能有个完满的解决方案，更应该是一个局部的解决。"数据孤岛"也可以理解为"围墙花园"或者"巨人花园"，"围墙花园"能不能形成更好的生态取决于"巨人"怎么制定规则，比如国外的谷歌、苹果，国内的爱优腾、抖音、快手等都算是"巨人"。

"巨人"是要建生态的，而建生态就意味着数据共享，只有大生态才可以做到这一点，对于小生态而言意义不大。所以能否打通"数据孤岛"就要看市场上的生态大到什么程度，如果每一个领域里都形成了寡头垄断，寡头之间为了互赢互利就会形成一个大的生态，在这种大生态的情况下，数据共享就变得有可能。

但是共享的前提有个政府规制问题。政府要反垄断，一个方法就是要求平台做隐私算法，保护用户的利益，比如淘宝和京东的用户之间可以共享数据，但是不能够具体到每一个人是谁。这涉及的最大问题就是终端问题，在产业链里做终端的公司就会开始考虑，如果自身并非生态中的关键受益者，就会优先保护用户，因为其核心利益是卖掉设备，而非通过共享用户数据来赚钱。如果没有足够大的用户量的话，数据也不值钱。所以在这种情况下，问题就变成了有多少平台愿意进入这个大生态。大生态实际上是由一个个"数据孤岛"连在一起的，比如将五个"数据孤岛"连在一起，基本上占了整个市场的百分之七八十的流量，是有可能打通的，但前提是要满足这种生态共建的条件。

对于视频平台来说，各平台往往互为竞争者，没有互补的特点，不大可能实现生态共建。所以对于收视测量而言，我觉得"数据孤岛"的问题短时间内是很难解决的。要打通视频的"数据孤岛"，主要方式就是用加标签（tagging）

的方法建立白名单，比如说市场上可能有 100 个做视频发布和传播的应用或者平台，我们一般会找一些头部的或者以广告经营为主的平台做一个白名单，这是需要和白名单的机构合作的，但平台在里面不会直接提供数据，而是提供一个 tagging 的许可，这样就可以获取一些独立于播放平台的 tagging 数据。当我们把要监测的内容提供方都放到白名单里之后，如果他们都愿意合作的话，就会形成一个非常大的、面向这个白名单的内容收视行为的普查数据库。一旦某个应用加入进来，那所有使用这个应用的用户数据就全都有了。并且我们使用的 tagging 数据是独立于播放平台自身的，这种情况下就不会存在谁提供数据、谁不提供数据以及提供的数据是否完整客观的问题了，避免了利益之争。而这个驱动力主要来自广告，因为广告主是这个大生态里的一个源头，广告主对数据的需求，以及广告代理公司、传播机构对数据的需求往往是推动打通"数据孤岛"非常关键的一环。

您对收视测量市场的发展有何展望？未来有哪些可能的数据转型方向需要关注？

总体上看，收视测量大致发展出四种类型的分支：一是 total TV viewing，即电视收视测量，指的是基于家庭样本的电视机的测量；二是 total TV usage，即电视使用测量，电视不只可以用来收看电视频道的节目，还可以用来玩游戏、连接很多投屏设备和 OTT 盒子等；三是 total video viewing，即视频收视测量，包括用户从电视大屏到其他屏的所有视频的收看；四是 total video usage，即视频使用测量，就是用户的所有视频使用行为，用户打开一个视频，有时候不一定是看，可能还会跳转，特别是短视频，很多情况下可能是一个入口，会连接到电商、社交媒体等平台。

从电视收视到电视使用，再到视频收视和视频使用，实际上反映了两个趋势：一是从单一的渠道传播走向融合传播，二是从受众向用户身份的转换。我们谈"usage"的时候，实际上是从用户的角度来看，谈"viewing"的时候，更多地还是一个受众的角度。在这样一个背景下，要把握变化的规律和趋势，就需要有足够多的数据来反映这些变化。原有抽样数据的固定样本组虽然也可以继续独立使用，反映头部的收视行为，但无法反映出长尾的部分。电视内容到了数字平台后会发生很多变化，比如长视频会被拆成短视频，推送、展示和互动方式也不尽相同等。这实际上就是电视内容中碎片化的长尾部分。在今天这个以精准营销、千人千面为导向的广告市场中，能够反映长尾的大数据就被推到了前台。因为广告营销在实现"千人千面"的过程中需要更多的数据反映细节和评估效果，所以广告对于市场上的大数据收视测量具有迫切需求。这也是为何收视测量呈现从固定样本到"样本组＋大数据"，再到"大数据为主，样本组为辅"的发展过程。

目前，我们可能还是主要在做"样本组＋大数据"，也就是用样本组提供主要的电视收视测量以及固定结构、画像，用大数据和算法模型测量长尾部分。但是未来，收视市场可能会逐渐突出大数据的作用，样本组就变得次要。以样本组为主，是在电视占了很大份额的情况下，当电视线性播出所占的份额不够大了，比如说低于30%，那更多的是以网络节目库或者视频点播（VOD）的方式为主，这个时候长尾的部分、跨屏传播的部分靠有限的样本组是不能够完全反映的，大数据就变得非常重要了。这就是到了更高级的阶段，即"大数据为主，样本组为辅"的阶段。

媒体测量标准化：现状与展望

王北云

中国广告协会媒体评估委员会（CMAC）CEO，主管中国数字媒体服务评估、第三方测量机构资质及测量服务审核。

> **1** 2016年8月，中国媒体评估委员会（China Media Assessment Council，CMAC）成立。之前曾经出现过CMRC（China Media Rating Council）的名称，CMAC是从CMRC更名而来吗？与美国媒体评估委员会（Media Rating Council，MRC）是什么关系？

CMAC是2016年8月由中国广告协会组织互联网广告技术、媒体、广告主和广告代理等十几家相关龙头企业在北京成立的一个独立的工作组织，专门负责互联网媒体测量的国际标准与国内标准落地及合规认证服务。我在2017年加入这个组织，当时已确定其正式英文名称叫作China Media Assessment Council，简称CMAC，中文名称是中国媒体评估委员会。

中国广告协会组织成立中国媒体评估委员会，从一开始筹备就是向美国媒体评估委员会（Media Rating Council，MRC）取经及共同讨论的，估计在早期曾考虑过使用CMRC为英文名字，但最终确定的名称就是CMAC。用这个名称，主要考虑到这个工作组织的定位是本土化的，并不打算做跨国或是全球性的组织。我们与MRC在中国市场上是独家合作关系，但不是它的下属机构。这个做法和IAB（互动广告局）的国际布局不同，IAB的全球总部在美国，在世界各地则是IAB加上相关地名，比如IAB中国、IAB欧洲等。MRC本身并不主张各个国家的同类协会工作组织都叫MRC，MRC制定的标准确实希望能在全球通行，也获得了国际性企业认可，包括品牌、媒体和测量服务等媒体产业链各方，但是MRC也鼓励各国各地能够基于本地的发展制定符合自己市场环境的相关标准内容，大家在标准和工作方法上可以高度一致，但在组织机构上并没有隶属关系。大家都是独立的，但可以强强联手。

> **2** CMAC目前主要审计国内的媒体测量产品，它的审计流程是怎样的？审计流程和标准与美国MRC有无差异？

媒体测量服务对相关标准合规的审计认证是我们和MRC合作的核心部分。MRC有两大服务模块，一是制定媒体测量的相关标准，二是用审计和认证流程让所有标准落地，保证标准得到市场相关各方（即测量方、媒体方及广告主方）的合规应用和实践验证。中国广告协会中一些活跃的互联网广告行业成员在前期对MRC有所了解，也就促成了中国广告协会与MRC讨论和组织一个中国本地的媒体测量评估工作组织，最终成立了现在的CMAC。无论是MRC还是CMAC，都会聘请专业、独立的会计师事务所从事数字广告审计的专业人员来进行审计工作。

对于申请做MRC标准合规认证的第三方媒体测量公司来说，它们的参与流程主要包括对申请认证的测量服务产品进行预审、问题修正跟进和正式审计。在预审阶段，按照第三方测量公司业务范围的差异会有不同的审计认证分类，比如受众测量是一类，复杂无效流量（SIVT）的甄别和排查这块业务也可独立审计认证，这两项可以独立申请审计认证，当然也可以结合起来。协会组织（即 CMAC 和 MRC）基于合规的范围进行预审后向第三方发出预审报告，把合规项和不合规项、存在的问题都列出来，然后是第三方修正问题、协会对第三方问题修正跟进阶段，根据预审里发现的第三方服务方面的不合规问题，让第三方测量公司进行修正。在一个合理的期间修正完成以后，审计公司会再进行一个核查，把结果提交回 MRC 和 CMAC 的审计技术委员会。审计技术委员会是由行业内的不同企业组成的，有买方代表，也有卖方代表，大家看到审计公司的报告确认第三方产品不合规问题修正完成之后，就会确认它可以进行正式审计。预审阶段只涉及材料的调取和公司内部工作流程的访谈，不涉及任何测试、现场操作等相关举措。正式的审计就会非常完整，从材料调取的量到访谈的细节程度再到相关数据的实测，这些环节都会有。正式审计之后也会形成一个审计报告，第一轮审计一定会有一些不合规的项目，依然需要让第三方测量公司去修正，然后我们再重新核查。如果修正之后所有的问题都能符合标准和规范，就会通过审计技术委员会给出一个结论报告，授予测量公司相关产品一年期的认证。所以大致的流程就是预审、修正跟进、正式审计、再修正跟进、再审计核查，最终实现认证。

目前 CMAC 审计产品需要遵循的标准以 MRC 的标准为主，同时会参考已经发布的国标和中广协发布的行业标准，审计流程和 MRC 也是一致的。之所以以年为周期作为一个认证阶段，是出于两方面的考虑：首先，任何公司日常运作中的市场环境、公司人员和工作流程都是动态变化的，特别是与互联网相关的业务更新迭代速度会很快；其次，像 MRC 的标准可能也会有一些更新，因此以一年为周期还是比较符合市场要求的。CMAC 也将推出基于国内的行业标准及国家标准的测量方服务产品的标准合规审计认证服务，更全面地服务于市场的各种需求。

> **3** 除了审计测量产品，CMAC 目前还有哪些职能？是否会吸纳业内测量公司一起参与，联合制定国内的测量标准？国内外标准在哪些方面存在差异？

CMAC 会在中国广告协会和更多相关的工作组织中推动大家一起形成国内的标准，逐步建立国内标准的相关认证。现在国内的媒体测量和广告相关的标准已经部分发布，同时有更多的草案出来，我们也鼓励更多本地的、与数字媒体测量相关的企业参与到审计认证之中，达到国内标准和 MRC 这样的国际标准的合规，以此来满足不同广告客户的需求。我们在工作中接触到很多国际品牌的广告主，他们非常认可 MRC 的标准，这也便于他们在统一的标准下管理自己的跨国广告投放。同时，市场上毕竟也有纯本地的广告投放客户和测量服务，他们可以选择国内的标准合规，这部分合规认证服务我们也会向市场提供。

国内目前在 CMAC 和 MRC 合作的认证项目中的，有秒针、国双、尼尔森中国的 DAR 服务以及腾徽软件（RTBAisa）四家，其他公司多多少少都对标准和审计认证有一定了解，但还没有进入正式工作之中。部分测量服务公司（有互联网广告类的、OTT 类的、数字户外类的）和我们有过接触，了解标准以及认证服务，但他们暂时没有正式参与审计。我们会通过更多的标准工作组、标准培训和认证的工作让产业各界多了解和参与，实现标准合规服务市场的良性发展。

基本上国内标准和 MRC 标准是高度一致的，MRC 标准发布较国内早，也有市场合规经验，我们制定国内标准时会把 MRC 标准作为比较重要的参考资料。国内的标准也会结合本地的法律法规来制定，比如用户隐私安全的内容，中国市场不管是法律法规还是行业标准，与国外都是基本一致的。目前暂时还没有发现和国际性机构发布的标准特别有落差的地方，只是国外像 MRC 的标准会比较细分，比如会分为桌面端、移动端、OTT，还有跨媒体、户外的标准等，由于国内移动互联网广告发展很快，我们的标准应用还有合规认证比较集中在移动端的广告部分。

> **4** MRC 认为受众测量的数据应来自用户端收集而非服务器端采集，也就是越贴近受众越好，CMAC 对此有什么考虑？在《跨媒介受众测量标准（视频版）》中，MRC 规定视频广告的可见曝光为"100% 像素连续两秒可见"，而国内则是"50% 像素连续两秒可见"。国内外对视频广告可见曝光的标准界定不同，原因是什么？

首先，关于受众测量数据采集，数据采集越贴近受众越好，这个我们是完全同意的。MRC 这个组织成立的时间非常早，在传统电视时代的 20 世纪 60 年代初就在美国成立了，后来随着互联网的迅速发展开始建立互联网广告市场的测量标准，它从 2004 年第一次发布数字广告测量标准时就已经强调要贴近用户了。在它起草标准之前，市场实际上已经有机构在做测量工作，那时候还是从服务器（server）端提取数据，即通过计算服务器对客户端广告请求的回应作为曝光统计，但是当 MRC 介入来做标准的时候，它就强调说从第一份标准开始就不支持纯粹的服务器端的数据采集，而要求尽量接近用户的实际行为，即采用客户端计数标准。

关于曝光和可见曝光的定义，我现在分享一些与 MRC 合作中对 MRC 标准的认知。我们和 MRC 合作这么多年，每年 MRC 至少会来中国两次，每次来我们都会安排三天的会议去讨论从培训到项目的各种具体事项，日常也会有很多线上的会议交流，所以对 MRC 标准有一定了解。

MRC 对曝光的考量是从基础曝光开始再延伸至可见曝光的，在标准的迭代过程中比较清晰地把曝光划分为几类，第一个分水岭就是你的曝光是不是可以监测到广告的素材在客户端屏幕上开始渲染（但不需要达到可见指标）。一开始 MRC 对于曝光测量的定义是通过下载计数（count on download）测量到的曝光，也就是说当客户端开始下载广告的监测代码时就可以开始计数，MRC 认为从这个时候开始可以算一个曝光；他们后来升级的原则叫作开始渲染计数（count on begin to render），也就是当物料开始在客户端被渲染的时候才被认为是一个曝光，可以开始计数（但不需要达到可见指标）。

渲染是互联网视频广告监测中一个比较有技术的概念，它和我们最原始的电视曝光千人成本（CPM）的概念不一样，原来我们说的这种曝光可能是指一次曝光机会，但真正内容有没有被受众看到我们是不知道的；但在流媒体视频传输中，物料能被渲染基本就可以认为受众看到了视频内容，从这一点来说，MRC 在时间线上把曝光的标准后移了，对曝光的标准要求也就更高了。出现这一曝光定义的转变是因为它要避免一些盗刷流量的现象，比如有一种叫作"手机农场"的设备连屏幕都没有，只是用来刷量操作，以及可能因为网速等其他原因的影响，即使受众在客户端发出请求但依然没有加载出视频来，受众就关掉了这个页面，在过去下载计数定义下这些数据都会被记作已观看，因为已经收到了客户端请求，但是在开始渲染计数的定义下就会把这些无效曝光排除掉。MRC 把老式的方式（即下载计数）监测出来的曝光定义为 Tracked Ads（曝光事件，又称跟踪广告），而增加开始渲染要求之后的监测定义为曝光（impression）。中国现在大多数曝光其实还是在 Tracked Ads（曝光事件）的范畴，要实现标准定义的曝光（impression），即开始渲染的曝光，特别是要在移动端实现，还需要额外去获取一些数据，这也是我们与中国广告协会等行业组织和机构在研发行业统一测量 SDK 时所要解决的问题。

接下来，第三层叫作可见曝光（viewable impression），这个就是你们问题中涉及的内容了。MRC 的思路就是先定义一次曝光，再进一步就是要可见曝光。当时 MRC 来中国交流时，我们对可见曝光有非常激烈的行业讨论，因为很多媒体非常担心或者介意可见曝光（viewable impression）会影响现行的广告结算方式。MRC 在《可见广告曝光测量标准》里，对可见曝光的定义是，如果是一个展示类（display）广告，就是达到 50% 的像素渲染并被用户连续观看 / 停留一秒；如果是一个视频广告，就是达到 50% 像素渲染并被用户连续观看两秒或以上。因为有像素和秒数的要求，可见曝光对比基础曝光（下载计数的 Tracked Ads 或者渲染曝光）的数量会减少，广告主如果以可见曝光来对曝光结算，之前的很多满足基础曝光的流量就不能计算为有效曝光了。对此，MRC 解释说，可见曝光并不是为了让广告主去依据可见曝光的统计来和媒体在 CPM 定价上发生摩擦，一次基础曝光的定义是以开始渲染作为标准而不是可见曝光。可见曝光指标的推出是为做跨媒体测量铺路的，即使不做跨媒体测量，只是做单一媒体的视频或平面展示测量，它的价值也是一个进阶的曝光品质所要求的。广告主是分不同类别的，广告主对自己流量的质量要求越高，对这些标准的定义也会越严格。如果广告主把可见曝光替代基础曝光作为 KPI，那要满足它的商业条件就会更高。标准的制定是技术层面的，但不会干预商业条件的谈判。总结来说，基础曝光和可见曝光测量指标不一样，反映曝光的不同质量和数量。

MRC 在可见曝光标准中对视频观看两秒、平面展示一秒和 50% 像素渲染的界定，也是在市场上收集了各种不同公司的数据最终研究得出的，这些数据既有媒体直接提供的，也有测量方的原有数据。他们研究发现这个定义是比较有行业共性的，也是一个比较符合用户行为的数值。后来 MRC 做跨媒体测量的时候，因为跨媒体涉及了传统电视、线上的、各种不同的数字设备，以及户外屏幕等，如果沿用互联网的标准就不能满足跨媒体比较和整合处理数据的需求，所以就必须把这个标准提升到能够符合各个媒体需求的"100%像素"，这个数值也是他们通过收集数据做出的一个标准上的界定。

这些数值虽然都有历史数据作为支撑，但 MRC 也会通过持续性的审计工作来验证这些标准在实际应用中是否合理。在国外每年申请 MRC 认证的项目有 100 多个，可以了解的测量报告量是十分丰富的，也可以用来验证标准的合理性。国内现在还在起草跨媒体测量标准，尚未对 100% 像素进行明确要求，国内现在移动端数字广告监测的技术标准，可见曝光要求和 MRC 之前的《可见广告曝光测量标准》一致，即视频需满足 50% 的像素、连续两秒可见，展示类的需满足 50% 的像素，连续一秒可见；而在 MRC《跨媒介受众测量标准（视频版）》中，需要满足 100% 像素露出。

> **5** 我们知道，传统电视使用人员测量仪（people meter）进行收视率测量时，可以做到以秒为测量单位，但通常以分钟为统计口径；MRC《跨媒介受众测量标准（视频版）》对于视频一次可见曝光的要求是画面露出 100% 像素至少持续两秒，视频广告和展示广告的可见曝光在像素露出和时长要求上有差异，为什么？

首先，MRC 跨媒介测量标准现在只覆盖视频类，视频类包括电视、OTT 以及桌面端和移动端的数字视频。

为了满足不同的媒体渠道/平台出现的视频可以相互比较以及累计分析曝

光的数据，标准要求视频统一满足可见曝光标准要求（即 100% 像素及连续两秒可见）。从像素要求上与传统电视看齐（即 100% 可见），从观看秒数上传统电视也要满足连续观看两秒。无论是传统电视还是数字视频，监测方都需要获取秒级的数据，再把满足"可见曝光"标准的曝光作为统计口径进行跨媒体分析。如果是非跨媒体测量，各个独立媒体渠道依然根据原有的相关标准进行曝光测量，因为数字广告（无论是视频还是展示类）都有机会被用户中途跳过或终止，所以最初提出的可见曝光标准，视频就是 50% 像素连续两秒可见，展示类就是 50% 像素连续一秒可见。传统电视的广告不存在用户控制播放的情况，是直接记录播放的时长，完整播放广告秒数的统计为曝光。

在 MRC 跨媒介（视频）测量标准中还引入了"Duration Weighting（加权时长）"作为 GRP 统计的方法。因为满足"可见曝光"的视频进入 GRP 统计时，传统媒体、OTT 和数字视频的曝光时长都不是统一的（传统电视一般都是完整的广告/内容时长，而 OTT 或者其他数字视频则是满足可见标准的两秒或者两秒以上的不同秒数），因为需要对监测到的不同秒数曝光进行 GRP 统计，就需要进行加权处理。详细做法可以查看标准的内容。

6 您认为国内是否需要推出覆盖广告测量和内容测量的统一标准？美国 MRC 是独立的行业组织，CMAC 是中国广告协会的工作组织，要理顺内容测量和广告测量之间的关系，在管理制度和职能等方面是否需要做出一些调整？

如果能有广告测量和内容测量的统一标准，我觉得会非常理想。传统电视的收视测量，广告和内容的方法是统一的。从需求来说，实际上一些大型广告主一直在提数字内容测量的需求，但标准的制定还是需要从广告测量的完善开始，这也是我们现在的工作重点。

MRC的标准针对的是媒体测量（包括广告和内容），根据行业的需求，它推出的大部分标准还是会针对广告监测的部分。在MRC《跨媒介受众测量标准（视频版）》里既包含广告，也包括内容的测量要求，其他也有《社交媒体测量标准》对内容测量进行规范，它的标准制定按行业发展的需求和调研的进度有阶段性的安排。

从CMAC行业组织的工作角度来看，广告和内容测量统一标准的建立很难一蹴而就。特别是中国这个市场很大，单是广告标准相关的需求就已经很大，我觉得至少从中国广告协会的角度来说，它很支持对广告行业发展有利的工作。CMAC依托中国广告协会这个大平台，提供标准认证服务，也参与标准的制定工作，它在中国广告协会是一个独立的、不受影响的工作组。做合规认证一定要有足够的独立性和中立性，所以参与CMAC审计技术委员会的企业的代表性、它的人员组成、买方与卖方比例的平均程度等我们都会留意；另外，中国广告协会也很认可这种独立性，不会在工作流程里去干预。

之所以要依托中国广告协会这个大平台，一是因为中广协是我国广告行业最有代表性的全国性行业组织，承担着我国广告行业标准化建设的职能，依托这个平台有利于整合行业各方力量动员各方参与到标准制定和落地推广工作中来；二是出于合法、合规工作的考虑，在一个规范的组织体系内独立开展审计认证工作，有利于各项工作朝着客观、公正、透明的方向发展，经得起政府的监管、行业的认可和社会的监督。成立的时候，创始成员也做了很多努力，请了律师事务所帮忙去看相关的政策，MRC也积极和中国广告协会沟通并和一些协会成员交流，他们非常认可与中国广告协会以一个独立工作组织的形式来进行合作，这是最安全、最科学的选择。

另外，任何行业标准都不是强制性执行标准，更多的是一个行业共识。我们也欢迎相关的行业组织、研究机构一起讨论和参与。当然，标准推出以后，我们也希望进行一个市场的消化迭代，这是需要时间去磨合的。

> **7** 视频内容和广告都有进行跨媒介测量的需要，CMAC 是中国广告协会下的组织，今后有没有可能成立一个跨广电和广告的行业性机构，将内容和广告的测量标准统一起来，进行联合性标准建构和审计认证工作？

中国广告协会及其相关工作组织都是行业自律性质的组织，不具有政府监管职能。广电总局和市场监管总局是国家监管部门，承担着国务院三定方案赋予的监管和执法职能。标准工作通过行业组织间的合作就可以实现统一标准。

广告测量标准和内容测量标准哪部分有共性、哪部分有不同，应用场景等都需要认真了解。在标准合规认证的时候，也需要进行细分。比如线上还得分为是桌面端还是移动端，在移动端也分为 App 环境和网页环境，不能说拿了一个认证就每一样都符合标准了。这个也是我们从 MRC 那里学到的，他们分得就特别细。

有了广告测量、内容测量相关的标准，就可以讨论是否需要统一的认证标准和工作方法，行业内相关的工作组织可以坐在一起围绕标准相关工作进行讨论，举办标准认证会议，或者形成一个联合工作组，然后分项来进行评判和表决，这是我的一些不成熟的想法，具体的方式方法只要行业有合理的需求就可以通过共同合作来实现。

行业组织联合在国际上是很常见的，像 MRC 的标准其实也是联合发布的，它的每一个标准至少会联合三个组织，比如 MRC、IAB、MMA 等。因为如果大家希望标准能够尽量通用，就需要一些相关的行业组织一起合作，让大家都认可，都参与进来。MRC 的标准之所以被称为 MRC 标准，是因为 MRC 负责其中的主要撰写工作并管理内容更新，但是它的数据收集以及一些讨论，都是几家协会组织的成员共同参与的，所以每个标准上都会有主要参与的行业协会的名称，有些还会基于当时标准的一些工作规划延展出去，增加不同的协会组织。所以，从我们观察到的国内外行业组织的工作情况来看，我觉得这不应该是一个问题，大家都认同要做这件事的话，可以根据具体要做的事立项和落实工作方法，组织成员共同参与。

> **8** CMAC 是否考虑搭建公共性的、类似于"安全岛"性质的数据处理平台，在数据安全和隐私保护的前提下，促进多主体间的数据共享与合作？未来 CMAC 的职能是否会向跨媒介受众测量的标准制定和审计认证方向发展？

无论在国内还是在国外，CMAC 和 MRC 扮演的角色只是做测量标准和相关认证，因为要保持它的一个中立性。同时，我们也了解行业需要一些数据相关的行业平台服务，因此中国广告协会和中国信息通信研究院联合成立了互联网广告技术实验室 CDA Tech Lab，通过信通院的加入实现技术上的增强，能够更好地组织行业里的技术力量来做这件事情，像建立无效流量的黑名单、IP

地址库、中国自主广告标识体系等，就是让大家能够有一个有行业共识的、对 IP 地址进行判定的数据清单，避免各家对数据信息的判断误差。下一步，中国广告协会会联合行业各方探索关于兼顾数据安全、隐私保护和数据合规流动以促进产业发展的技术方案，搭建数据合规交换应用平台，解决行业痛点问题。这些都是打包在一起通过互联网广告技术实验室主导落地操作，CMAC 在其中参与了制定行业标准和行业教育方面的工作。

这种行业组织分工模式在国际上也存在。除了我们和 MRC 合作，中国广告协会和 IAB、MMA 等国际组织的合作也比较紧密，了解行业能提供安全合规的相关数据服务和工具。比如无效流量，MRC、IAB、MMA 会在标准中推行各行业都要贡献无效流量的黑名单，无论是已经被发现的虚假网站，还是虚假 IP 地址等，都会有黑名单机制，这就是通过行业贡献数据得到的。现在互联网广告技术实验室也提供这些服务产品。

就目前来说，CMAC 沿用了 MRC 成功的经验，也就是专注做测量的标准和有针对性的认证。因为如果把自己做得更多元化的话，就会变成 IAB、MMA 或者是互联网广告技术实验室的工作了，这样行业组织的重合度就太高了。如果额外做一个数据服务平台，这里面也会存在一些利益冲突，因为数据平台实际上等于是服务方，而我们要认证的那一方也是服务方，这种利益冲突很难避免。另外，不同的组织机构还有一些能力上的不一样，懂得做标准、做审计认证和懂得去设计、管理一套数据服务工具，这背后投入的能力和资源是不一样的。虽然大家有一些概念上的一致性，但具体操作起来，在技术能力、服务方式和收费等各种利益的取舍方面是不同的。至于 CMAC 以后的职能，也会向跨媒介（传统电视 +OTT+ 数字视频，还有电子户外等）测量标准的制定、审计方面发展，通过和 MRC 合作，我们逐步形成了本地的流程规范，所以对 CMAC 来说已经有了一个很好的基础，协会的标准工作也有相关行业立项和工作规范，现在已经有 100 多家互联网企业参加到信通院和中国广告协会组织的标准工作中。

> **9** 跨屏测量的数据源已趋于多元化，各个互联网平台也都有自己的数据。市场上存在这样的需求，希望能够有一个公共性的平台来汇集多方数据，评估不同播出渠道的综合效果。您认为什么机构来扮演这个角色比较合适，可以通过什么方式发展相关业务？

上面提及的互联网广告技术实验室提供的服务已经体现了以公共平台方式提供不同目的和用途的数据解决方案。同时，哪些需要公共平台服务，哪些更适合由市场各家推广不同的服务，最理想的方式是让市场来形成它的格局。比如有一些大的调研公司是有能力逐步整合多元数据的，同时市场上也会有另外一些企业，就是想做精，在某一方面做得比各家都要好。广告主或媒体在采买服务的时候，也很难说通过一家企业就满足自己所有的需求，它们可能会有很多阶段性的需求，在早期或一段时间内，可能一家供应商就能够满足客户的需求，但伴随着运作过程，客户对某些领域的业务模块可能会逐渐重视，会额外添加一些服务，增加不同的供应商。市场就是这样，所以提供全方位服务是很难的，如果行业协会也做同样的整合服务是否会把市场上各家的业务都给封杀了，行业组织肯定不想扮演这样的角色，本来行业组织就是非营利性质的，它提供的服务不能与行业利益相冲突，具体哪些市场需求由协会组织来实现可以具体探讨。

数据处理平台就像我刚才说的，如果具体到无效流量黑名单，这个也算是数据处理平台，但它非常具有针对性，就是大家都来贡献数据、形成一个共性的名单，然后以行业平均下来比较合理的一个成本让大家都能够用，就不用各家自己去研发，这种就是可行的。所以得具体针对每件事情来判断，没办法一概而论，否则很容易直接参与到市场竞争中。但是打破数据孤岛这个事情，我觉得还是标准先行会更有推动力一些。

> **10** 您如何看待当前智能电视普遍存在预装 APK 收集受众数据的现象？许多智能电视将"第三方数据收集服务"写进知情同意书，买家如不同意就可能无法购买和使用电视。随着人们隐私保护意识的提升，这种市场策略是否需要改进？

智能电视预装受众数据收集 APK 是市场上原有的一种做法，普及程度我还没有具体数据。随着《网络安全法》《个人信息保护法》等法律法规相继生效，相信厂家都会相应改变做法。比如，《个人信息保护法》中明文规定，不能在用户不知情的情况下收集用户数据，以及个人信息处理者不得以个人不同意处理其个人信息或者撤回同意为由，拒绝提供产品或者服务；处理个人信息属于提供产品或者服务所必需的除外。万一其做法与法律相冲突，相关企业有面对法律制裁的风险。现在协会以及企业都在积极继续跟进相关法律要求的司法解释以及具体的执行细节，也会开展行业讨论包括标准的同步更新等工作。

国际上，MRC 的全部标准中要求所有的测量服务方都必须遵守当地的法律法规。如果做全球市场服务，各地法律法规就都得要了解。比如欧洲的《通用数据保护条例》（GDPR）、美国加州的《加州消费者隐私法》（CCPA）、中国的《网络安全法》和《个人信息保护法》等。只要当地有出台相关法律法规，就必须严格遵守。MRC 的标准不会在上面额外再添加或减少相关法律法规的要求。在国内，涉及互联网广告采集数据安全和用户隐私的标准规范以及自动化工具的安全测评工作，互联网广告技术实验室已上线相关服务，可具体了解。

国内基于家庭 Wi-Fi 的可寻址受众测量在市场上有一定应用，您认为其发展前景如何？可寻址性与隐私保护之间的平衡点在哪里？CMAC 能在其中做些什么？

从设备锁定到具体的人，其实就是回归到了网络安全法和个人信息规范的问题。这两个法规已经有非常明确的要求，不可以在用户不知情的情况下做这种事。这涉及各项环节，在采集用户数据时有没有隐瞒用户、有没有在暗中做数据收集，这里面风险是很高的。如果和用户之间有签订协议，有一个知情同意确认的话是可以的。的确有一些服务商和第三方机构具有推算能力，他们有一个算法模式，以模糊化的方式、以家庭为单位去进行测量；或者通过这个家庭里面有多少人、有多少台设备来进行一些判断，推测出这几台设备都是属于同一个家庭，这一类测量是可行的。无论是依据国外还是国内的法律法规和标准，从测量的目的来说，未经用户许可，不要锁定到个人，以家庭为单元来做是没有问题的。可寻址到个人需要获得用户同意。

国内外的智能电视监测有好几种不同的流派，有一些是用样本户的形式，会自己招募样本户，等于前提还是得样本对象知情和授权，如果是全量的话，也还是要满足知情同意的大前提。在欧洲和美国，针对无效流量、流量造假这个具体的业务端,平台是默认允许直接采集用户数据用于流量反欺诈的,但需要非常明确相关数据不再用于其他业务模块。国外的业务划分比较细,在服务场景的用户告知和同意选项里可以归类管理。我国的《个人信息保护法》已于2021年11月1日正式施行,协会组织及成员企业都将把我国的相关用户信息保护合规措施落实到广告标准和平台运营当中。

智能时代的大屏测量

喻亮星

勾正数据科技有限公司董事长兼CEO，中国电子视像行业协会专家委员会委员。

 近几年智能电视发展势头迅猛,从整个媒体业发展来看,目前智能电视收视市场的情况如何?

从整个媒体市场来说,目前智能电视和移动端可谓占据了人们内容消费的主流。根据 2020 年 CNNIC 第 46 次《中国互联网络发展状况统计报告》,我国现有手机网民 9.32 亿,在全国网民中的覆盖率为 99.2%,而在全国人口中的覆盖率为 66.4%。可见,手机已经成为人们介入互联网的主要渠道。但是,就互联网视频消费这一特定的消费形态来说,联网电视仍然是比较重要的应用场景。截至 2020 年下半年,根据勾正数据发布的《2020 智慧屏行业发展白皮书》,全国订阅 IPTV 和 OTT 服务的激活户数分别为 3.15 亿和 2.55 亿,搭载上述两种服务(合称联网电视)的去重终端设备共有 4.23 亿台。我这里所说的联网电视是指 IPTV 和 OTT TV(包括智能电视机,但不包含互联网盒子)。虽然绝对规模并没有手机设备这么庞大,不过考虑到电视的消费场景主要集中在家庭之中,我们参考国家统计局第七次人口普查数据,中国家庭共有 4.94 亿户,联网电视市场覆盖率就已经颇具规模了,家庭覆盖率为 85.6%,而 OTT TV 家庭覆盖率为 51.6%。可以说,智能电视已经完成了前期流量规模的积累。

其次,我们可以看看智能电视目前的活跃程度与使用情况。根据勾正数据 ORS OTT 收视系统的数据,截至 2020 年下半年,智能电视激活家庭中,2.3 亿户家庭每月使用电视,月活率为 92%,家庭日均使用时长 317 分钟。对比移动端来说,移动端的月活规模有 9.3 亿,月活率 99% 以上,高于智能电视,但是每人日均使用时长只有 240 分钟,这个时间里面也只有一部分时间是用来看视频内容的。

智能电视行业发展快速，但其中的收视测量环节，仍存在一定的客观难题。仔细了解整个视频传媒生态，就会发现其中不仅仅有大屏电视端、小屏手机端这样的划分，大屏还有电视台、终端设备商、IPTV运营商、视频媒体平台等各式各样的媒体方。这意味着实际上大屏的视频媒体形态非常多元，也就导致了用户媒介行为是跨不同媒体平台且分散化的，对于数据第三方和行业来说，就意味着数据整合上存在困难，如何通过跨屏、跨设备、跨媒体的连接来打通数据测量壁垒，是智能大屏行业收视测量必须面对的课题。

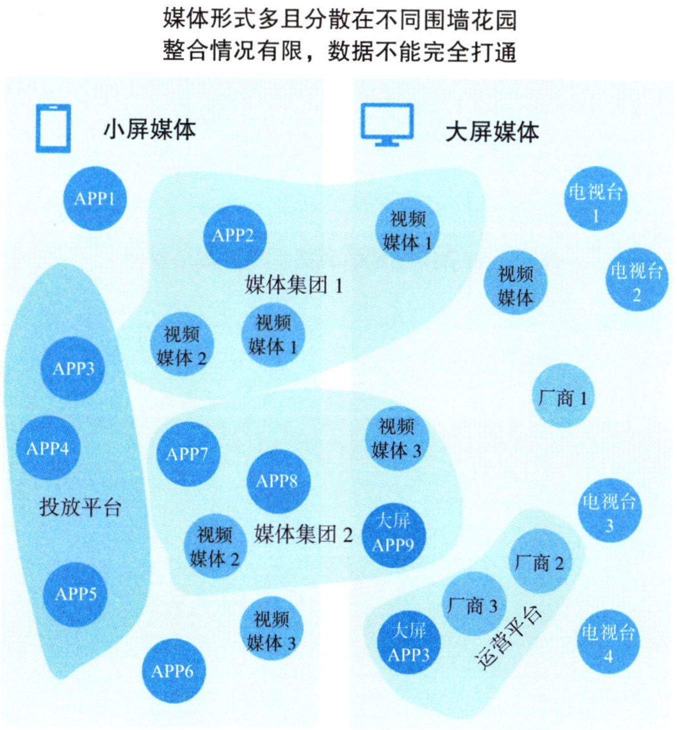

图1 媒体集团形成围墙花园，数据割裂且分散

来源：勾正数据。

需要跨屏媒体数据融合体系
形成以受众为核心的数据池

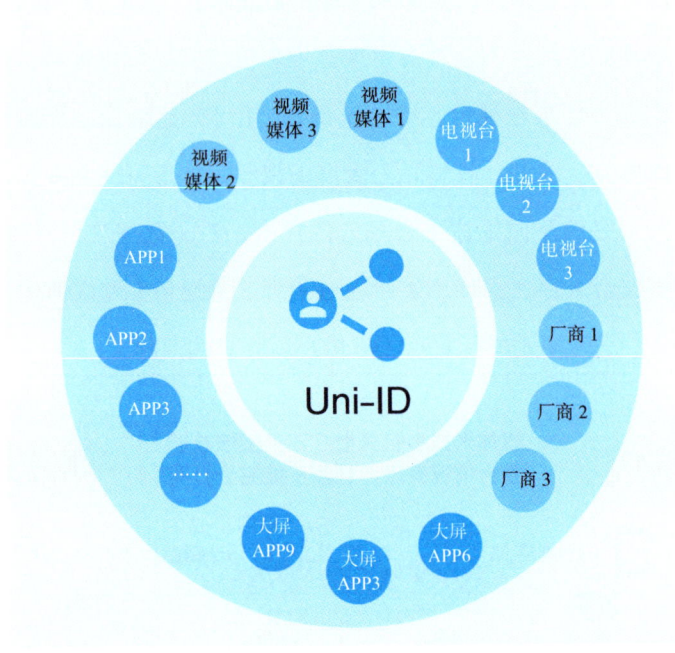

图2 跨屏跨媒体的数据打通方案示意图

来源：勾正数据。

2　当"大屏"遇上"智能"，您觉得哪些技术应用是推动大屏向智能化转型的关键？

大屏生态十分复杂，其智能化的进程在每个方面都有着不同的体现。比如随着WIFI6技术和物联网的发展，电视终端实现了智能化升级，可与其他家庭设备很好地交互，大屏逐渐成为智慧家庭的中枢，用户使用功能上更加便捷智能；比如大屏上的媒体方平台，包含各类视频网站、电视机运营厂商，也在进行自身的智能化升级，通过底层大数据能力的建设，进而驱动各项智能化业务平台的搭建，包含智能推荐系统、内容运营平台、会员运营系统等，让整体的业务能力更有效率、更智能化；再比如在大屏的广告营销上，从过去的电视台直播贴片广告，到如今的开机、开屏、前贴片以及各式创新广告，也已经具备通过大数据的算法能力，实现定向的广告推送。

上述的各个升级方向，不论是智慧家庭、媒体运营还是广告营销的智能化，在实现转型的历程中都离不开数据的赋能和应用。在全链路大数据处理中，必须要提升终端用户数据数字化的能力。这个过程从勾正的角度，可以分为三个阶段/步骤：标记人、认识人以及应用人。

其一是标记人，在获取数据的过程中，将跨媒体、跨平台的用户进行统一化、标准化处理，其中数据如何打通、匹配、融合极为关键，如果数据不能打通，其价值就会大打折扣。

其二是要实现智能推荐，还需要做到认识人。也就是对这些用户的画像有更清晰的了解，通过数据结合算法分析用户画像，包含人口属性、大致地理位置、消费特征、内容偏好、应用偏好、垂直行业等几大类标签。能做到越细致的用户标签画像，代表着其定向智能推荐的能力越佳。

其三则是应用人，也就是将数据和业务场景无缝结合的实践能力。数据的应用场景有很多延展性，比如在媒体端的实践，除了智能推荐外，可利用所收集到的数据对媒体价值进行评估，从整个行业价值、媒体平台价值到节目内容价值、广告价值，都可以根据数据对具体的流量价值进行评估，并且应用在包含收视测量、预算分配等领域。另外在营销领域，通过数据赋能可以得到更多智能化的解决方案，比如在洞察受众画像之后，广告主可以根据用户的跨屏行为路径进行分析和优化，应用在跨屏营销场景，甚至将营销数据连接到外部效果数据，为广告营销提供效果验证。

简单来说，从标记人到应用人的过程实际上是为了更好地利用数据，提升业务能力的过程，在智能媒体时代的大屏营销，其中的关键环节，就是对数据打通融合、分析处理、应用实践的能力。

> **3** 在智能电视的测量和数据融合方面目前面临哪些问题？勾正数据做了哪些努力，有何突破性成果可以分享？

智能电视作为一个互联网和传统电视媒介融合的平台（既有互联网视频点播内容，又有传统直播电视内容），测量体系也需要有相应的融合。过去，电视的收视测量的主要是基于直播数据，缺少关于点播的测量，在网络端的测量，对于腾讯、爱奇艺等平台点播内容的测量指标也不统一。勾正在智能电视的数据测量上，推出了"同屏跨源"（指同一屏，跨直播点播不同数据源）的标准化收视产品《勾正ORS——联网电视（CTV）收视系统》，ORS能够做到同屏跨源的数据采集，将智能电视这块屏上的跨DTV、IPTV、OTT不同信源，跨直播点播打通统一测量。其中常用的指标包含：收视率、市场份额、到达率（量）、时长、人群占比TGI等。

智能电视的数据测量，用户收看场景也更为复杂，比如现在很多热播剧都是"台网联播"，在这种情况下，测量需要一个统一的标准、统一的数据来源，这也是ORS能做到与传统测量最不一样的地方。除此之外，现在我们的数据测量技术实现了"从户到人"的大数据收视测量，ORS现有百万级样本户，不仅可从家庭收视的角度洞察，亦可通过算法，分析以人为单位维度的收视表现。

同时，相较于传统的样本数据，ORS 能够提供颗粒度更细的数据，为收视测量、人群洞察提供更准确的支持，而这也是其他数据系统很难做到的。基于以上特性，ORS 提供四层测量体系，能够完整地呈现智能电视整体行业表现（比如整体 OTT 日活率、月活率）、平台表现（各平台的收视份额、用户画像）、节目表现（各节目收视情况、用户画像）以及广告的测量（基于广告播出后的广告到达率测量）。

4 相较于传统的收视率测量，智能电视的数据测量有哪些新特点？

首先，智能化数据采集，排除了人为因素影响。传统的电视收视率测量，大致是通过日记卡、测量仪等方式，对样本对象的收视行为进行记录，其中均需要样本对象本身进行操作，难免存在人为操作可能会影响收视率分析的担忧，而现今智能电视的出现，由于其可联网且智能化的特性，可通过大数据采集技术，客观采集收视数据，并通过互联网进行数据上报，可排除人为因素导致的可能收视影响。

其次，收视场景的复杂化，需要跨屏、跨场景同源的数据采集。随着技术的发展，智能电视上不止可以看直播信源，还有各式各样的机顶盒甚至直接通过互联网看点播视频网站，这块大屏上的收视场景众多，因此需要横跨 DTV、IPTV、OTT 不同信源打通并且统一测量，才能够知道一个整体的大屏收视情况。而目前较常见的技术，通过在智能电视系统层进行数据采集，可在同一台智能电视基础之上，获取不同信源、场景的收视数据。

大数据分析，能够支持更精细、更多维度的收视测量。由于数据获取方式的智能化，可以较大规模地回收数据，建构出大数据的收视样本，进而支持细颗粒度的数据洞察，实现更多的分析维度，包含内容、平台、人群和收视行为深度洞察。比如在不同地域、频道、某个目标人群的交叉组合下，即便是凌晨等收视较低的时段，由于大样本、大数据测量，仍可以很好地测量出收视情况的差异。

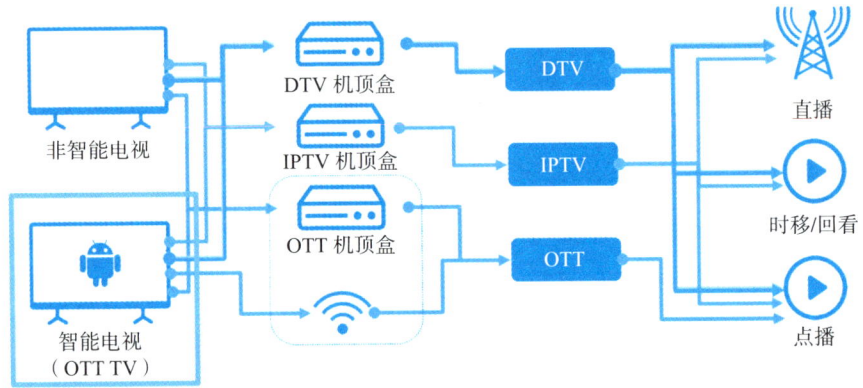

图3　电视收视方式、信源连接方式示意图

来源：勾正数据。

5　跨屏时代往往会出现重复收视的情况，目前业界针对跨屏收视测量的去重问题有哪些好的解决办法？

如何进行重复收看用户的识别，是去重方法论的核心要素。最常见的是跨平台播出的节目，同一个用户在多平台都观看了，如何识别是同一个用户？最简明的方式，也是业界常见的方法论，是使用同源样本进行测量，也就是测量到用户在不同平台的收视行为时，如该用户的标识是同一个，自然也就可以进行去重。该方法论在实践上也有许多方式，主要差别在于同源的实现方式，比如勾正是采用同源数据进行判断，有些解决方案可能是将不同的数据源，用匹配的方式（比如 IP 匹配）实现同源。

6. 智能电视的大数据采集方式与传统电视的数据采集方式有何不同？

大数据采集是基于用户直接的使用行为进行数据采集，用户在电视上看了什么节目，观看时间、观看平台等内容，在去标示化之后可以加密回传到数据后台，供后期的收视分析使用。

传统的电视收视率测量，大多是通过日记卡、测量仪等方式，是脱离电视机的外部测量方式，需要人为进行操作。观众在整个过程中需要高密度配合，如在使用测量仪时，需要通过手控器选择在看观众的身份，以确定屏前观众；如使用日记卡，则需要被访观众定期自主填写观看的节目和时间。

7. 大数据可以在一定程度上解决收视测量中"从端到人"的问题，那么数据采集之后，关于用户的具体画像是如何建立的？

目前，主要还是通过给人群贴标签的方式来描述用户画像。勾正的人群画像标签主要可以分为三大类别，包括基础属性标签（年龄、性别、家庭生命周期等）、内容特征标签（直点播收视行为、内容偏好标签、题材偏好标签、应用使用标签等）以及根据复杂的行为数据模型分析得出的家庭类型标签（汽车家庭、美妆家庭、母婴家庭等），其中包含数千个细分的标签。上述标签，一部分来自数据的直接分析和聚类，比如设备尺寸；另外，勾正亦会对收视行为进行算法建模，通过海量的大屏收视、行为数据进行模型训练，并结合外部合作方的成熟标签进行校验，从而生成勾正自有的标准化标签体系。上述标签中有些是属于"家庭"标签，比如家庭生命周期；有些则是属于个人标签，比如"20—44岁男性"。个人标签的意义，是该家庭中有一个这样的个人。除了生成这些标签外，勾正也将家庭和个人的标签体系进行了融合。在上述标准化标签之外，我们也能够根据定制化的需求，通过特定的条件进行标签模型训练，进而生成符合要求的定制标签（比如特定细分节目类型的偏好标签等）。

8 除了自身测量体系之外，目前勾正主要与哪些机构合作开发和应用数据，可能的数据来源还有哪些？

我们与国内多个互联网平台都有数据合作，主要的场景是大屏广告的效果测量。比如，我们与某电商平台合作，它们希望看到在电视台投放广告后，其电商 App 转化行为效果到底如何。通过勾正的电视收视数据、大小屏融合数据，与该电商的平台自身的用户行为数据，对广告投放后的用户行为的变化，进行统计级广告效果分析。

同时，在媒体端的合作，国内电视台方面我们主要以新媒体机构为入口与电视台进行合作。合作的方式主要包括为它们梳理现有的数据体系，并且基于勾正在智能电视端成熟的数据模型和技术能力，为其搭建新媒体自身的大数据管理和用户管理平台，主要数据来源于新媒体自身的用户数据、IPTV

行为数据。

> **9** 数据融合或整合目前来说还是一大难题，勾正数据在市场上所获得的跨屏端、跨媒体、跨设备的数据是通过什么方式整合的？

在不同端、不同媒体的数据体系中，每个体系的数据都有其主要的标识符（ID），而要将这些数据在底层上有效地整合，最核心的能力就是这些标识符的相互连接和打通。勾正的数据整合方式，是通过自身开发的 UNI_ID 体系来完成。UNI_ID 是一套，基于勾正获取的历史数据，通过复杂的算法模型训练而形成的 ID-Graph（设备关系图谱），每一组 UNI_ID 可以关联上不同媒体、不同屏设备数据之间的标识符，并且随着数据的更新不断优化算法模型。勾正的跨端数据，即是以此方法进行整合，并支持数据产品，支持数据分析、应用的各个场景。

当然，UNI_ID 体系只是勾正整合内部数据体系的一种方式，而目前行业整体的数据融合还是非常困难的，其核心是涉及数据安全问题。市场上的数据主要掌握在政府机构及大公司手里，对外开放也有一定的门槛，即便一些数据公司会开放 API 的接口服务，但反馈的都是统计级的数据，很少有一一对应的数据，所以能用于行业研究的数据体系还很不完善。至于媒体的数据，不同媒体间的数据融合也十分复杂，如能实现各方数据的共享和应用，必定能够提升数据的价值。在未来，如果数据隐私保护和应用的技术更加完善，可能每家公司都会提供一个数据接口，将数据发送到通用的数据安全岛、Datahub 上，让大家都能无门槛地使用数据、连接数据。

10 智能传播时代，大家都在强调智能推荐和广告定向投放。在大屏市场上，目前是如何处理这类问题的？

　　小屏广告是针对手机用户所进行的定向营销，大屏广告在处理该问题时，颗粒度会更粗一点，目前仍以以"家庭"为对象进行的定向营销为主。一方面，大屏广告可以选择以家庭属性为判断标准的产品来进行营销，例如以母婴用品等不同产品类型来对应有宝宝的家庭或者有老年人的家庭。另一方面，大屏设备由于一屏对多人的特性，虽然同样可以对个人进行广告投放，对于一些个人消费品而言，比如啤酒和化妆品，针对有意愿的个体进行营销，如针对24—44岁的女性进行化妆品的定向触达，但也有一定的概率在电视屏前的人并非目标用户，而是她的家人。大屏目前的定向投放，当然离不开数据标签体系的建设，行业上（包含第三方数据方、媒体方）的标签，主要都是基于对用户的收视偏好、习惯所形成的标签体系来完成，简单来说就是根据收视行为的分析，推荐用户喜好的节目内容和可能感兴趣的广告。

11 在您看来，智能大屏广告和小屏广告存在哪些差异？如何协调才能实现投放效果的最大化？

　　广告形式上，大屏大多是"品牌"广告，以视频类型为主。基于大屏本身就具备视觉冲击的优势，该类广告能够带给品牌的营销效果，主要表现在对用户品牌认知度、信任度的提升最为有效，比如智能大屏端主流的广告形式，开机广告、视频贴片、大屏 App 开屏广告，都是以视频类广告为主。当然，也有一些创新的广告形式，像角标、弹窗等一类广告，以及近几年愈多出现的创意联动广告，大屏的广告形式也越来越丰富。小屏端则是百花齐放，信息流、朋友圈、KOL、App 的开屏广告，应用内的广告，搜索广告等，种类繁多。大体来说，小屏广告相对于大屏广告，有更高的效果广告的占比，主打对销量、转化率的提升，比如有些小屏广告的直接目的，主要是让用户看了广告后跳转到电商平台下单购买。

对于广告主来说，最优的方案，必定是在大小屏的联合投放上，能够达到一个最佳的平衡、最佳跨屏组合的投放比例，通过品牌广告来占领用户心智的情况下，结合效果类广告直接提升产品的转化，进而达到营收的最大化。

而在实践中，由于各个品牌、产品、目标人群的属性不同，并没有一个通用的方案，需要对目标用户的跨屏行为进行洞察和研究后，结合品牌特性才能够制定跨屏投放策略。在这里就体现了跨屏数据的重要性，通过跨屏数据连接不同媒体的投放数据、透后效果数据，可以根据品牌的生命周期进行整合的策划和营销。例如，某快消品牌是处于开拓期的新品牌，初期目的就是通过展示型的广告尽可能多地触达目标受众，那么可以通过像大屏广告这种模式快速覆盖人群，同时通过手机端进行人群重复触达和加深印象，由于快消品决策周期短，手机端广告可以直接促进电商等转化。那么通过联通大小屏端数据，计算出在什么花费和大小屏投资比例下，更好达成营销目标，使营销的 ROI 最大化。

除此之外，在联合投放的过程中，应用跨屏数据来优化投放的解决方案，也已经非常成熟，有些广告主已经在通过跨屏的数据来实施大小屏联合投放，并取得了不错的效果。比如在产品的促销期，先通过大屏进行整体品牌和活动的传播，由于大屏广告的冲击性，可能在消费者心里已经留下了较深的印象，这样通过跨屏联投的形式，快速追加消费者的手机端广告投放，如投放促销信息，进一步加深促销影响，同时在手机端就可以进行购买转化。

12 《智能电视开机广告服务规范》的出台对于开机广告投放有何影响？您如何看待部分智能电视的强制性开机广告？市场应当如何进行规范以保障用户权益？

随着中国电子视像行业协会《智能电视开机广告服务规范》的出台，智能电视开机广告得到规范化管理，长远来看，对于整个市场的规范发展是有益处的。

广告投放并不是站在消费者的对立面。智能电视和其他媒体通过技术和创意来提升广告的实用性和趣味性，传达有效的产品信息，使消费者能够获取有价值的信息，这应该是未来广告人考虑的方向。目前智能电视上，也出现了很多很有创新性的广告，通过科技形式、IP 关联等，在传达品牌信息的同时也增强了观影趣味性。

同时，即便像开机广告这样的强制性广告或是展示位广告，用户也有权跳过或关闭，不过用户在点击"跳过"时，尤其是用遥控器选择"跳过"时，耗时会比手机上更长，注意力也会更聚焦，所以"跳过广告"或"关闭广告"并不一定影响广告的触达，甚至会有更好的曝光效果。从行业从业人员和消费者的双重角色出发，我认为开机广告必须是在用户可以选择、容易关闭的状态下进行，未来技术进一步发展后，应该让用户提前预订或退订。

13 和传统媒体的广告投放相比，现在有没有新的软件和技术帮助广告商或广告主通过定向投放的方式提升广告的价值？

广告的目的在于触达品牌的目标受众，传统广告投放往往是通过调研等形式了解某个媒体整体的用户画像，如女性的浓度、母婴家庭的浓度等，然后选择目标受众浓度比较高的媒体进行投放，实际上还是会有相当一部分的花费投放到非目标受众上，而这种浪费在没有数字化帮助下，几乎是难以避免的。目前在大数据加持下，如前所述，智能电视具备实现丰富的标签体系的能力，就可以通过大屏的DMP平台（Data Management Platform，数据管理平台），赋能广告主进行大屏的广告投放优化，通过对目标人群的广告定向，进而提示广告投放的ROI（Return on Investment，投资回报率）。即在投放前确定品牌目标受众，如母婴家庭，在投放过程中，通过媒体进行设备选择，仅选择家庭中有婴儿的电视设备进行定向投放，可以大大节省预算，并提升曝光用户的目标人群浓度。同时对于媒体，也可以充分利用和分配媒体资源，享受定向投放带来的媒体溢价，与广告主形成双赢局面。

该类产品主要通过和媒体平台、DSP平台（Demand Side Platform，需求方平台）对接，一方面可以通过数据赋能，为媒体提升自身的数据标签和广告运营能力；另一方面通过和DSP平台公司合作直接服务广告主，通过程序化投放的方式，实现广告的定向投放。上述服务模式，在移动端是成熟且行之有效的解决方案，而在大屏端，随着近几年参与的广告主愈来愈多，大屏定向投放、程序化投放模式也逐渐成熟。

14. 多屏竞争引发广告市场格局重组，对于未来广告市场的发展，您有何判断？

综观各屏的发展，智能电视是目前仍然保持用户红利的媒介，广告增长也是潜力最大的。以视频网站为例，前几年业务大多在做移动端以及网络端的广告，随着移动端流量红利的走低，大屏流量的上升，广告库存就逐渐吃不消了（移动端库存不足、大屏端库存有剩余）。从2020年开始，一些经营视频类业务的公司，调整内部的组织架构，独立出大屏端业务，以通过创新营销方式来拉动大屏端的广告营收，2020年智能电视端的广告收入（不含直播电视）已经突破100亿元，之后可能会迎来一些头部公司在大屏端的广告爆发时期。

目前来看，IPTV的用户增长较为有限，从2019年的2.94亿到2020年的3.15亿，增速相比之前也在逐渐放缓，其目前主要的收入来源是基础业务（基础月费）和增值业务（付费点播、付费频道等），营收的增长也受限于用户增量的减缓，因此IPTV必须开辟新的业务模式。IPTV广告业务仍有很大的发展空间，一些IPTV分省运营公司、分省新媒体公司逐渐开拓广告业务，通过研究开发自身的媒体广告系统快速融入大屏媒体数字化投放趋势当中。

15. 在智能传播时代，我们该如何理解融媒营销？融媒营销与数据融合之间存在什么关系？

融媒营销，简单地说是通过各种媒体的整体策划，来达到多媒体营销的整合战略，是在目前电视媒体、户外媒体互联网化的基础上发展起来的。而促使媒体融合测量和策划的链接点正是媒体产生的海量数据。

在整个融媒体发展背景下,数据是不可或缺的。数据可以连接融媒营销中的多数环节,并且在媒体、品牌、用户之间,扮演着桥梁的角色,不只是媒体的测量,还可以辐射到整个营销生态。

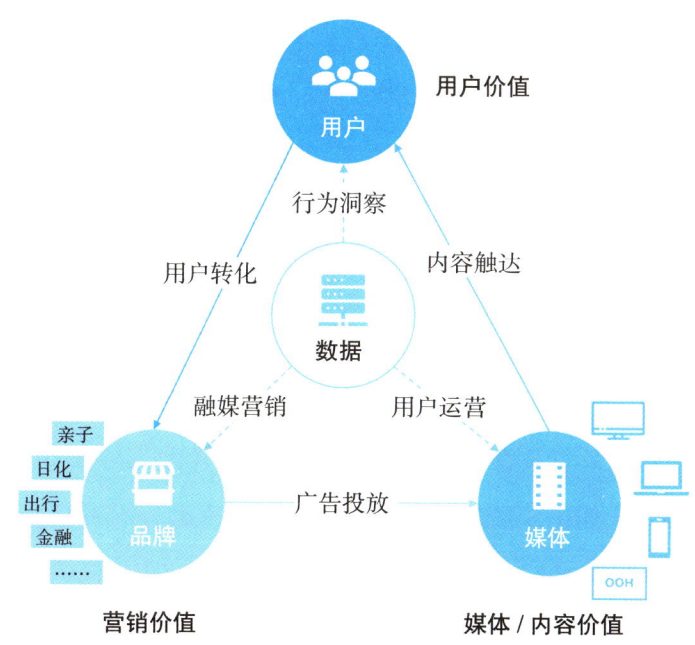

图4 融媒营销背景下,数据是品牌、媒体、用户之间的桥梁

来源:勾正数据。

图4是关于数据作用的示例。比如,对于媒体自身来说,在融媒发展的大势下,其媒体价值如何体现和证明?需要有能够测量或评估融媒体的数据体系。如何更好地做多屏、多媒体的用户运营?需要有跨媒体的数据体系来赋能联动运营。而对品牌主来说,想要了解融媒环境下不断变化的用户媒体行为,触达目标用户,需要有用户的多媒体行为数据才能够深刻洞察。想分析融媒营销的效果,则需要广告营销的"广告数据"和销售转化的"效果数据"的融合。

总的来说,跨屏跨媒体的数据体系,能够为融媒营销策略提供强有力的数据支撑，能够实现跨屏的联合营销，有效提升融媒营销的效果。

16 勾正数据的全媒体应用有哪些案例？取得了怎样的效果？

在广告营销上，我们今年实现了跨屏广告的程序化联投，广告主可以通过勾正的 DMP 平台产品支持进行大小屏广告联投，同时对接汇聚大小屏流量的 DSP 平台，进行大小屏程序化投放。在投放过程中，一方 DMP 可以提供大屏标签，另一方 DMP 可以提供小屏的标签，品牌主在两个 DMP 上同时采用其目标人群标签，可以实现大小屏媒体联合的标签定向投放。除此之外，DMP 所具备的 UNI_ID 跨屏关联数据能力，在跨屏广告联合投放中，也能够支撑跨屏的频次控制。比如在投放过程中，某个用户在小屏端已经曝光过了两次广告，则该用户家中的大屏出现广告曝光机会时，投放平台可根据已曝光的大小屏频次进行综合的策略判断。如果想重复触达加深受众印象就可以选择继续投放该家庭大屏，反之可以放弃此次投放机会而选择投放其他手机端未被曝光过的家庭大屏，提升触达比例。

在平台和内容的价值评估上，我们和环球时报舆情中心合作举办了融屏传播年度优选活动。基于媒体大数据经验洞察，结合专家团队的理论研究和行业实践经验，首创融屏收视层面的传播力综合指数。该指数融合 CTV 直播（即联网电视，通过智能电视设备接入 DTV、IPTV 信源收看电视直播，不含 DTV、IPTV 的点播、回看、时移）、CTV 视频点播与移动端点播三方大数据，对剧集、综艺、纪录片的融屏综合传播力进行评估，实现了融屏内容评估标准的两大突破。

第一是确定融屏收视指数新算法，跳出当前"流量至上"的思维，以收视时长作为核心考虑因素，同时兼顾公平性，用统计周期内，节目收看总时长除以节目播出总时长的比值作为融屏收视综合考察指标。

第二是在勾正ORS——联网电视（CTV）收视系统的大数据洞察和专委会专家的行业经验基础上，确定了影响节目融屏收视表现的科学长尾为15天，以此确定每档节目的评估周期均为自己的排播期（开播日到大结局持续的天数）+15天的长尾期。

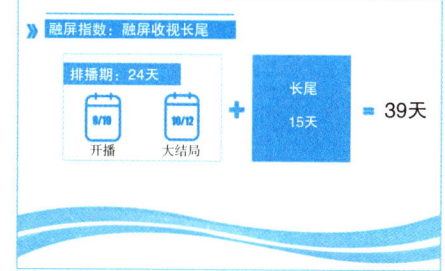

图5　融屏算法内容评估两大突破

来源：《融屏传播+社会效益2019影视剧作影响力年报》。

17 展望未来，您认为测量技术和数据口径应该如何动态匹配智能电视市场和技术的发展变化？

随着电视设备的更新换代，未来的电视将越来越智能化，基于此，电视大屏通过大数据进行的测量，必然是发展的趋势，勾正致力于推动整个行业的数字化发展进程，并且提供更加符合市场情况的数据测量工具，其需要考量的因素众多，包含用户电视收视场景的多元化发展（智能大屏不只能看视频内容，还有各式各样的生活 APK）、大屏短视频媒体的发展、用户行为时长的迁移，以及用户隐私政策的发展完善，都会影响我们测量技术和方法论的革新。除了持续在大数据、算法和技术的研发投入之外，要做出引领市场的测量产品，满足各方的需求，离不开的是和行业生态内各方的紧密合作和沟通。

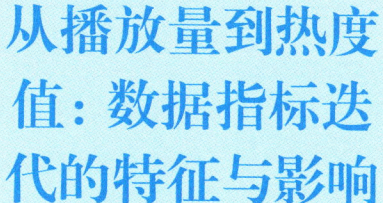

从播放量到热度值：数据指标迭代的特征与影响

葛承志

爱奇艺研究院院长，互联网营销及研究资深专家。

2018年以来，爱奇艺采用内容热度等方式取代原有的播放量、点赞量与评论量等前台指标，上述指标与过去有何区别？

内容热度是个新的维度，它表示的是过去24小时到一个月之内的内容受欢迎的程度。

内容热度只计算过去24小时到近一个月的数据，所以可以把内容热度相对理解为一个时间点的数据。内容热度值是有高有低的。比如说一部电视剧在刚开播的时候，它的内容热度可能在较短的两三天之内就会达到比较高的程度。如果这个剧高潮迭起，观看的用户越来越多，这部剧的热度就会继续往上走。但如果这个剧播到中间，比如说十几集的时候已经开始变得拖沓了，用户不喜欢了，也会发生弃剧的情况，那热度值就会降低。等这部剧到了大结局的时候，热度值可能又会高上去。热度值会在整个剧更新结束之后，大概一两周之后，进入下降曲线。

所以说热度值特别像温度这个指标。就拿气温来说，如果某一天某地气温是二十几摄氏度，第二天一场寒流之后当地气温变成十几摄氏度，后天寒流过去之后，气温有可能回升到三十摄氏度。所以，今天的温度和昨天的温度变化是有原因的，但是它没有直接的关联，它不产生累积。

2

内容热度的加权计算主要包含哪些维度？目前，爱奇艺使用非原生的指标和数据统计方式，在打击刷量数据或造假数据方面有哪些突破？

内容热度值是根据特定的公式来计算的，权重的配比是保密的，但是数据构成的基本维度可以与大家分享。

内容热度计算公式中包含播放数据和互动数据，且播放数据的权重比互动数据的权重高。同时内容热度新增了一个时间维度，即包含近期数据（30 天用户行为数据）、实时数据（最近 24 小时用户行为数据）。在播放数据的权重里，播放的 UV（Unique Vistor，独立访客 / 用户数，指观看该内容的去重设备数）和播放时长的权重略比 VV（Video View，播放次数）的权重高。举个例子来解释为什么这样调整权重，比如说有些剧集，前半段剧情特别精彩激烈，但往后开始变得无聊，用户看完之后产生了一个 VV 数据，但是仅用 VV 来衡量就没法知道用户到底看了多久。这就是为什么我们认为用播放量来衡量内容并不完整，而在加入了时长和 UV 之后，播放数据就被校正得更加全面一些。此外，互动数据是用户观看过程中产生的评论、点赞、弹幕以及分享等互动行为的数据。权重分配方面，播放数据权重高于互动数据、实时数据权重高于近期数据、正片权重高于片花权重、UV 指标高于 VV 指标。当然也有这样的情况，剧集与剧集之间横向对比点赞、转发、评论等数据并不完全客观。比如一些甜宠剧，或者短剧集的悬疑剧，很多用户就很愿意推荐给别人看；但一些其他类型的剧集，可能收视人群是年龄比较成熟的用户，他们可能只爱看剧，很少发弹幕。所以在对比内容热度值时，既要看总体数据，也要看这部剧集在同题材剧集里的表现是怎么样的。

关于打击刷量数据或造假数据的情况。首先，热度值的推出客观上削弱了数据造假行为。因为在 VV、UV 和播放时长这三个指标里，最容易造假的数据就是 VV，用户不断刷新就可以不断制造 VV，但最难造假的是播放时长。爱奇艺计算时长的规则是以网站所播放出来的剧集的时长为计算单位，而不是以用户实际花费的时间为计算单位。比如用户用两倍速看完了 40 分钟的内容，这时我们还是以剧集 40 分钟的时长来计算的。因为从内容消费层面来讲，用户还是观看了 40 分钟长度的内容。

面对数据造假和刷量，解决的途径无非两种方式：一种是从法律上制裁这样的做法，自然也就没有人干了；另一种是让人干完了觉得不值得这么做，造假的情况也会越来越少。我们一方面对造假刷量方采取法律措施，另一方面不断提高刷量的成本，将时长和 UV 这两个指标加入热度值里，如果存在刷热度值的情况，那么基本上是要付出很大成本的，甚至与花钱营销来打广告的成本相差无几，这时候刷量就根本没有必要了。

所以爱奇艺推出热度值之后，播放量造假的行为就难以实施了，因为造假的成本大大提高了。

> **3** 使用新指标取代播放量等原生指标后，有舆论认为数据指标的透明性与直观程度有所下降。面对这些质疑，爱奇艺如何看待数据直观性、科学性与公信力这些问题？

我认为直观性的计算和科学性计算之间应该是有一个平衡点的。不可否认，对于自然科学来说，他们更倾向于进行直观性的科学计算。比如测量人体的体温、测量地球到太阳之间的距离等。但是对于媒体测量而言，其中既有科学计算的问题，也有社会科学的问题。因为无论是新闻视频还是文艺内容，这些内容形态本质上是提供一种精神上、情感上的消遣和服务，这种服务本身就定义了我们在测量的时候很难用完全直观的方式来衡量这个服务的效果。同时，我们也要考虑在测量过程中我们所提供的数据是否会被一些外界行为所干扰，影响数据的公正性和准确性。所以，社会科学有时候更需要在直观和科学、公正之间寻找一个平衡，否则很难进行一个综合、全面的评价。

从公信力的角度来说，我们当然希望建立一个客观、公正、可对比的播放量体系，但是对全行业来说这不是依靠少数几家平台就能够做到的事情，而是需要第三方或者整个行业组织的介入才能实现。对于我们来说，爱奇艺也只能通过几方面的手段来尽可能保证自有平台的数据具有公信力。首先，爱奇艺会为营销客户/版权方/内容合作伙伴开通专属分析账号，仅限于查看自己内容的播放量；其次，我们会利用技术手段、法律手段持续监测、打击刷量行为；最后，现在爱奇艺正在与权威第三方监测机构探索开展长期的针对内容的全流量审计认证合作。

4 内容热度推出至今，指标设置与计算方式是否有过改变？其背后的原因和动力是什么？

到目前为止，前端展示的指标及其计算方式确实经历过迭代。首先是指标设置上的调整。其实在2018年取消播放量指标时，我们原本使用了内容热度与播放指数两个指标来展示前端数据，播放指数主要覆盖内容热度中的播放部分，包括上面提到的 VV、UV 以及播放时长三类指标。与内容热度不同的是，播放指数是一个类似于播放量的长期累计指标，且仅涵盖播放数据。不过在2021年，我们决定对数据呈现进行进一步优化，取消了播放指数的前台展示，这主要基于爱奇艺从用户视角出发选择前台数据指标的考量。我们认为从普通用户的角度来看，当下哪些内容比较"热门"是用户最关心的，所以我们选择保留内容热度指标，至于播放指数，因为这是一个长期累计标准，随着爱奇艺运营的年数不断增长，不同内容上线的累计时间差别也越来越大，继续对比这个累计值的意义在不断弱化，保留这个指数在前台显示也并不利于用户理解。如果用户趋向于观看"经典"的内容，那么完全可以通过更简单易懂的"排行榜"来实现，而不需要一个个查看不同内容的播放指数，所以我们在前台取消了播放指数，在后台依然存在。

其次是指标计算方式上的调整。我们主要是对不同视频形态之间的内容热度值算法进行了一些调整。以综艺算法为例，里面基本的加权指标其实一直没有变过，但是加权的权值是需要进行一些调整的。计算方式调整的主要原因是不同视频形态的播放行为本身就是有差异的，不可能用同一种或者完全不变的算法来计算这些视频内容的综艺值。举个例子，综艺的剧集数、片花数、播放行为本身就跟动画片的不大一致，存在很大差异，如果使用同一个权值来计算的话，数据有可能会给外界造成一种错觉，造成动画片的内容热度低于综艺、综艺的热度低于剧集的假象。因此，一是希望尽可能同类视频形态可以比较，毕竟跨越视频形态来比较热度值没有太大意义，其背后的受众以及他们的使用习惯完全不同；二是我们在洞察播放情况的不同之后会去校正一些指标的权重，但是，内容热度里的基本指标始终是播放指标 VV、UV 和播放时长以及互动指标的点赞、评论、转发、弹幕等，这个是始终不会变的。

5 业界通常会将测量数据分为客观行为数据和主观心理数据。爱奇艺在进行数据加权和算法迭代时，是否考虑过使用主观评价数据来丰富收视数据的维度？

主观评价数据主要包含三块：一部分是第三方平台所产生的评价指标，比如说豆瓣评分或者微博指数；一部分是对自有平台的用户行为进行分析产生的数据，比如说情感倾向、满意度等；另一部分则是从专业的角度来对视频内容进行艺术性、思想性等方面的评价或者打分。目前来讲，我们没有在热度值和播放指数里边采用任何的主观评价数据，我们用的完全都是爱奇艺后台的行为数据，所以这些指标的计算最终以爱奇艺的行为数据为取值范围。

对于整个指标体系有没有纳入一些主观的评价数据，还是主要以行为数据为主这个问题，我们是这样考量的：一是使用主观评价数据会带来比较强的不可控性，因为主观评价数据相较于后台的行为数据而言平台是很难控制的。比如，我们使用第三方数据或者弹幕内容来加入数据指标，那很可能就会出现刷量等行为，从而影响整体数据的客观性。二是使用动态评价数据这件事情本身在技术上也有一定难度，比方说我们可以对弹幕进行一些语义分析，但是这个分析如何实时融入前台数据的变化中，这是难以实现的。从我国现在的播出机制来说，主要是先审后播，播出的剧集价值导向、思想性和艺术性基本上是经过严格审核的，所以我们再对这方面进行评价，有点没必要。

当然，主观评价数据虽然没有进入我们数据监测过程中，但我们还是会进行一些短线程的、整体的效果评价。比如说在一部剧集集中播完之后，我们可能会对剧集的艺术性以及播出过程中的主观反馈进行评价和分析，主要依据平台自有的主观评价数据如弹幕、评论等对内容效果进行考察，调整后续的宣传和生产策略。

6. 从效果反馈的角度看，除了监测到的客观数据之外，是否还会采用一些技术手段获取其他维度的数据，来丰富效果评价体系？就融合评估而言，这些方式会对内容生产和传播产生怎样的影响？

我们前面讲到的一些第三方公司，它们把豆瓣评分、微博热搜还有爱奇艺弹幕用程序抓下来，之后再形成词条分析和各种语义分析，我们通过这种方式也能获取其他维度的数据，这也是一种融合分析，不仅是大小屏的跨屏融合分析。如果我们要把这个指标做得尽量可控的话，是不太会用外部指标的，但是第三方公司会去做。若是出现第三方与我们的计算结果存在一些偏差的情况，我们也会去跟相关的合作方进行沟通，了解他们的一些算法。比如说，当出现微博刷榜的问题时，我们要看这个问题是否影响到了外部一些热度排行榜的公正性，我们会及时提醒我们的合作方。

这些评价方式会提高我们接收用户反馈的效率。比如说，我们今天播出的两集电视剧，第二天就可以看到用户对剧情或对演员演技的评价，很多评价都会写在弹幕上，但是对于本剧集内容的创造和指导是难以实现的，因为国内电视剧都是先审后播模式，在用户产生评论的时候该剧集已经拍摄、剪辑、审核完成了。当然对于综艺来说，有一定指导意义，因为数据的反馈是实时的，新一期的综艺内容就可以根据用户的反馈及观看行为做适当的调整。

7. 爱奇艺取消播放量指标以来，产业链各方的反响如何？

我首先讲讲产业链上游对这件事情的看法，我们作为播出平台，产业链的上游主要指的是内容生产者、制作者。实际上他们最初是有些困惑和不解的，但后来也逐渐理解了这样的调整，特别是详细理解了我们的指标体系后，很多人也逐渐接受了。在用播放量来衡量剧集效果的时代，长剧集是很占优势的，因为剧集数越多意味着更有可能追求播放量的爆款。但回过头去想想，有些剧真的需要拍那么多集吗？又或者说长剧集所堆砌出来的播放量真的很有说服力吗？显然，有些短剧多季的剧集方式也能赢得很好的口碑和效果，但是在播放量的比拼中总会处于下风。在这种情况下，产业链上游市场也需要一个更公正的评价方式。

其次，从同行的角度来说，优酷在2019年也取消了播放量的前台展示，取而代之的是使用播放指数等类似指标来评价内容的播放情况。当然，几家视频平台背后的算法可能是不一样的，里面有个标准的问题。但是很显然，视频平台接连取消播放量这一点就很能说明问题了。

再次，从第三方数据平台的角度来说，现在很多数据平台也基本上不再仅用直观的播放量来衡量内容的传播效果，而是将热度值这一类综合性指标纳入计算体系。可见第三方平台也认可不唯播放量论这件事，它们开始把更多的综合性指标纳入计算当中。它们的热度指数可能会包括微博的一些内容、豆瓣的一些内容，这些数值也都会加入计算，至少我们看到整个社会都在认为不唯播放量论是应该的，是可行的。

最后，接受取消播放量这件事对于广告主（广告商）来说，可能是产业链各方中挑战最大的。对于广告主来说，这个理解和接受的过程是比较漫长的。因为广告主的主要诉求就是广告的展现和露出，用户只要不是会员（会员可取消广告播放），播放量这类指标其实对应的就是一个贴片广告的展现或者露出。所以广告所能投放的库存和播放量之间是存在一定对应关系的。

因此即便到现在，爱奇艺也还是会给一些广告主在后台开放播放量这个数据指标。比如说某广告商赞助了某部剧,或者赞助了某档综艺节目,那我们可能会设置一个账号,通过这个账号他们可以看到这部剧集以及广告的播放量,这个播放量跟以前的算法是一样的,更方便他们的内部管理。

8 自爱奇艺取消播放量后,相关影视平台也纷纷步其后尘。但您前面也提到,市场上各平台存在指标体系、计算方式难以统一的问题,未来有什么突破与融合的可能吗?有哪些新的发展方向可以与我们大家分享?

我个人觉得指标体系和计算方式难以统一的局面在相当一段时间内会持续下去。首先,各家的评价方法是不一样的。比如把豆瓣的评分权重调高点,同样也能把微博的榜单权重调高点,那么有一些剧的热度指数等指标就会发生变化。到底调多少算合理,我相信市场上恐怕很难取得共识。从本质上看,视频内容不是实体商品或服务,它的"使用价值"是对观众心理产生影响,而这种心理影响对不同观众是有很大差别的,我认为采用一套"绝对化"的指标体系来衡量效果,这件事本身可能就是有偏颇的,从这个角度上讲我认为百花齐放不一定是件坏事。

不过,当我们站在同一评价维度来考察一个内容播出的效果时,真相肯定是唯一的,所以我也理解希望构建一套统一的媒体测量与计算方式的想法,但是难点在于,体系唯一性的背后必然涉及数据共享和数据透明的问题。对于现在的环境来说,要实现一套标准可能还是要依赖行政组织的力量来进行协调。

所以未来是会参照某一家测量公司的技术标准,还是会形成一个行业内的自律组织,共同奉行一个标准,这是我们未来需要去探索的一项任务。

9 一直以来，市场数据都是撬动广告市场的一大杠杆，数据指标的改变也意味着广告定价策略的变化，目前品牌广告市场对于现有指标评价方式的反响如何？

目前，爱奇艺已经在把热度值作为一个重要指标进行对外宣传了，其中也包括对广告主的推荐，但目前还没有关于热度值的具体报价。因为播放热度在广告实践过程中确实不如播放量直观，播放量是可以直观地和CPM（Cost Per Mille，千人成本）相关联的。目前来看，播放量在广告市场上还是会适度地使用，广告主在对热度值理解上，也在逐渐加深印象。现在有些客户会在采购之前主动询问热度值是如何估算的，以及大概能达到多少等一些与热度值相关的问题。但是这背后与广告的商业模式和效果模式的变迁有关，广告主在决定是否投广告时还要考量广告成本问题，类似于传统电视台的GRP（Gross Rating Point，总收视点或毛评点），互联网视频广告投放主要以CPM来计费，而这需要将播放量纳入计算。所以，我们只有探索一些新的可以换算成报价的指标才能改变整个广告计费模式，这无论从技术上还是商业上都需要一个长期的调整过程。

10 爱奇艺在终端上的布局除了小屏和中屏以外，在智能电视大屏市场上也占有一定的份额。智能电视既保留着传统大屏收视的一些特征，又兼具网络使用特征。从数据反馈的角度来说，这几种数据的采集和指标统计，有什么特征和差异？

首先，从数据的采集方式来看，大屏智能电视端（奇异果TV）和小屏移动端所使用的数据采集方法是完全一样的，在技术实现方法上没有任何区别，都是从服务器上发送的数据反馈。大屏智能电视主要通过安装牌照方的独立APK或者以嵌入电视机系统的SDK的方式来回传数据。有些智能电视需要下载奇异果TV的安装包才能看，有些打开电视直接是奇异果TV的预装界面。虽说技术细节不太一样，但总体回传的数据是一样的。

其次，从大小屏收视特征上的差异来看，相对而言大屏用户的收视的内容特征更偏向传统电视。比方说，我们列出来大屏和小屏Top10或者Top20的消费内容，这里面会有10%—20%的内容是不一样的，但是差异又没那么大。一些题材相对比较传统的节目和剧集内容，在大屏上的收视效果要比在小屏上的好，归根结底在于收视人群不同。大屏智能电视覆盖了一些年龄更大的人群，他们更习惯于通过大屏电视收视内容，而小屏内容消费则相对低龄化一些。

现有智能电视的收视测量仍主要通过终端或设备来进行，要准确地寻址到个人还有一定难度。爱奇艺自有智能电视平台是如何进行测量优化的？效果如何？

坦率来说，寻址到个人的问题，确实有一定难度，我们很难知道坐在电视机前的到底有几个人，他们的社会特征如何。目前，我们可以通过分析一台电视的设备号经常与几部手机的设备号出现在同一路由器下的方式来大致确定电视设备与手机的对应情况。

上述这种算法通过长时间观测是可行的，但是目前依然不能准确测量当时当刻在智能电视屏幕前观看内容的人数、年龄、性别等特征。虽然我们说智能电视已经接入互联网了，但是要监测到具体的使用场景，其实需要更多传感器的应用。但是目前这方面涉及用户隐私问题,所以比较敏感。当然,也有一些第三方技术公司在考虑采用其他方法来实现从设备寻址到个人寻址,以及去重等。

12 如何看待传统大屏与智能大屏的综合性收视效果?在您看来,多屏融合测量的未来发展首先要解决什么问题?

传统大屏与智能大屏的综合性收视效果首先肯定为广告主提供了更加全面的参考数据,其次,就长远发展来看,是有进步性意义的。

目前,爱奇艺内部大屏、小屏的数据是融合的,也是准确的。同时,我们会分别去研究大屏和小屏用户的观看行为,以调整背后的内容分发和算法。所以大小屏融合以及大小屏融合测量这种需求,对于我们而言暂时没有那么迫切。但是就大屏来说,测量技术的现状对于进一步拓展市场空间的阻碍还是比较大的,目前大屏一部分是传统的有线电视,一部分是IPTV,还有一部分则是智能电视。三者的数据掌握在不同部门手中,同时数据反馈的形态也有所不同,我认为融合测量首先要解决的是大屏和大屏的融合问题。

13 爱奇艺在智能电视领域的广告投放与营销策略如何?跟小屏营销有何差异?背后是否有相应的数据支撑?

目前,我们在智能电视上的广告投放策略基本上是继承了小屏端的广告投放策略，主要包括以 CPM 的方式售卖广告和内容营销两大类别。之前爱奇艺还尝试过使用四屏通投的方式，也就是在手机端、iPad 端、PC 端和大屏端统一定价和投放。

当然，我们也有一些差异化策略。比如，我们和一些收视调查公司合作，尝试用 GRP 的方式售卖。换句话说，我们也尝试以时段的方式来卖广告投放位。在数据支撑方面，大屏市场的第三方数据合作方与小屏既有相同，也有不同，我们会选择与广告客户端影响力以及实用指导性最强的第三方优先合作。

整体来说，在广告营销策略方面还有很大的改善空间，特别是营销方式的创新上，比如直播电商在电视上能不能做。目前来讲，还没有很成功的案例。

14 进入智能传播时代，爱奇艺在 AI 与算法领域有何新布局与新应用？

首先是智能标注。爱奇艺一直不断完善长视频的标签，一个长视频内容的标签打得越来越多、越来越全，对后续的内容精准推送是具有很大价值的。现在爱奇艺的一部电影大概有上千个标签打在上面，有些跟时间点和场景有关，有些跟演员甚至内容的历史背景有关。下一步要继续完善的工作是，识别出用户的具体收视兴趣点和哪些具体的标签存在关联，而和其他标签没有关联，继而将其用在推送和观看时的展现中。比如，爱奇艺推出的"奇观"产品，就好像用户观看内容时隐藏的一个"百科全书"，用户随时可以调出内容中出现的演员、台词关键词、历史背景等各个方面的背景知识，为用户收视观影提供了很好的"助看"功能。

其次是智能创作，包含选角、流量预测等。智能选角方面，爱奇艺在尝试用大数据帮助分析演员，例如，通过大数据分析的方式来看演员气质、调性，跟剧中人物是否契合。流量预测方面，爱奇艺通过以往的数据积累，把内容拆分为 300 多个指标，然后将要采购的内容，拆成同样的指标去进行比对，根据以往的流量来预测成绩。

再次是智能生产，具体是和智能剪辑相关。《中国有嘻哈》整场视频切成短视频的工作都是由机器自动完成的，机器能自动分隔开评委的话。爱奇艺还尝试用 AI 的方式帮视频起标题，通过语音分析的方式重新组合。我们推出的《虚实之城》演唱会，利用智能技术把虚拟背景和真人演唱者的前台表演进行无缝结合，并且融入观众现场虚拟互动和虚拟形象，是一次成功的智能制作／播出的探索。

最后是智能播放，其中最值得介绍的是"绿镜"，这是爱奇艺的一个数据分析工具，能够分析每一秒用户的收看状态，分析出爆点、笑点、槽点。"只看我"则可以把电视剧里面只有"他"出现的片段挑选出来生成专辑。

15 您一直在视频行业工作，感受行业的巨变。以您的观察，互联网视频出现了哪些值得关注的变化？

在使用场景（User Experience）方面，互联网视频原本产生于 PC 时代，2010 年起迅速向智能手机转移，2016 年起开始往智能电视的观看场景发展和应用，整体来说现在有回归大屏的倾向。

在内容策略（Content Strategy）方面，互联网视频经历了从 UGC 到购买版权和自制内容。UGC 的代表是 YouTube，通过大量用户上传内容来搭建自己的内容平台。而后来，Hulu 逐渐发展成为版权购买的代表，通过购买制作公司的剧集来形成内容平台。在自制内容方面，Netflix 等平台则从《纸牌屋》开始不断推出自制内容，这些内容现在也越来越多地在考虑本土化策略。

在播放优先权（Priority of Broadcasting）方面，互联网视频早期都是购买版权，晚于电视台播出，随着市场行情的变化，话语权逐渐发生逆转，开始出现很多"先网后台"或者"互联网独播"的剧集与综艺。

在货币化（Monetization）方面，到目前为止，爱奇艺的两个支柱业务是广告和会员发展，爱奇艺的会员订阅方面的增长主要来自电影、剧集。展望未来，爱奇艺的收入还可能会来自授权业务，授权线下企业生产周边商品。

在采购模式（Producing Mode）方面，现在互联网平台已越来越多地参与剧集的制作，而不是简单地购买成品。具体而言，从 IP 权益归属的角度看，可以分为定制和自制两大类别，其中自制是指互联网平台拥有该内容的完整 IP 权益，可以进行多方位的商业化，定制则是制作方主要拥有 IP 权益，平台主要是通过投资拍摄拥有播放权及收益。

16

从整个数据指标的迭代特征来看，您认为未来视频市场上的数据指标还有哪些调整的空间？其优化方向是什么？

从当前全球在线长视频媒体的经营特征来看，已经呈现出越来越不同于传统电视的特点：

首先，传统电视媒体以广告经营收入为主、用户付费为辅，这一经营特点决定了广告主更多看重头部内容的影响力和营销价值，不论收视率、覆盖率还是 VV 播放量、UV 用户数，都把经营重点完全集中在 Top10 以内的内容上，对于不同内容覆盖的用户特征的价值研究和分析应用放在相对次要的位置，这也是长久以来"唯收视率论""唯播放量论"不断被批评但仍然在媒体经营中具有相当话语权的根本原因。

其次，随着在线长视频平台十多年来的经营积累，目前国内外长视频平台的经营模式已经完全形成了"用户付费为主、广告经营为辅（甚至没有）"的新的经营模式。在用户付费为主的经营模式下，虽然头部内容依然具有相当的商业价值，但中腰部的"圈层化"内容对于保持特定族群的用户活力、访问频次甚至付费意愿也开始显示出决定性的作用。

近两年来，随着短视频智能分发算法的不断发展，在整体线上娱乐休闲的用户行为模式上也越来越体现出"圈层化"的特征，所以，为了顺应这一发展趋势，我认为未来视频市场上的数据指标不能仅仅算"总账"，还要算"细账"，要大力发展和增强不同内容的用户属性价值的研究以及对特定圈层、族群用户的影响，将研究面从头部内容延伸到中腰部内容，既要研究头部内容影响力的"广度"，也要研究圈层化内容对特定族群的影响力"深度"，这样才能让收视市场数据研究真正实现"为创作指明方向、为经营确立目标、为管理提供参照"三位一体的目标。

因果分析方法及应用：快手案例

杨淼钰

快手经济学家，美国华盛顿大学经济学博士。

 近年来因果分析的相关理论和方法被广泛运用到科学研究和数据实践中。您是经济学专业出身,在您看来因果分析的核心主要指什么?与我们的日常生活有何联系?

因果分析不仅是经济学中常见的分析,在日常生活中也随处可见。只是在人们的生活观察和常识判断中,经常会把相关性和因果性混在一起。比如一个人胃疼,但又不想去医院检查,因为他觉得在医院里的人比在医院外的人身体更差,有到了医院会让人更容易生病的感觉,所以选择不去医院。这里,他少观察了一个点——在医院里的人,是因为自己身体不舒服,所以才选择去医院,这不能说明选择去医院的人的身体状况因为医院而变得更差。所以,他应该比较同样是胃疼,去医院的人和没去医院的人的身体状况,才能知道去医院看病的效果。同样,在科学研究中也常常会判断因果关系,比如经济学中有一个比较常见的问题是供给和需求的关系问题,人们通常会在二者之间建立因果联结,但事实上,供给方和需求方都有分别的决策过程,供给方根据价格决定产量,需求方根据价格决定购买量,两者达到均衡时才有价格(Y)和销量(X)的最终稳定,因此价格和销量之间的因果关系是通过一个复杂的系统来实现的,而不是简单的价格决定销量或者销量决定价格的关系。

对于因果分析的核心理解在于,我们不仅关注事物 A 与事物 B 的关联性(correlation),更关注 A 与 B 之间所存在的因果关系(causality)。事实上,在计量经济学中,可以通过数理运算和控制变量等多种方式去推断、检验因果关系，虽然所采取的方法侧重点有所不同，但大体上还是通过以下几个步骤实现：1）在给定的模型和框架下从众多关联中识别、描述因果关系（identification）。2）计算因果关系的关联性大小（estimation）。3）进行统计意义上的推断（inference）。其中内容包括假设检验（hypo. testing）、方差、置信区间等。4）最后可能还有对虚拟事实（counterfactual）的分析。对这个领域感兴趣的同学，可以看看乔舒亚·安格里斯特（Joshua D. Angrist）和约恩·斯蒂芬·皮斯克（Jörn Steffen Pischke）所著的《基本无害的计量经济学》以及杰弗里·伍德里奇（Jeffrey Wooldridge）的《计量经济学导论》，里面关于因果分析的内容都比较翔实。

2　生活中我们会遇到不少关于因果关系的推断，从日常经验出发，因果分析有哪些常见的误区？

2020年的美国总统大选刚宣布拜登获胜，我在朋友圈就看到一条分享，有网友发现了这么一条"规律"：访问过复旦大学的美国总统最终都连任了，没访问过复旦大学的美国总统最后都没有保住自己的位置。比如里根1984年访问复旦大学，随后连任；克林顿1996年11月派国务卿访问复旦大学，当月连任总统；小布什2005年派副总统访问复旦大学，成功连任；奥巴马2009年来上海受复旦大学校长接待，也成功连任；而拜登在2001年也访问过复旦大学，现在赢得大选。

事实果真如此吗？实际上，这是一个非常典型的相关性不等于因果性的例子。这里面蕴含了两层谬误，第一层是把时间上的相关性直接当成了因果性，两件事情先后发生（到访复旦大学和当选美国总统），并不代表它们必然有因果关系；第二层叫作选择偏差，只选择对结论有利的例子来判断因果性，回避其他例子，比如很多连任的美国总统当选前并没有到访复旦，导致样本本身是片面的。

其次是比较典型的伪关系例子，即在两个本就毫无联系的事物中强行搭建因果联系。比如我们发现人均巧克力销量高的国家，每千万人中的诺奖得主数量也更高，通过简单的回归分析发现，两者间存在较强的相关关系，但这显然也是谬误的结论。这就是两件事刚好同时发生，硬凑在一起造成的伪关系。

最后是反向因果的推断，即混淆了原因和结果，做出了与事实相反的因果判断。比如说在美国，一个犯罪率很高的城市，人均警察数量也会很高，这两者到底是什么关系？一种假设是，警察越多，警察和潜在罪犯之间的冲突会越多，犯罪率也会更高。另一种假设是，因为犯罪率高，所以政府会投入更多警力去控制犯罪率，应该是犯罪率越高导致了警察越多。根据数据，我们观察到警察数量的增加略滞后于犯罪率的增加，那我们可以认为第二种假设更加合理。如果我们对这个问题没有进行深入的研究，很容易就得到和事实相反的结论。

对于快手来说，我们也时常面临反向因果的困扰。例如，快手会将主播分为从事电商直播的主播和从事非电商直播的主播两类。两者的动机差异也较为明显，前者倾向于通过卖货盈利，后者相对更倾向于通过用户打赏盈利。我们发现电商主播的被观看时长明显高于非电商主播。是因为做电商导致被观看时长更长，还是因为主播本身直播做得比较优秀，所以决定去做电商直播？这其实就是一种反向因果关系，反向因果往往是选择性的，一不小心我们就猜错了。真实原因是后者。很多电商直播主播，都是之前已经有较好粉丝基础的"大V"，对他们而言，将粉丝基础变现是非常合理的一步。

3

一些常见的理解误区可能导致实际工作中出现因果推断难题。您是因果分析领域经验丰富的操盘手，您认为在因果分析实践中可能出现偏差的环节有哪些？

在数据分析之前，变量的选择与样本选取是最容易导致我们对因果现象的分析产生偏误的环节。从变量选择的角度来说，会出现的一种情况是遗漏变量偏差（Omitted Variable Bias），即研究者没能控制既影响自变量 X，同时也影响因变量 Y 的混淆变量（Confounder）。在数据分析中，选取哪些指标作为混淆变量加以控制，是很重要的。从样本选取角度来说，我们需要确定具体的样本随机性、相似性与可采集性，否则很可能会出现选择偏差（Selection Bias）或是幸存者偏差（Survivorship Bias），即重要的样本因种种原因无法被收集或者没有被选择。

首先谈谈遗漏变量偏差。夏天冰激凌销量上升，同时溺水的人数也上升，我们能否得出结论说，因为冰激凌的销量高导致了更多人被淹死？显然不能，因为我们遗漏了一个重要的外在变量——天气。天气是这两者产生的原因，遗漏掉这一因素去考察其他变量是不对的，所以我们需要考虑是否某些遗漏掉的因素影响了我们的判断。在快手也有同样的案例。快手主播直播频率越高，平均被观看时长越长，那么是否可以认为只要开播频率高，就能提升观看时长？这显然也是不对的，因为其中遗漏了一个重要因素就是主播的自身特质，如果主播专业化做直播，可能会有更规律的直播安排、更详细的播出策略，赢得更多的观看时长。因此主播本身的特质是直播频率和观看时间长短的共同原因，如果我们把这个因素遗漏掉，只关注局部要素的话，就很有可能得到一个错误的结论。上述的天气和主播的自身特质就是两个混淆变量。不过，需要注意的是，控制变量也不是越多越好。如果错误地控制了非混淆变量，也会造成偏差。

其次是幸存者偏差/选择偏差。做数据分析时，很多情况下，我们看到的数据都是有幸存者偏差或者选择偏差的。快手也有这样的案例，我们在快手极速版设置了领取金币的功能，希望借此增强用户黏性。我们通过分析结果数据发现，清晨活跃的用户，第二天留存率会更高，那么我们是否应该引导用户多在清晨打卡，这样可能会增加他对快手的好感？实际上，这里就有典型的幸存者偏差。这些活跃的用户大多是清晨比较有空的人，比如"银发族"，他们时间相对充裕，早上醒得也比较早，有时间看手机。然而对于学生或者上班族来说，早上反而是最忙的时候，大家不太会在这个时候有闲暇打开 App。所以这种情况下我们观察到的是相对空闲的人在清晨打卡，并且有较高的留存率，但这两件事情完全没有因果关系。不是因为打卡，所以留存率高，而是因为有时间，能在清晨打卡，而保持相对较高的留存率。所以即使设置了早上打卡的引导，学生党、上班族也较难参与进来，较难有明显的整体留存提升效果。

4 因果分析存在不同的流派和模型，这些不同模型之间的理论基础及其差异何在？

有两种互补的推测虚拟事实（Counterfactual）的理论模型：一个是统计学家唐纳德·鲁宾（Donald Rubin）的虚拟事实模型（Potential Outcome），另一个是计算机科学家朱迪亚·玻尔（Judea Pearl）的因果图模型（Causal Graphical model）。要知道，在因果分析的过程中，我们需要了解虚拟事实或称潜在事实并将之与现实进行对比才能知道两个事物之间的因果关系，但是这种虚拟事实不可能在现实环境中被观测到，所以便有了虚拟事实模型和因果图模型两种推测虚拟事实的方法。

鲁宾的虚拟事实模型的核心框架是个体的因果效应 $\tau_i=Y_i(1)-Y_i(0)$，即一件事情发生的后果 $Y_i(1)$ 和不发生的后果 $Y_i(0)$，两者之间的差异。可是在现实事件中我们只能观察到一种后果，另一种后果无从得知，所以就要构造一个虚拟事实来模拟另一种后果。比如我们上面所提到的胃疼的例子，一个人胃疼的原因是什么？可能是因为昨天晚饭吃得有问题，也可能是别的原因。如果想要确认是不是昨天晚饭的问题，最准确的方式就是回到昨晚，不吃这顿晚饭，看看会不会胃疼，这个就是 Potential Outcome，即虚拟事实。实际上，我们观察不到昨天如果没吃那顿晚饭会怎么样。对于这个模型来说，核心问题就在于构造昨天没吃晚饭的结果。对于单个患者来说是不可能的，因为时间是线性的，没有重复的机会。但是假如有很大的样本量，我可以选取其中100个和他很像且昨天和他吃了差不多东西的人，再选取另100个和他很像但昨天没有吃晚饭的人。这就是用样本来拟合他的状态，并让这两组人做比较。最终就可以大致根据这两组人之间现实状况的差别，来判断昨天的晚饭是不是导致他生病的原因。这就是鲁宾的虚拟事实模型，核心就在于构造一个对照组，这个对照组的事实对于个人来说是没有发生的，所以叫虚拟事实。我们可以通过统计的方法，利用数据量构造出一个相对合适的对照组，做一个近似的因果效应估计，这就是他的主要思想。

社会科学研究方法中常用的 AB 实验，也是这个思想。比如将某个视频施加给 a 组用户，并屏蔽 b 组用户，那么 a 组就是 b 组的虚拟事实，由于用户数足够庞大，所以我们可以认为他们其他方面基本一样。从现有数据出发，我们通常会用相对简单的方法做处理，比如可以采用匹配的方法，通过用户画像寻找比较类似的对照组，尽管不是绝对准确的估计，但在一定数据量下，它是足够准确的。

珀尔的因果图模型的思路主要建立在有向无环图（Directed Acyclic

Graph)的假设上。如图 1 所示,图上的节点间用有方向的箭头连接,箭头代表因果关系。但箭头不会形成闭环,否则会变成因果循环的悖论。在图中左侧,事件 Z 可以导致事件 W,也可以导致事件 Y,事件 W 也能导致事件 Y。它们三者之间是有关系的,箭头表示了每一组因果关系及每个事件的方向,但三者不能构成一个环。这个图可以用条件分布来描绘概率关系,消除估计偏差。也就是说,我们可以根据条件概率的一些定理,来计算出 W 对 Y 的效果。

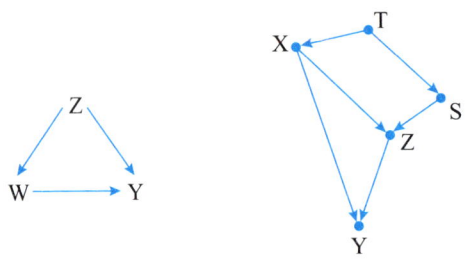

图 1　有向无环图

在这张图的基础上,珀尔开发了 do-算子计算来对变量干预后的新分布概率进行推测。do-算子计算本质上和 Rubin 的模型一样,关键在于消除其他变量带来的偏差。我们将 Z 称为母节点,W、Y 称为子节点,那么我们希望考察的还是控制 Z 这个母节点来看 W 对 Y 的影响。do-算子的推导来源于两个性质,第一个是马尔可夫性质,即当每个变量在控制母变量后的条件分布和它的所有非子变量之间的关系是独立的。换言之,当我们把目光转向图 1 右侧时,X、Y、Z 三个节点概率分布的变化只与当前状态有关,与 T、S 等先前发生的事件的概率分布无关。从时间上来说,马尔可夫性质是"无记忆"的,即只与现在给定的状态有关,而与过去状态是条件独立的。另一个是干预不变性质,就是如果干预了变量 W,然后其他变量在控制母变量 Z 后的条件分布不受干预的影响。基于这两个性质,干预后的分布可以被拆分成两个独立分布的乘积,即基于母节点 Z 和 W 被干预的 Y 的条件概率和 Z 的概率之积。

两套理论在简单问题的解决方案上有重合，但是 do- 算子可以用来计算更为复杂的关系，具有更广泛的适用性，同时对效果的定义不局限于干预前后的期望差值，可以算分布的差异。两类模型的共同点在于：第一，都是关于虚拟事实的陈述；第二，目的都是考察某一变量的变化对于结果的影响；第三，都要构造一个因果关系的假设；第四，都要去控制如遗漏变量、选择偏差等造成估计偏差的变量。但是，这两种方法的侧重点有所不同：第一，因果图模型的方法重点在于识别（identification），就是找出因果关系，判断到底是谁导致谁，而虚拟事实模型会更重视计算（estimation）和推断（inference）；第二，对于因变量效果的定义有着期望差值与分布差值的区别，虚拟事实模型的期望差值更多是一个基于平均值的比较，而因果图模型可以计算基于条件概率的分布；第三，二者之间描述因果模型和估计的语言也有所不同。

5 从传媒业的角度看，快手不仅是一个短视频平台，同时也是持有大量数据的商业公司，因果分析这个方法在快手的商业决策中发挥了什么作用？

在快手，因果分析主要发挥三类作用：第一类主要用于效果评估，但这个效果评估不仅仅在微观内容层面，更多体现在比较宏观的、经济学所常用的政策评估（policy evaluation）等层面，即某一个事件的发生或变化能带来多大的影响。比方说，快手界面经典的浏览模式是双列瀑布流，用户可以通过两列看到四个小的视频封面，之后选择是否进入；进入后有较长的评论区，用户可以和主播及其他用户进行交流。双列瀑布流更关注用户偏好，更注重社交属性。

抖音是沉浸式、上下滑的单列播放，用户在看完一个视频后往下滑就到下一个视频，相对会忽视评论区及主播个人页信息，更偏向视频消费。这两种产品交互形式对用户体验、生产者反馈和社区生态都有很大的差异，那公司需要对这两种形态进行效果评估，决定更长期的战略方向。

第二类主要是指导产品迭代。比如怎样动态地了解一个产品、一个新版本的好与坏？什么样的作品或行为匹配上什么样的展现形式更容易产生反馈？面对这些问题，我们可能会通过 n 组实验，用三四种不同的产品形态，得出一些因果分析结论，来优化产品设计，实现产品迭代，达到比较好的用户体验。

第三类是预估产品和方向的长期价值，可能长期性、外部性会更强一些。我们可以通过因果分析，预估产品在整个公司战略方向上的长期价值，以及对于整个媒体消费生态的影响，这个问题的答案可能会决定快手将在什么地方加大投资力度，当然这个逻辑比较复杂、时间线程也比较长。

6 这样看来，因果分析主要是以解决问题为导向的应用型方法。那么在面对过去、现在、未来等不同的问题时，使用因果分析解决问题的思路有何差异？

首先，我想强调一下这些问题的共同性。还是以界面分布为例，快手现在的单双列是由用户自己来选择的，有人青睐双列瀑布流，有人青睐单列上下滑。我们发现单列的用户观看到的作者数量少于双列的用户，更集中在偏头部的作者上。在双列瀑布流的形式下，用户可以有更多的自主选择，能看到更丰富的内容。在单列上下滑的形式下，用户消费的内容会比较集中在相对头部的作者，他们对多样性的偏好没有那么强。所以不是因为设置了单列导致了用户看作者数变少，而是用户本身的偏好导致了他们更多只看头部作者。也就是说，面对这些问题时，我们不仅关注彼此数据上的相关，更关心二者的因果关系，即 A 如何影响 B。比如设置上下滑的功能如何影响用户的视频消费、直播消费、内容生产等。

当然，针对过去、现在和未来的问题我们会采取不同策略，不过最终愿景是一致的。如果问题已经发生了，针对这些问题的研究通常会把它们称为观察性研究（observational study），也就是通过已有的实验和非实验数据进行分析，提炼因果关系。如果问题是现在进行中，那么我们基本上会采取现场实验（field experiment）的方式，现在最快、最好用的方式是加入正确的 AB 组实验。比方说，我们可以对流量进行分组，然后对每组施加一个不同的动作，去观测每个动作所产生的效果如何。由于样本量足够大，所以现场实验足以判断测试产品的合理性以及是否达到对于作者、用户、平台三方最优的状态。对于未来可能出现的问题，我们的重点在于构建一些结构化的比较模型，训练机器学习算法。在经济学中主要是指能够把一些效用或者关系用一些非线性的方程书写出来，通过递推去演算可能达到的均衡态，这个均衡态可能是我们未来长期的一个稳态，这样就可以去做出一定的判断来说这件事情对我们未来会有多大的影响。

最终愿景还是希望关于商业逻辑的猜想都能经过严密的因果分析，找到问题的根源，再反推出优化策略。现在行业内许多前沿互联网公司，像 Google、Facebook、Amazon，它们其实都是比较推崇使用 AB 实验法去做严谨的判断，即首先通过实验找到一个正确的价值估计，然后在项目上线后，继续使用 AB 测试法去迭代优化产品。当然，它们的媒介场景会让 AB 实验相对更复杂一些。

7 从应用层面看，常见的因果分析路径和因果分析方法有哪些？

目前在快手，根据情况的不同，我们会使用不同的方法来进行因果分析。例如，在可以实验的场景下，AB实验是非常好的测算因果关系的工具。在无法实验的情况下，有几种场景：第一，使用工具变量法、双重差分法、匹配法、固定效应模型、合成控制法、断点回归、贝叶斯结构时间序列等计量经济学方法来进行因果分析。第二，因果分析可以与机器学习相结合，如矩阵补全、双重机器学习（Double Machine Learning）、因果树/随机森林（Causal Tree/Forest）以及元学习（Meta-Learning）等机器学习方法。第三，在问题比较复杂、因果关系链不太清晰的情况下，可以使用因果图（Causal Graph）来寻找可能的关键变量，见图2。

8 工具变量作为一种人为构造的变量，主要适用于何种分析情境？在实际应用过程中，应该如何将它与混淆变量或因果变量相区分？

关于工具变量，首先，工具变量是用来解决内生性问题（自变量 X 和未解释部分 ε 相关，导致 X 对 Y 的解释是有偏的）的；其次，在快手我们通常利用 AB 实验来构建工具变量。例如，在快手上有一位新用户，我们希望将用户转化成视频创作者，来观察创作视频是否带来额外的留存提升效果。

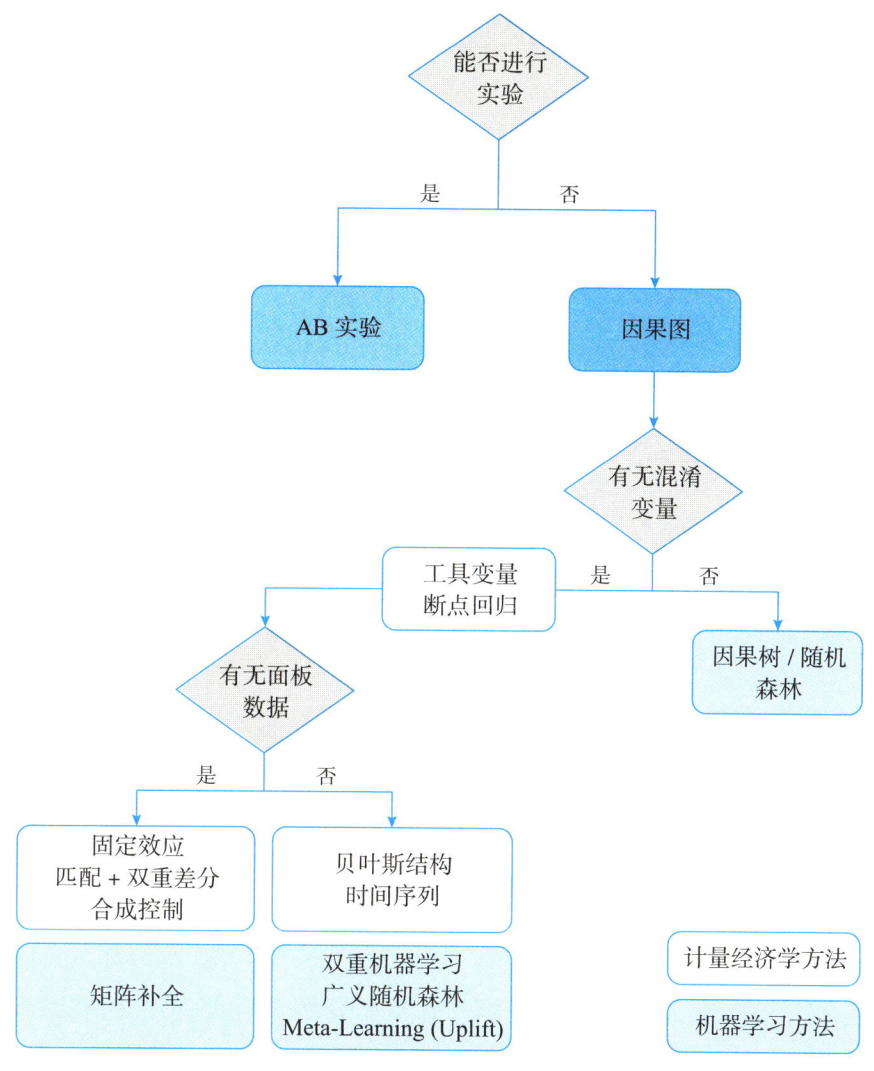

图 2 因果分析路径示意图

如图 3 所示,我们希望观测变量 X 对 Y 的影响。这里有一个混淆变量 ε,这个混淆变量既会影响 X,也会影响 Y,但有时候也会有一些困惑,就是不明确混淆变量 ε 究竟是什么,找不出来,这时候就需要构建一个工具变量 Z。所谓工具变量,要满足两个条件:第一要满足外生性,即不会被混淆变量所影响;第二要满足相关性，即与 X 相关，如果工具变量和内生变量相关性弱，工具变量作用也会削弱。此外，工具变量数要小于内生变量数，就是不能用一个 Z 估计两个 X。

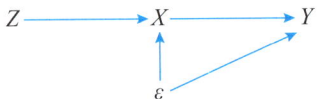

图 3　构造工具变量关系图

在具体的操作上，我们会用到两阶段最小二乘法。第一个阶段我先用 Z 和 X 做一个拟合，就是找到 X 的变化能被 Z 解释的部分，由于这一部分 X 是被 Z 解释的，所以它其实和混淆变量是没有关系的，这样就避免了混淆变量同时影响 X 和 Y 的问题。通过被 Z 解释的这部分 X 和 Y 的线性回归，就可以控制混淆变量的影响，找到 Y 和 X 之间的关系。

以前面的例子来说，快手上有一个新用户，我们希望量化他转化为创作者对平台的收益是多少。其中的混淆变量是不明确的，因为我们也不清楚是什么动机促使新用户发视频，可能新用户本身就是一个乐于分享的人，也可能新用户本身特别喜欢短视频的交流形式。如果我们只是简单观测新用户发视频的概率以及后续活跃的概率，那么这是个有偏差的估计，会导致我们高估后续转化成视频创作者的收益，因为善于分享的用户可能对短视频平台的黏性比较高，拉高了我们对转化效果的平均估计。我们需要构造一个实验，给实验组的用户小小的推动，能促进他们发视频，但尽量不影响其他方面的行为。收到信息的作为实验组，没有收到信息的作为对照组。具体地，我们给实验组的用户发一个这样的消息"今天是你来快手的第一天，发个视频纪念下吧"，据此将新用户是否在实验组，即是否收到鼓励创作信息，作为我们需要的工具变量。

首先，我们需要判断工具变量的外生性是否符合逻辑，因为是随机分组（是否被发消息是随机的），同时发消息这件事不会与我们用户本身的一些特质、想法、偏好相关，所以可以认为满足了外生性条件。其次，在相关性方面，我们也可以去检验一下，在接收了新消息后，用户发布视频的意愿是否有所提升。如果满足的话，相关性就符合了。满足这两个条件，我们便认为这是一个合格的工具变量。最后，我们便可以去估算新用户转化成视频创作者的收益。实验数据显示，当新用户收到消息提醒，当天成为创作者的概率会更高（工具变量相关性成立），使用工具变量估计的平台收益是未来一周用户的活跃天数可能会更高，发布作品的数量也可能更多。

9 AB实验法作为一种随机测试，被频繁应用于与互联网相关的行业实践。以您的经验，实际工作中是如何操作AB实验的？

主要的操作方法有两种：一种是刚刚提到的，将样本分为对照组和实验组，并对实验组施以不同形式的刺激，以发现其中存在的因果关系；另一种也是我们常用的方式，叫作屏蔽实验，针对某次事件我们可以进行一些内容、功能等方面的屏蔽。在这种情况下，被屏蔽的用户自然就变成了实验组，不需要进行特殊分组就能考察某些功能、内容对用户的影响。

一个例子是，我们希望观察双向关注对于用户使用时长的影响，因为双向关注在很大程度上代表了用户在平台内的社交关系网络和社交黏性。我们不能人为地增加或者减少大家的双向关注数，但我们有一些社交算法的推荐，如附近的人、可能认识的人等，我们可以对部分用户暂时屏蔽这些功能，可以观察到屏蔽组用户双向关注数有所减少。同时，屏蔽组用户的时长也产生了变化，从而验证用户时长与双向关注数的因果关系。

> **10** 您之前提到遗漏变量偏差这种因果分析的误区,当我们希望控制工具变量对混淆变量进行实验构造时,该如何避免这一现象?

对于工具变量所构造的一些模型,可以使用固定效应模型来进行验证。同时,固定效应模型也是面板数据(Panel data)分析中一个很常用的方法。面板数据是随时间持续观测同一个横截面内的样本,就是在不同时间点上对每个样本的追踪。固定效应模型可以用一个式子表示:

$$y_{it} = \beta_1 x_{it1} + \ldots + \beta_k x_{itk} + a_i + u_{it}, \ i=1, \ldots, N, \ t=1, \ldots, T$$

（a_i：固定效应,和自变量可能相关）

图4 固定效应模型公式

在固定效应模型的公式中,有一个下标小写 i 和下标小写 t,i 是指用户,t 是指时间,所以对每个用户在每个时间点上都可以写成上面这样的式子,如图4所示。式子中的 β 系数是想要估计的效果参数,β 并不随时间以及用户变化,但是每组用户都有一些不随时间变化的性质,这就可以被称为固定效应,在公式中我们通常用 αi 来表示。如果用户的固定效应是一维的情况,那么想要求 β 系数就很简单,只要对整个式子求一个均值,通过公式的运算就可以把固定效应给消除掉,如图5所示。在消除掉固定效应之后,我们可以求出 β 系数,通过 β 系数推算对营收业务的影响。但如果固定效应的维度比较多元,比如除了用户的固定效应,还有城市等级的固定效应、时间固定效应、地域固定效应等,那么就不能用这种中心化的一元线性回归来求解了,需要手动进行拆解和计算。

$$\overline{y}_i = \beta_1 \overline{x}_{i1} + \ldots + \beta_k \overline{x}_{ik} + \overline{a}_i + \overline{u}_i \quad \text{对每个个体求时间均值}$$

$$\Rightarrow [y_{it} - \overline{y}_i] = \beta_1 [x_{it1} - \overline{x}_{i1}] + \ldots + \beta_k [x_{itk} - \overline{x}_{ik}] + [u_{it} - \overline{u}_i]$$

因为 $a_i - \overline{a}_i = 0$（固定效应被消掉了）

图5 固定效应模型计算原理

固定效应模型的核心思想是如果有些不能观察到的固有属性会重复施加影响，那就可以把它作为固定效应加入模型。固定效应可以帮助我们得到更具因果性的模型，尤其在面板数据中，面板数据通常结构较好，里面的信息含量丰富。面板数据比起截面数据，也就是不同用户在同一时间的一些数据，信息含量更高，可以帮助我们观察到一些固有的变化因素和一些固有的不变因素，因为时间维度上的重复观察为我们提供了自然的控制组。同时，最重要的是通过固定效应，我们可以解决刚刚所提到的遗漏变量误区。比如，我们关注一个用户的当天关注量能否提升第二天在快手App的留存，其中有一个遗漏变量是用户对快手的喜爱程度，这个变量很难量化，但是如果假设用户在一个月内对快手的喜爱程度没有发生显著的改变，我们就可以用用户的固定效应进行控制，最后就能比较准确地得出关注量指标对留存的影响。

从比较实验的角度看，基于时间的变化趋势能为因果分析提供新的分析维度，在您目前的工作实际中，是如何处理时间变化这种分析维度的？

在因果分析工具箱中，我曾经提到过一种双重差分法（Difference in Difference，DID），其中就加入了有关时间维度的变量。双重差分就是不仅观察对照组和实验组之间的差,同时观察它们在某个时间点,即动作发生前后的差。这样能把受时间影响或受外生冲击影响的东西控制住。双重差分的一个关键假设是,政策干预发生前的平行趋势,就是两个组的趋势在事情发生之前至少是平行的,而不是有不同的趋势走向。比如快手现在有两个产品,一个是快手主站,一个是快手极速版。我们希望快手极速版能吸引一些更破圈的用户,就是说原来没有接触到的用户。但有一个潜在的问题是,不能阻止那些原来在快手主站就很活跃的人迁移到极速版去,所以我们想知道主站活跃用户在安装极速版之后,他在主站的行为会有多大的变化。

我们选取一组安装极速版的用户,再选取一组没有安装极速版但与第一组画像相似的用户,观测安装前后的行为变化。如果前后有时间上的变化,再对时间变化做双重差分。下图是操作原理。

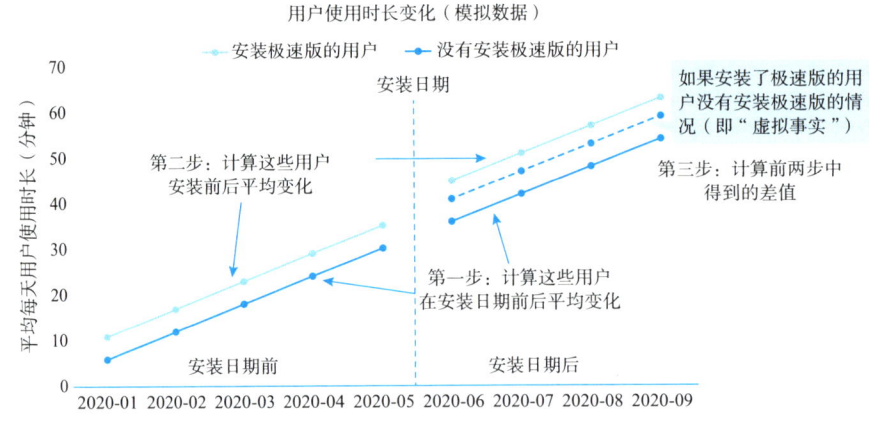

图6 双重差分法的案例应用

横轴是时间,纵轴是用户的使用时长。深色的线是没有安装极速版的用户,浅色的线是安装了极速版的用户。两条线随着时间越来越往上升高,但浅色线在安装日期之后,向上平移了一部分。我们在这儿画了一条虚线,这个虚线代表虚拟事实，就是假设安装极速版的用户在没有安装极速版的情况下，他们的使用时长可能是多少。所以虚线和浅色线之间的差实际上是安装极速版的效果。

> **12** 在传统数据分析中，因果分析往往会受到很多现实因素的干扰，比如受制于样本、各类变量、实验条件和刺激因素的差异。目前是否有一些新方法能够应对这样的问题？

之前的访谈中，曾经提到过一些比较经典和常用的方法。近年来有两种方法，在实际应用中比较前沿和新颖，一种是合成控制法，另一种是矩阵补全法。

合成控制法的基本逻辑与双重差分法有相似之处，只是说应用的场景转移到了某一类人群或者地区上。合成控制法的原理是，当某项政策施加在某一群体或地区时，虽然找不到单一对照组，但可以构建虚拟对照组。合成控制法的局限性在于，只能有一个实验组以及政策干预是在同一时间发生的，因此，就有了应用场景相对更泛化的矩阵补全法。

矩阵补全法适用于干预时间不一致，多个实验组干预的情况。事实上，我们在快手的实验通常是逐步放量的，我们一开始先上 5% 的小流量测试，之后上到 20%、40%。如果还可以，就再上到 90% 或者 95%。总体就是用不同流量加持的实验组与没有加持的控制组进行比较。比如，我们的 App 更新之后，很多用户不是当下更新，而是过很久之后慢慢更新的。所以一个新功能的渗透率是缓慢上升的。如果想看一个新发布的功能对用户的影响，我们就会选择使用矩阵补全的方法。

> **13** 机器学习（Machine Learning）是目前应用智能算法解决行业问题的一种新趋势，这种方法在因果分析中有何应用？

对我们来说，机器学习主要用于解决混淆变量的问题。前面我一直强调实验过程中要将影响自变量的混淆变量控制住，但也提到如果控制的变量过多也会有问题，会造成估算结果上的偏差。这个控制的尺度其实挺难把握的，因为我们不知道那些变量是否重要，这时候就需要机器学习的介入来帮助我们进行鉴别、控制。

机器学习最大的特点是它能够实现正则化（regularization），即对多余变量施加惩罚，这会产生非常好的效果。机器学习的方法可以分为两步：第一步是利用机器学习对变量的重要性进行筛选，第二步则是利用机器筛选出来的变量进行线性回归来得到系数。换句话说，我们可以一开始就将变量全都塞给机器，其中包括我们所关心的变量，但是我们并不清楚变量的影响以及相互作用，机器会帮助我们筛选出其中的一些变量并对其进行回归系数的计算。所以说，机器学习最大的好处在于机器能够帮我们做一些选择。

还有一种方式叫双重选择（Double Selection），或双重机器学习（Double Machine Learning），跟上面讲的原理差异不大，第一步仍然是先安排机器学习模型进行变量筛选，第二步则是用机器学习模型对筛选出的变量进行分析建模。与上段所述方法的不同点在于，双重机器学习会取两次的残差，统计推断更精确一些。

当然，使用机器学习的前提假设建立在所有混淆变量都被相对完整观测的基础上。如果有一些混淆变量，它们对结果变量的影响非常强，但我们没有关于这些变量的任何假设或者数据，这时候使用机器学习也无法更好地判定因果关系。例如，我们想研究上下滑对于用户体验的长期影响，假设我们观察到喜欢上下滑的用户观看的作者数更少，喜欢双列瀑布流的用户观看的作者数更多，但这个很有可能是因为这些用户相对而言不那么喜欢内容的多样性，更喜欢看自己喜欢的内容，所以才会导致观看的作者数少，而并不是上下滑导致了用户观看的作者数少，这里的混淆变量其实是代表用户不喜欢多样性的变量。但是，这个变量又很难通过可观察的变量或数据来呈现，这时候双重机器学习也发挥不了自身的作用。

14 您之前也提到机器学习能与决策树或广义随机森林等方法相匹配进行分析，能否谈谈应用这类方法的相关案例？

决策树就是在能够最大化区分两组数据的地方进行划分，并依照同样的逻辑进行第二次、第三次以及更多次的划分。传统的做法可能是人工根据画像将用户分割成不同的群体，进行一些机械性的划分尝试，但是这样做容易产生偏差。在与机器学习相结合时，我们需要告诉机器划分到什么深度以获得我们所希望得到的结果。决策树的好处是便于理解，并且更接近"分桶"的商业想法以及易于设计和修改"分桶"的方法，可以通过决策树优化我们的商业营销结果。

对于决策树和随机森林来说，比较适合的就是用来做异质性因果效应的分析。异质性因果效应指的是在不同情境中不同的子群体对于刺激或者政策实施的反应是不一样的。比如说之前提到的上下滑功能以及广场视频功能，有些用户喜欢其中一个，但有些用户会喜欢另一个或者都不喜欢。如果我们只是去计算一个平均值，其实没有太大意义，还是要细致地对人群进行拆分，来观察如何能优化用户体验，以满足大家的需求。举个例子，假设我们需要进行一个产品实验，用户时长的提升平均来说不太显著，但是，我们可以通过决策树的方式进行消费者分层，比如性别、年龄、新用户/老用户等维度，来找到这个产品在不同消费市场的影响。

随机森林和决策树的差别在于随机森林用 N 棵决策树组成了一个整体（ensemble），从而克服了决策树那些偏误的问题。随机森林比较庞大，应用场景相对来说更复杂，但灵活性也更强。不过相对于决策树，随机森林的结果也更难解读。

文本挖掘的价值、方法与应用

张希煜

北京城市象限科技有限公司社区研究部总监，兼任北京社区研究中心秘书长，心理学专业留学背景。

近年来,文本数据的重要性与特殊性得到了学界、业界的广泛认可。文本挖掘作为一种文本数据处理与分析方式,我们应该如何理解文本挖掘?

提到数据,一般人都认为数据是抽象的,是从某个具体的场景中提炼出来的,广义上这种想法是对的,但对研究者来说,没有故事的数据是不值得分析的,因为它展现不出对现实生活的推进意义。今天这个时代恰恰给我们提供了很多非常有价值的数据和内容,给大家带来无穷无尽的研究的可能性。因为在这个时代,每个人几乎都能够享受同等的表达权利。那么,我们要挖掘这些内容背后的价值,就可能需要借助文本挖掘的方法来处理这些具象的、大量的文本。

这里有几个概念需要说明。所谓文本数据,一般指不能直接参与数学计算的字符型数据,包括文字、符号等。文本分析是针对文本数据进行分析的技术,其特点是既要对文本进行结构化(转化为数值),也需要进行部分定性分析。文本挖掘则指从海量文本数据中提炼知识结论、发现对象关系的过程。文本分析是文本挖掘的基础,文本挖掘的分析维度更加复杂。

首先,文本挖掘可以被视为一种还原真实的叙事,也就是我们要从众多信息中提炼出其中高质量的信息。其中的一个基本预设是,相较于主动填答的问卷调查等信息,对于文本内容的挖掘会更加接近真相,因为这代表着一个研究者、观察者的客观立场。通过文本挖掘,可以清楚地还原一个对象事物在真实世界中所产生的反应。

其次，在话语体系方面，文本挖掘可以在一段文本中迅速提炼出对对象的定义、观念的定义，甚至可以对其中涵盖的权力体系进行研究。很多时候，由词语能够引申出来关于某一对象的话语体系与观念，能够反映出某些人潜在的价值与喜好。比如通过对"三分女"这个词语的文本挖掘能够反映出话语体系中所存在的鄙视女性的程度，还有"田园女权"这一类词，通过这类词的表达构建了"你不配讲女权、我高于你"的一种话语体系和情感态度。如果是心理学专业的同学，他们可能需要做一整套细致的量表，最后得出这个结论。但是在文本挖掘过程中，围绕这个词所产生的基本价值就不断浮现了。当文本量足够大时，我们能够分析出很多东西。

2 随着社交网络的普及与 UGC 时代的到来，海量增长的用户生产文本使得文本挖掘有了更大的用武之地。您如何看待 UGC 的快速增长对于文本挖掘的影响？

UGC 无处不在，构成了我们所生活的世界信息量的绝大部分。相比于 20 世纪 90 年代人们根据表单数据（即以问卷为主要收集方式的数据内容）做量表、做汇报，我们现在确实可以使用大量的 UGC 来进行分析，这也带来了新一轮的数据民主。当时的数据分析和挖掘几乎没有对象可言，人们无处获取数据，所填写的表格、设计的量表几乎就是为数不多的数据分析对象，但是现在不一样了，我们手里掌握着大量可以分析的数据。同时，现在网络上有很多现成的工具告诉你如何爬取 UGC，获取数据来源。但需要注意，未经授权商用互联网开放数据本身就涉嫌违法，不限使用条数，相关政策并没有提供具体标准，但数据属于生产者 / 提供者和他们的授权使用者，其他人用来盈利皆涉嫌侵权。

当然，在非商用、非营利行为的前提下是允许的。其实微博、知乎还有大众点评都有 API 接口可以申请，这些接口会提供一个说明文档，告诉你怎么样能够以合法合理的方式获取它的数据。以哔哩哔哩为例，对研究者来说，网站不仅有用户上传的各种 UGC，他还能够通过接口获取弹幕数据，而弹幕是不同人群对某一内容精确、即时的反馈，能够看到这些内容之间怎样相互交流，对特定的研究话题也是很有帮助的。

所以 UGC 为文本挖掘带来了无穷的可能性。第一是用户生产数据的主动化。对用户来说，能看到自身影响力的时候才会特别有表达欲，而表达欲是用户生产数据的最大动力，这就会带来主动生产内容的可能性，丰富文本挖掘的数据内容和数据量。第二是内容表达的主观性与即时性。主观性指以个人立场表达个人体验，而即时性则指内容表达上的即时满足而非长时间下的深思熟虑。这对还原叙事的真实性特别重要，有时候"不过脑"的主观内容表达会让我们更接近人们的真实想法。第三是内容文本生产的主语化，即每个人所生产的内容都代表他自己、代表他所属的群体本身。这个世界不缺乏客观性数据，但缺乏大量的主观性数据。主观性数据记录着人们如何看待这个世界、怎么表达自己的内容，针对这类数据的挖掘不应该仅限于标准算法，而应该立足于人文知识，以人为本。同时，这种用户数据生产的主动化、主观化与主语化也在慢慢冲淡文本挖掘面临的重要问题——隐私问题，因为这是用户主动选择上传和呈现的内容，他们也默认了自己在公共平台生产的内容会面对其他观察者的现实条件。整体来说，当 UGC 越来越多，研究者也就能拥有更多材料去做分析，文本挖掘所能够研究的议题可能也会更加广泛。

3 您前面提到，UGC 时代的到来使得数据形式发生了很大变化，现在的文本数据相较于传统的表单数据，有何特别之处？

首先，我们关注的文本数据往往比表单数据蕴含着更加丰富的叙事材料。文本不仅是文字本身，它还包括文字背后的意向、文字之间隐含的关系，人们写下一段话时脑海中的抽象联想很多时候也会在文本中有所体现，相比形式和内容固定的表单数据，泛文本信息或称广义的文本信息，也就是除纯粹文本格式的信息外，表情包、颜文字等文本信息的变体内容，更加有趣，也有更大的可处理的空间。举个例子来说，我们在浏览一些推荐网站的时候，通过看一些评论，可以知道某家饭店的优势何在，可能是服务，可能是价格，甚至可能是饭后甜点，但是如果我们仅仅将这些饭店的评分做一个表单，那么很可能无法获取这些更具体的信息。

其次，文本数据适用于多种层面的分析。一组数字无法用来思辨，但是文本数据可以用来做我们常说的定性分析和定量分析，尤其是可以用来进行具有思辨意义的话语分析。文本数据能够将这些分析方式贯穿是很难得的。举个例子，我们通常在交流中会赋予一些字词隐含的、特殊的意思，那文本数据就可以用来做语义和语境分析，也就是分析文本中的"潜台词"。再比如，我们想讨论现在的网络文本有多"物化女性"，这个程度就可以通过对海量文本数据的话语分析获得。大数据时代的话语分析可以做得非常量化，当然这背后也需要较高的算力支持。

除此之外，文本数据也可以进行情感分析，像我们平常通过微信消息推测某一个人对自己有没有好感的时候，就进入了一个深度的文本挖掘过程：我们会对消息进行分词分句、打标签，比如对方回复"嗯"，或者"嗯嗯"，或者"嗯嗯嗯",在交流过程中代表着完全不同的情绪情感含义。所以说文本数据是很有趣的,它可以做很多事情,具体表现在文本数据应用的深度和广度都比表单数据范畴更大,同时应用场景也更加具象化。可以说,文本挖掘很贴近我们的日常生活,我们每个人每天都在做文本挖掘。

目前,大家对于文本数据分析的理解有什么常见的误区?文本挖掘体现出了哪些优势?

在数据挖掘方面,大多数人对于数据挖掘的概念还停留在简单的描述性统计阶段,但当我们用高维度的分析理念和分析技术去做出成果的时候,我们就可以特别轻松地超越那些只会做描述性统计、只是将数据挖掘理解为描述性统计的人。举个例子,很多人有时候会用最基本的比较逻辑来看待数据分析,认为数据分析最终的结果就是比较数值的高低,但是当深入考察文本数据背后的逻辑时,我们就会发现其中所蕴含的维度十分丰富。所以,学习文本挖掘、进行深入数据分析所带来的好处,一是我们有更丰富的数据维度来说理,更具有说服力;二是能够预见性地看到一些扁平维度里面看不到的问题,从而进行更深入的研究。

举个例子来说明上述两点。我们团队曾经做过一个有关"熊孩子"的研究,爬取了"熊孩子"关键词相关文本信息,统计其中多少文本中同时提到了妈妈、爸爸、爷爷、奶奶、哥哥、姐姐、弟弟和妹妹。从词频上分析可知,"熊孩子"与妈妈、奶奶等母职角色的关联频次明显高于与爸爸、爷爷等父职角色的关联频次,如图1所示。这是一个描述性分析,但它带来了新的启发:"熊孩子"问题在本质上更多是一个针对女性的问题,因为大家认为"熊孩子"的出现是家中的女性家长没有做到位。实际上，这里的冲突不是有孩子的人和没有孩子的人之间的矛盾，也不是孩子和成年人之间的矛盾，而是人们对孩子的女性家长履行母职能力的质疑和不满，这样要考虑的问题就完全不一样，针对解决问题的方式也有所不同。所以文本挖掘不仅仅是简单的描述性分析，更多是对其出现的语境、关联词语进行分析，从而提升问题的思考维度。

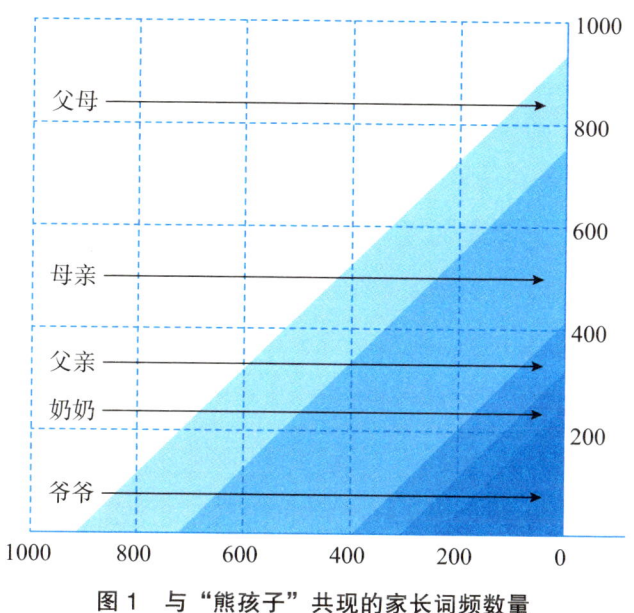

图1　与"熊孩子"共现的家长词频数量

来源：研究自制。

5　文本挖掘通常围绕一些基本维度展开，对于研究者而言，如何围绕基本维度设计研究框架？

第一是要立足文本的向量化建立多源分析维度，也就是文本挖掘的指向体系。平时工作中，我们做文本挖掘的第一件事是要建立自己的维度手册。在考虑用什么工具和算法之前，首先要建立文本的分析维度，考虑用哪些标准去分析文本，这需要我们先去理解所要挖掘的文本，考虑挖掘的目的是什么、问题是什么、问题的背后可能有哪些深层的关系。要建立一张自己的挖掘地图，以防最后在庞大的文本信息中迷失。

第二就是要建立一套文本分析的指征体系。我们认为指征是一种标识性的信息或信号，它不包含好与坏，但在指征体系建立前我们需要提前建立自己的标签内容。比如人的大脑为了节省社交判断的资源占用，会对朋友圈的每个人打上标签，使得我们在面对消息时快速做出判断，如果有个人上来就和你说"亲爱的"，你要快速判断出你是要回他还是直接拉黑他，这时候你大脑中隐蔽的标签体系就起作用了。同样地，文本挖掘后期需要根据语境去分析文本，理解语义时如果没有标签体系，就会迷失在一堆信息、信号里面，有了标签就会知道这个信号是符合这一标准的，标签上就会有很多附加的信息量。标签不一定是并列、不重合的，比如一个人可能会有很多个标签，一段文本也一样。标签系统虽然复杂，但是一旦建立起来，就能保证分析问题时不会偏离。比如，有研究者做过一个关于2006—2018年相亲网站上女性和男性自我介绍的分析，发现女性越来越在乎自己的身体，但是她的话语不一样了，从原来的爱美丽、漂亮变成了现在的爱健身；男性也一样，从原来说我工作怎么好，到现在越来越多说身高、我健身、我很壮。这些都是身体关注，但是它有两个方向的词，对身体评价和自我身体认知的哪些词可以被划分到上面提到的这些标签之下，实际上也体现了研究者自己内心建立的一套标签体系。这个标签体系是类似于方向盘一样的东西，在分析之前一定要建立好。

第三就是要确立文本分析的指标体系。指标的价值在于赋予文本价值、让它们变得量化可比。而指标化的过程也是文本挖掘最核心的转折点，因为这时候我们开始从定性迈向定量。举个例子，一个叫"刘建国"的人可能是一位中年男性,一个叫"马德彪"的人不太可能是一位文雅少女,人的大脑通过一个名字进行的信息判断的过程,就是深入挖掘文本中隐含信息的过程,你在这个过程中建立自己的指标体系。"国""彪"一般来说更具有男性气质,"丽""妍"则更具女性气质,如果对每个字所代表的气质进行赋值,也就是把名字隐含的信息跟不同类型气质的匹配度进行指标化,那么文本就具有了可比性。

我们从指标化、指征化一层层去推,是因为内容涵盖的言外之意每一层都有非常清晰的变化。这里可以引申到研究方法中的内容分析法,研究者需要把一句话从它最原始的样子,逐渐一层层去解码,然后再重新编码、合成,从而得出某个主题或结论,这是一个循序渐进的过程。我曾经看到过一个例子,是用内容分析法分析某个医院对患者的采访记录,最终定位到该医院存在服务问题:有一句话原始的语义单位是"他们将我拖到房间的中间位置,然后离开了,他们抛弃了我",经过压缩后的语义单位是"拖到房间""离开了""抛弃了我",对这些单位进行编码可以是"被孤立",将这个编码节点分类到"员工有意识或无意识的行为",最终归类为主题"不是人、只是一具尸体",而它上一级的大主题是"急救中心在患者眼中是冰冷和孤寂的存在"。通过逐层解码—再编码的过程,低层次抽象的文本浅层含义变成高层次抽象的文本深层含义,这个过程中,研究者需要以心理分析的视角去理解话语。

通常来说,一个完整的文本分析需要经历哪些具体的步骤?

如图2所示,文本分析的第一步是对数据进行查错清洗。文本素材的出错率比较高,前期文本素材的清晰程度就特别重要。比如我们之前分析英文文本时觉得很多断句有问题，后来才发现是一开始清洗的时候就出错了，很多英文缩写里也是有句号的，所以做文本挖掘前务必先查错、清洗文本结构。

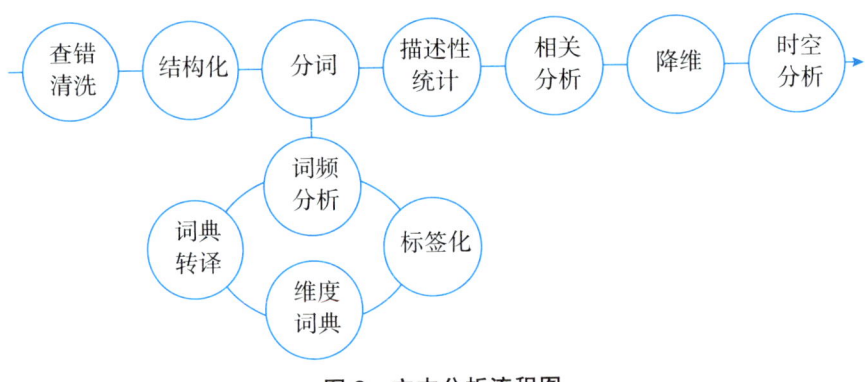

图 2　文本分析流程图

来源：研究自制。

第二步是将数据结构化。在具体操作中，结构化是所有文本分析的门槛，因为现代汉语并不像英语或者我们古时候的文言文那样有那么明确的结构性，它没有那么好断句和分词。文本挖掘需要从大段文本数据中获取自己想要的信息，就要对文本进行结构化处理。比如，我们做有关刑事案件的分析要从刑事判决书中寻找信息点，而刑事判决书相比于社交媒体上的 UGC 是更加结构化的，那就可以通过构建正则表达式（一种字符串匹配模式）的方式精确定位和提取想要的数据。我们平常最常用的办公软件 Excel 就有很多公式可以用来结构化地提取数据，比如常用 Excel 默认函数包括 Find 函数可以用来定位，Mid 函数可以用来确定步长、指定信息输出，表格的分列功能也很方便，大家可以在实际操作中探索这些用法。

第三步是分词与标签化处理。在文本分析时需要有一套词语包（关键词库），词语包中的每一个词对应在我们所建立的分析维度中，把词语与其中对应的意义相关联，完成词典转译，最后合成一整套标签体系。在这个过程中，我们还可以进行一些词频分析，看看哪些词出现的频率更高。

第四步是进行描述性统计与分析。到这一步其实已完成了基本的文本挖掘工作，对于普通人来说，就可以发一篇干货丰富的文章了。前四步是基本的文本挖掘工作，后面的分析难度会相对高一些。

第五步是相关分析，比如卡方检验、皮尔逊指数等，分析的是一串数据和另一串数据之间相互映射的关系大概有多大的决定和影响范围。相关分析能够构建所有的分词、散点之间的潜在关系，做相关性分析是做因果联系的第一步，也有助于我们缩减文本挖掘词典的关键词范围。举个例子，在一项研究中，我们把所有的关键词都分析完了以后，发现当时自己设计的 75 个关键词一做相关分析，实际上只有 15 个维度是可用的，其他都是衍生的内容。比如"交通便利"这个词，实际上和"拥堵""可达性""迅达性"是一致的。看到这个相关分析的结果之后，可能想想觉得它们都是一个词，但是在做数据挖掘之前，你是很容易扩大词库内容的，做一次相关性分析就可以收紧、聚焦词库。

第六步是进行聚类降维。这个听起来有点玄乎，实际上是把所有东西聚类在一起，把不同维度的东西"拍平"，比如说现在有 50 个同学在一起，如果我们从个体的角度来看，这个数据结构是一长串的，每个人有不同的身高体重、兴趣特征等，但当你想把这些数据降维到最简单的男和女的时候，这些同学就变成了同一维度上的两个点。这当然是最极端的情况，我们这样处理数据也不能得到什么有效信息，但在实际应用中可以把维度不断下降，后面就可以支撑我们去做分类分析、因子分析。降维的过程比较复杂，需要不断用各种方式去尝试，让数据压到一个维度，最后让它符合我们的洞察或者能给我们提供新的洞察，这是很耗费时间的一件事。

第七步则是根据我们的各种产出需要去进行相应的分析，比如刚刚提到的分类分析、因子分析、时空分析等。进入现实研究环境中，时空分析往往非常重要。我们需要把文本挖掘的内容和特定的时间、空间、人群结合起来进行分析，最终才能得出真正有价值的结论。比如说，我们通过结构化的方式获取了一系列文本地址，北京市某某区某某路多少号，就可以通过百度或者高德的开发者模式里面的地理编码 API，将文本地址转化为空间坐标。坐标就对应着地图上唯一的一个点，有了这个坐标之后就"万物皆可地图"，之前我们提到的有关消费升级降级的地图、犯罪率相关研究的地图等，都是拿原始数据打标签之后，通过正则表达式提取了其中一小段有效信息，识别后用地理信息分析软件自动转化为它的空间坐标贴在图上，然后进行后续的分析。

7 您有比较丰富的文本分析实践经验，在日常工作中，文本挖掘主要有哪些应用，解决哪些实际问题？

我给大家介绍日常工作中四个最常使用的文本挖掘应用，分别是词频分析、事件标准化处理、情感/价值分析、立场分析。这几乎涵盖了文本分析最主要的一些应用领域。

首先是词频分析。词频是最容易理解的内容，词频分析是文本分析入门的钥匙，只要会语文、能认字就能做词频统计，其作用在于提供对于事物直观的感受和认知。但是，直接用原始数据进行的文本分析结果一般都比较粗糙，距离挖掘出一个非常有价值的洞察、非常立得住的结论还很远，因为很多时候文本数据中充斥着各种无关的、无价值的信息噪音，它们会干扰你对数据的结构化和进一步分析。所以数据清洗、结构化处理很重要。给大家分享一个词频分析的案例。我们曾经做过一个项目，爬取了旅游网站猫途鹰（Trip Advisor）上有关北京、纽约两地"夜间活动推荐"的文本，通过词频分析对比研究北京和纽约的夜间经济，结果发现纽约的夜间活动关键词是观光、爵士乐／蓝调、酒吧、购物、戏剧等，而北京是酒吧、吃、观光和传统表演。也就是说，在不能去纽约进行实地观察时，我们通过文本挖掘得到了可信度较高的画像，能够比较直观地认识到纽约夜间活动的特点。

其次，还有一种叫作"事件标准化"的分析方法。事件标准化这个词不是很专业，我们一般是指把每一个发生的事件变成一个基准点，把事实按照时间、空间或者其他的叙述方式罗列起来，观察事物之间的联系。以北京城市消费升级地图为例，我们去搜在大众点评里做过点评的人，不看隐私信息，只是把文本语料爬取下来之后为他们加标签。这些人如果最近三个月之内在一些评论上面出现过两次或三次以上"消费降级""节省""拼多多"类似的词，会给他打上消费降级的标志；还有一些人评价品牌"高端、大气、上档次"，我们给他打上消费升级的标志。然后将这些人一周之内去哪些地方打过卡，爬取下来并空间化，就会发现这些消费降级的人和消费升级的人去了同样的地方。我们后来发现，越是活跃的地方消费升级和降级的动力也就越明显，比如一个白领前脚去买了星巴克，后脚在外卖员手里拿了一包杨国福麻辣烫优雅地去加班，那也有人既买奢侈品又用拼多多，这些听起来像是有点人格分裂的事情，其实研究发现还是会普遍发生的，升级和降级的时间、空间都很靠近。消费升级和降级在一个人身上同时发生时机器会迷茫，因为没有显著性机器就打不了标签，但是通过文本挖掘就会发现，这不过是因为消费升级和降级交替发生在这一个人身上，所以文本挖掘是解决问题的好方法。

再举一个和空间化相关的例子。我们做过一个北京犯罪地图的相关研究，提取了刑事判决书中的犯罪类型、发生时间和地点等关键信息，然后进行地理信息计算，就会形成一张过去特定时期内动态的犯罪变化趋势图。根据这个趋势图，我们可以去分析和预测未来哪些地方可能是"两抢一盗"的高发地，从而对有关部门提出建议。

再次,文本挖掘也可以评估情感和价值观。这里介绍一个挖掘知乎文本的例子。2013年,知乎上有个帖子讨论北京、上海、深圳等地哪个地方好、到底好在哪里,我们就去把地点和人们对它的评价标识出来。比如有的内容提到学校,我们就标识为城市的学术氛围;提到文化,我们标识为文化活力;等等。通过对其中的关键词归并和核心语素的识别,我们得出的初步结论是,人们大多是由于北京城市资源所带来的优越体验而选择留在北京的。通过对全部语料中的关键词词云分析发现,认为北京好的人们最经常提及的既包括"朋友""生活""爱"等精神元素,也包括"胡同""天安门""故宫"等具有文化特征的物质元素。这些文本数据对于构建一个城市的气质元素、分析城市特点具有重要意义。对比来看,谈到上海最常见到的一个词是"商业",它的商业氛围得到各行各业人士的认可,北京的好则是"我的朋友在这儿""我的家在这儿"。在我们看来,这更多是一种情感上的惯性,上海的商业氛围具有成长性,北京的商业氛围在吃老底。

第二个例子是歌词分析。歌词作为一种简短凝练、易传播的口头诗式文本材料,具有抽象与具象意象齐备、叙事与抒情功能兼具的特点,能够比较鲜活地反映状态、场景和价值取向,从而在一定程度上反映出群体的文化感知内容,我们主要通过分词、词频统计及中文情感值算法对歌词内容的分析来考察其中所蕴含的城市生活场景与文化符号,包括城市文化地标、城市叙事意象(人与城市的关系)、城市情感三类,主要是以围绕北京、上海两座城市展开的歌词作为研究对象。

最后,讲讲文本挖掘在立场评估上的应用。我们分析了一整个月的含有"北京"的微信公众号标题文本的情感值对比,如图3所示。研究发现情感值的呈现很有意思。像平安北京、幸福顺义、可爱昌平这类官方账号,它的正向情感值基本稳定在70%以上，呈现出一个非常快乐、幸福安宁的状态；但是另一些微信大V账号在同等坐标轴上的情感值达不到50%。我们基本上可以认为，50%这个数字代表的是完全中性的，其中既包含积极态度，也包含消极态度。如果数值低于50%，就说明很多大V的态度是偏负向的，其关键词基本都与公众焦虑有关，比如买保险、贫富差距、家庭投资、教育学区房等。这里的问题在于，如果官方的宣传引导以正向情感为主，而实际上大家传递的是一种焦虑的话，首先会带来的就是人群与人群的对立。这种对立的极化一定会带来社会隐性的、负面的影响，比如福山在《信任——社会美德与创造经济繁荣》一书中提到的社会资本的流失。我们潜意识里对外界的不可控的陌生人和社会的信任在下降，如果信任下降，一个政策、举措推进的摩擦系数就会变大，需要更多的规则、监管来保障效果，可能公共服务、社会服务就会有一个小冰河期。

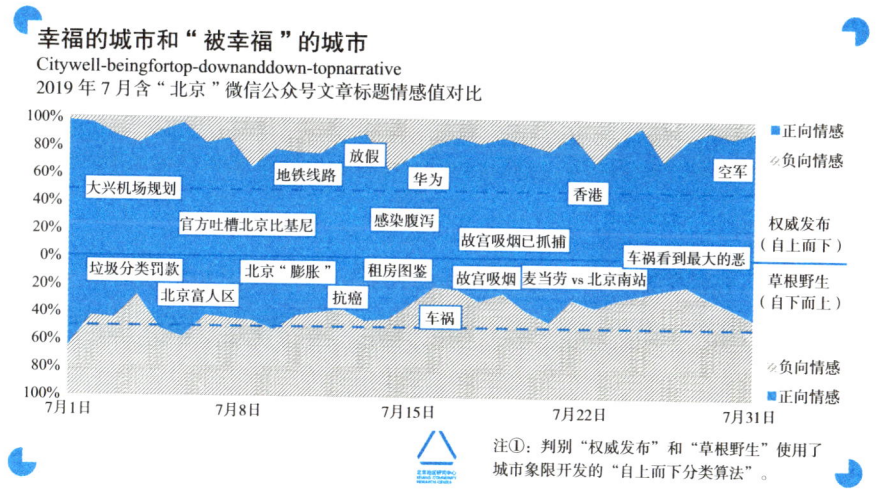

图3　不同类型账号的情感值对比

来源：研究自制。

总体来说，文本分析可以是个终点，也可以是个起点。文本分析可以利用人类生产的内容挖掘其中存在的情感态度、价值立场与思想观点，其中也隐含着大量的、值得研究的一些基本问题。但是，文本分析、文本挖掘只是一种研究方法、一种数据分析途径，最重要的仍然是研究者的洞察能力，工具和方法永远无法取代人的思考和洞察。

> **8** 在上述过程中，对内容的标签化处理是否存在主观判断？是否应该尽量避免主观判断对标签分类的影响？

对标签的处理有一套回归分析的验证方法。我们把所有的原始文本爬取下来之后，进行词频分类，有一些词是高频表述，能够作为设置标签的线索。这个过程是客观的，因为筛选出来的词其实并不带有主观性，词频也不带有主观性，只是这个词在该话题里本身有一定的显著性。这一轮通常是机器先过滤一下，当然我们手动也可以操作，在进行分词算法计算时把哪些标为名词，其中哪些标为地点，哪些标为动词、形容词等，但并没有区分形容词的正向和负向，以避免主观判断。

接下来，我们需要一轮一轮地去进行回归分析。在做消费升级研究时，我们在网上找文本，那些直接提到"消费升级""消费降级"的文本，比如有一条文本既提到了"拼多多"又提到了"消费降级"，那我们就去测量"拼多多"出现在文本中的位置距离"消费降级"位置的数据长度是多少，对爬下来的这些文本都做这样的分析，就可以得到这些词和消费升级、消费降级是否相关的显著性特征。我们第一次缩窄之后的词有 3000 多个，又从 3000 多个词里面缩窄成 120 多个，结果发现，"拼多多"可以作为"消费降级"的显著特征词，用关键词相关性计算能够有效精简关键词。

另外，避免主观价值判断也可以通过其他方法来做一个简单的验证和判断。比如，可以去查阅百度指数，即大多数人搜索了这个内容之后还搜索了什么，这样相关关系就出来了。但也不是所有的相关性都百分之百保证准确性，凡是数据挖掘里的标签都是一种可能性，不是 0 或 1 的问题，它们需要在统计学意义上进行显著性检验，才能获得较为稳定、能够被大家认可的标签，但也不是获得一种绝对正确、客观的标签。

> **9** 面对海量数据时，算法的运用已经成为一种普遍的选择。在文本挖掘中，算法是如何贯穿文本数据处理始终的？其作用如何体现？

对于现在的文本挖掘而言，背后往往都有更深层次的算法技术来支撑、优化数据分析的结果（包括分析的速度效率、证明或证伪结论的力度等），类似描述性统计背后也包含很多算法的运行。我们在文本挖掘中使用到的算法，按流程来说可以把它们归纳为提取、识别、分类、反馈、生成五个部分。这些算法实际上非常简单，目前来说都有可以套用的程序和模板。

文本挖掘首先就是要从所获取的海量文本中提取分词、分句，再依据特征对所提取的信息进行识别，而识别出的每一个内容都有标签，我们就可以用来对这些基本的词、句进行分类，分类部分会使用到文本聚类的算法。实际上，提取、识别、分类这三个可拆解的步骤都有一段可获取的标准算法程序来处理。我们平时将所获得的数据输入算法程序中，就可以自动完成上述三个步骤，最终导出内容的分类结果。整个过程其实是把高维的东西变成低维的东西、把复杂的东西分解成扁平的东西的过程，也就是拆解的过程。

其次，对这些语词在分解后进行重组。首先要做的就是反馈，然后是生成。反馈与生成的区别在于这可以理解为一个规定动作，比如在分类之后我们很自然地就要呈现出这一主题的知识图谱。这个过程由最基础的数据分析动作组合而成，文本分析不会与其他类型的数据研究在底层逻辑上有太大区别。

> **10** 对于人文社科领域的研究者而言，算法似乎总是一堵难以逾越的"高墙"。在文本挖掘的具体操作中，我们如何更加便捷地理解和使用算法工具？

算法并不是一段代码生成器，也不需要每个人去开发所有的算法，算法的真正意义在于人们去使用它。现在有许多开发好的工具能够帮助我们快速完成一些分词、提取、词频计算等功能，这会帮助我们用更短的时间建立自己第一轮的关键词词库，知道其中哪些是重要的词、哪些是不重要的。比如有一些制作词云的网站，它可以快速地分割出词频，导出 Excel 表格，这样就可以节省大量自己手动分词的时间，做研究的工作量也就减轻了。又比如聚类分析听起来很复杂，其实实际操作的时候就是把某种格式的数据导入一个软件中，点选其中的聚类分析，就能够得到结果。所以，我们做文本挖掘，不是一定要去掌握每一种算法、软件、编程的具体内容，而是想做一件事情时知道它是否可以做、可以用什么工具去做，不是被工具所支配。有时候我会想，如果我们把算法理解得太高级、太严肃认真，那就很难去说服更多人接受算法的结果和它的便利性，所以每一个研究者都应该在战略上轻视算法，认定算法可以为我们所用。

不过我们也要注意到算法不等于洞察，现阶段的算法无法解决文本挖掘中的全部问题。对一组数据，我们把所有的分析都做一遍也很可能是无用的，因为看不到任何显著的结论。所以说，算法就是一个工具，最重要的其实是需要它带领我们迈向洞察。当然算法也在成长，希望未来算法做的是关心大家的事情，比如说通过文本挖掘进行抑郁情绪识别，像这样一些需要普遍性应对但又有些难言的东西，可能会由算法来解决。

由于语义的丰富性，目前诸如反讽等内容可能仍然是算法工具的处理盲区，在实际操作中，对这类问题是如何处理的？

现有的算法确实还不能稳定识别讽刺和反讽等更多元语义，可以说从语境到语义的过程仍然是行业的研究重点。不过我们可以通过一些手段无限贴近和解决这个问题。第一，我们在进行文本挖掘时可以借助一些表情符号来帮助我们识别文本的含义。比如，在做微信对话和微博文本挖掘时，我们发现微博上很多反讽的语义都会附上"狗头"的表情包，这其实是用户帮助贴的标签，可以通过这个标签与语义建立一些联系。第二，有一些反讽的含义表面上是看不出来的，那么这时候便可以在UGC中寻找一些联系。因为我们所拿到的文本数据并不是简单的序列表格，而是关系表格，对于一些热门的内容或者评论，下面总会有很多人评论或跟评，那么，当有人在反讽的时候，总会有一定概率被人指出，类似于"我差点就信了""糟老头子坏得很"等关键词，只要分析人员对这些材料足够熟悉，肯定是能够找到这些关键词并建立起一些联系的。

我们所谓的文本大数据经常面临着数据模糊程度高、语义识别不清等一类问题，在面对这类问题的时候并没有一个百分之百完美的解决方案，想要依靠机器来实现完全解决更是不太可能。反过来说，最简单的描述性统计也要考察数据的显著性水平，也就是在多大范围内是可信的、显著的，这也不是一个百分之百确信的结果。所以还是回到那句话，我们尽可能地去贴近一个完美的结果，可以用一些通俗的方法去对数据进行解释与分析，去不断压缩、缩窄我们的分析范畴，来保证数据分析的有效性。

12 从方法论和工具使用的角度来说，您认为目前文本挖掘还存在哪些可以改进和拓展的空间？

我觉得现阶段的文本挖掘还在起步阶段，文本挖掘目前的主要工具依然是结构化分析方法的数字分析工具，但也有相当多的团队正在进行文本情绪识别、态度识别的机器学习的算法开发，未来应该能够有更多情绪、情感分析的专门工具。但我个人不认为这些工具能取代人的理解力和洞察力。

从工具上来说，我认为文本挖掘根本上还是应该回归一种对人的情感意志表达的洞察，现阶段我们已经能够获得各种开源的基础工具（词频计算、分词计算、情感值计算等工具）；但是现在也有了各种上下文结合的人工智能"聊天"机器人，这是技术上的又一突破，说明已经可以通过机器学习等方式建立对人的文本表达内容的模仿。

从方法论上来说，现阶段，我理解文本挖掘仍然是底层数据分析技术＋文本语义内容的定性定量分析框架相组合的一种分析过程，还无法形成独立于基本的内容分析法成为独立的文本挖掘方法论。我个人认为在文本挖掘中起到主要作用的依然是人对趋势的洞察，未来如果在文本洞察层面（也就是不只分析数据，还能提出超越计算的定性判断）有质的飞跃，需要两个突破点：一是计算能力上人类有了更大的提升,因为文本挖掘需要输入和处理的文本量巨大;二是在计算方法上也需要有更多模仿人脑"顿悟"过程的算法。当然也可能就像科幻小说里所写的,通过穷举文字排列的方式,可以生成比李白所作的更伟大的古诗词,但这种穷举计算我个人认为只能存在于小说中,我们永远需要更精准的计算方法,而这也是技术不断更新的原因。

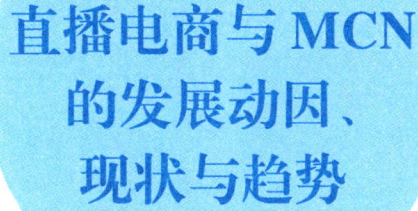

直播电商与MCN的发展动因、现状与趋势

郭全中

中央民族大学新闻与传播学院教授,中国人民大学管理学博士。

2016年被誉为中国的"网络直播元年",此后直播发展势头强劲,其业务扩展到了商品贸易和消费等领域,这两年"直播电商"更是热潮汹涌,我们该如何看待直播电商突飞猛进背后的动因?

在我看来,直播电商的进化过程其实也是电子商务的发展历程,所以说直播电商也是电子商务发展的一个新阶段。我国电子商务与互联网一样,从诞生之日起就快速迭代创新,从最早的从事B2B业务的中国化工网和从事C2C业务的8848等传统电商,到淘宝、京东等现代电商,到拼多多等社交电商,再到淘宝等内容电商,而直播电商则是内容电商发展的最新阶段,是直播媒介、创意内容与电商的有机结合。电商快速迭代的深层次原因主要有基础通信技术尤其是移动通信技术、用户规模、资本等驱动因素。

首先,移动通信技术的升级驱动直播电商快速发展。其一,5G移动通信技术显著提升了直播电商的用户体验。自从20世纪80年代1G移动通信技术出现以来,全世界的移动通信技术已经经历了五代技术的迭代,尤其是4G之后的移动通信技术使直播这种新传播手段得以大规模使用,使移动互联网用户、直播用户和电商用户都出现了爆发式增长。5G作为新一代移动通信技术,相比于此前的4G等,不仅带宽、网速等基础技术能力得到了大幅度提升,而且互联网化、IT化、智能化、灵活性水平更高,将带来极致的用户体验,更好地促进直播电商的发展。其二,我国流量资费水平大幅度下降为直播电商打下了坚实基础。2G、3G时代由于流量资费较贵且网速太慢,导致短视频、直播等需要大流量的应用难以得到快速发展，而以图文为主的微博、微信等社交媒体平台则取得了快速发展，而随着2013年后4G的逐渐普及，流量资费下降、网络速度提升，加速了智能手机渗透。经过近几年的发展，4G网络的全范围普及和覆盖以及5G的大规模商用，使得我国流量资费水平大幅度下降。根据中国信息通信研究院发布的《中国宽带资费水平报告》，2019年第四季度，我国移动数据流量平均资费为5元/GB，同比下降了41.2%，用户月均移动数据使用量为7.79GB，同比增长76.2%。

其次，直播电商已经具备了庞大的用户基础。第一，我国的网民数量尤其是手机网民数量规模巨大。根据CNNIC发布的第45次《中国互联网络发展状况统计报告》的数据显示，截至2020年3月，我国网民规模为9.04亿，是2015年底6.88亿的1.31倍，较2018年底新增网民7508万，互联网普及率达64.5%，较2018年底提升4.9个百分点。其中，手机网民规模为8.97亿，是2015年底的6.20亿的1.45倍，较2018年底新增手机网民7992万，网民中使用手机上网的比例为99.3%，较2018年底提升0.7个百分点。随着用户数量和时间快速从PC端迁移到手机端，之前以搜索为导向的需求满足方式效果不尽如人意，需要转型为以内容引导为导向的需求满足新方式。在内容生态进化的过程中，出现了以KOL、创作者为核心的内容生产者，而以主播为核心的直播视频内容生产者是最新的内容生态。此外，由于智能手机尤其是高清晰度的拍照手机价格的大幅度下降，低收入人群都能买得起高清晰度的拍照手机，拍照手机的快速普及也为直播提供了良好的基础。第二，网络购物用户规模庞大。根据CNNIC发布的第45次《中国互联网络发展状况统计报告》数据显示，截至2020年3月，我国网络购物用户规模为7.10亿，是2015年底的4.13亿的1.72倍，较2018年底增长1.00亿，占网民整体的78.6%，较2018年底提升5个百分点；手机网络购物用户规模达7.07亿，是2015年底的3.40亿的

2.08 倍，较 2018 年底增长 1.16 亿，占手机网民的 78.9%，较 2018 年底提升 6.4 个百分点。第三，网络直播用户过 5.6 亿。根据 CNNIC 发布的第 45 次《中国互联网络发展状况统计报告》数据显示，截至 2020 年 3 月，我国网络直播用户规模达 5.60 亿，较 2018 年底增长 1.63 亿，占网民整体的 62.0%。其中，电商直播用户规模为 2.65 亿，占网民整体的 29.3%。

最后，短视频红利为直播电商培育了市场。2020 年初，受新冠疫情影响，网络视频应用的用户规模、使用时长均有较大幅度提升。短视频大大降低了使用门槛，每个用户都可以利用短视频展示自己，短视频红利和基于短视频的自媒体红利显著，形成了用户黏性大、获客成本低的短视频平台，为直播电商的高速发展营造了良好的外部环境。在我国整体正处于消费升级的时代大背景下，随着居民收入提升、人们闲暇时间的增加，休闲娱乐需求快速增长，游戏、电影等行业发展良好，尤其是三、四线城市的用户用于娱乐的闲暇时间更为充裕。短视频平台能够更好地满足这些娱乐需求，原因在于短视频平台内容多元而丰富、参与门槛低、消费成本低、用户黏性强，因此得到用户的热捧和忠诚，用户数量和使用时长都实现了大幅度增长，短视频平台迎来巨大红利，此其一。其二，新兴短视频平台流量成本低。新兴的短视频平台快手、抖音等，以及组织灵活、创新能力强、很早就开始内容电商探索的淘宝，都把握住了直播电商的大风口，还有更深层次的原因是，短视频平台红利大且用户拉新成本相对低。根据 Wind 的数据显示，2019 年各类平台用户获取成本如下：快手为 15 元，抖音是 20 元，拼多多为 284 元，阿里巴巴为 420 元，而京东则高达 508 元。尤其需要指出的是，短视频平台的用户规模大、停留时间长且在持续增长，他们与感兴趣的 KOL 等更容易形成高效的社交关系，并乐意观看主播带货或短视频推荐的高性价比的产品。

> **2** 伴随着互联网的成长,直播电商也应运而生。在您看来,直播电商发展势头强劲的背后,反映了我国互联网发展生态的哪些新趋势?

一是带来新就业、新销售、新消费、新经济。直播电商带来了诸如主播、MCN、主播—MCN—电商产业链等新职业;直播电商重构了传统销售的人—货—场,有机结合线上线下销售,具有品效合一的特点;带来了新的消费模式——边娱乐边消费,互动性更强的消费,基于忠诚度的消费;直播促进了新经济——2019年数字经济对GDP的贡献是35.8万亿元,占GDP的比重是36.2%,实物网络销售行业零售额为8.5万亿元。据艾媒咨询显示,2020年中国直播电商市场规模达到9610亿元,同比大幅增长121.5%。预计2021年直播电商整体规模将继续保持较高速增长,规模将接近12012亿元。

二是体现出赋能个体、各行各业、治理能力提升、精准扶贫等。视频直播背后是一种技术平权,降低了表达门槛,增加了普通人的表达途径——即使没有很好的文字工作能力,只要会表演、善表达,就能从事主播的职业。直播电商作为视频直播和电商的有机结合体,不仅可以让个体获得更好的表达机会和拓展新的价值变现渠道,而且帮助各行各业更好地与用户对接和实现价值变现的闭环,还可以帮助各地政府推广自身、直播治理过程,在扶贫方面,更可以为贫困地区提供一种可行的产业模式,带来更多就业机会,增加劳动价值。

三是体现出互联网的专业化、规范化、细分化。主播、MCN、团队、供应链等全产业链将来会更加专业化,明星、企业家带货屡屡翻车,带货效果比不上专业主播,正是因为不够专业,专业化运转能让行业健康发展。中国广告协会《网络直播营销行为规范》从2020年7月1日开始实施,有关部门正在研究制定出台直播电商相关规定,新生事物需要逐渐规范,不能操之过急,也不能置之不理。电商模式、互联网技术向各个细分行业渗透，现在格力等家电公司开始重视电商战略，许多新国货公司也是用电商逻辑去改造传统行业。

四是体现了从消费红利到数智创新的新变革。传统行业最大的痛点是有顾客无用户，没有建立起个人数据模型。未来的直播电商可以助力数字创新，将网络协同和数据智能技术有机结合，智能化升级转型就具备了基础条件。可以和用户建立起连接，去积累用户，基于用户的需求，对既有产品快速迭代升级，并且再去研发新的产品。要完成从产品思维到用户思维的转变，就要从用户需求出发，然后快速迭代升级，完善服务。

3 历经了传统电商、社交电商、内容电商的多种模式迭代，直播电商与上述几种电商模式有何不同？

所谓直播电商，是指主播（明星、网红、KOL、KOC、创作者等）借助视频直播形式推荐卖货并实现"品效合一"的新兴电商形式。可以从如下四个方面加深对直播电商这一概念的理解，一是直播电商是视频直播这一新型传播方式与电商行业的有机融合，相比于之前的电商形式来说是一种全新的电商形式；二是主播来源的多样化，明星、网红、KOL、KOC、创作者和官员等都可以当主播；三是直播电商的交易效率会得到显著提升，明显高于之前的电商形式；四是能够更好地实现"品效合一"，直播电商不仅能够更好地实现交易，更能通过构建价值认同来实现品牌传播。

现在，市场上产品极为丰富，产品数量越来越多，因此用户之前单纯依据商品价格和商品的功能参数去判断的消费方式已经过时，更关注整个消费过程中的精神体验，且越来越多的用户希望获取更多的知识性、专业性的信息内容来为购买行为做决策参考。因此，直播电商的本质是消费升级，消费升级的背后是用户需求升级，而直播电商通过消费数据及消费引导，让商业与情感的传递、人性的结合更为紧密，进而更好地满足用户需求。

> **4** 作为"以直播为抓手，消费升级为本质"的电商形态，您认为直播电商的主要特点和优势是什么？

直播电商的特点首先是刚刚提到的"品效合一"。直播电商既能起到品牌宣传的作用，也能直接转化为销售效果。主播可以利用直播电商完成产品理念输出、品牌认知构建，结合自己的固有粉丝群体完成品牌宣传。同时，直播电商背后以触达数据、销量数据等作为其品牌宣传的支撑，注重效果反馈的直播电商使得其带来的实时销量也十分显著。

其次是强互动性。直播电商与电视购物最大的不同在于互动性，即拥有"现场+同场+互动"的特点，主播不仅与用户处在同一直播现场，主播及其团队还可以与用户进行现场互动，而且可以与其他主播、其他用户进行连麦互动，这种强互动性远强于之前的移动电商和社交电商，也更容易获得用户的信任。

再次是强 IP 属性。IP（Intellectual Property）是知识产权的简称，具体说来，就是主播具有很鲜明的 IP 属性，在用户心智中有独特的标签，更是一种情感的寄托。对于一些专业性强的内容创作者而言，本身也可以作为某个专业领域的 IP 涉足直播电商。同时，一些主播也可以开发个人身上的一些属性进行传播，这类腰部主播现在市场上也很多。所以，无论是商业领袖，或是明星，或是带货主播，或是网红，无不具有很强的 IP 属性。

最后是高度去中心化。直播电商一方面拥有数量更多、类型更为丰富多元的主播，另一方面主播除了电商平台的公众平台外，还有主播自己的私域流量。整体来说，相对于之前的电商，更为去中心化，也为更多的主播提供了更多的机会。

在上述特点的基础上，直播电商的独特优势便逐渐开始凸显。其主要优势在于直播电商是之前电商渠道的"人—货—场"的彻底转型升级，核心则是基于用户生命周期管理构建新的营销体系和建立起与用户的深度连接。第一，直播电商更好地体现4C理论的优势。在移动互联网情况下，传统的4P（产品、价格、渠道、促销）营销理论升级为4C（消费者、成本、便利、沟通）理论，而直播电商则更明显体现4C理论的优势，主要体现在：以用户为中心用户体验更好，用户通过直播场景可购买高性价比产品，省去中间商赚差价的成本更低，厂家和用户之间的触达更为便利，且带有很强IP属性的主播能与用户建立起高度的信任，沟通效果更好。第二，直播电商更好地帮助传统企业进行彻底的互联网转型。传统企业转型的途径就是"网络协同+数据智能"的数据智能化升级，而数据智能化升级的核心是建立起用户连接并对用户进行全方位、全生命周期的画像、互动、价值创造。要与用户建立连接，就必须构建用户流量池，即建立起真正属于企业自身的私域流量池，而直播电商能够更好地吸引用户进而把用户转化为企业自身的私域流量，这将极大地助力企业数据智能化升级转型。

5 有不少人唱衰直播电商，称之为"昙花一现"或"一时风口"，您对直播电商的前景怎么看？目前市场反响如何？

我的看法是，在互联网电商和短视频平台等的大力鼓励和支持下，在主播、企业等的协同推进下，我国直播电商迎来了重大机遇期。

从市场来说，互联网平台正大力培育直播电商。无论是传统电商、社交电商、内容电商，还是短视频平台都充分意识到直播电商的巨大潜力，投入巨大的资源培育直播电商，主要包括流量、资金、人力等，以培育引导用户消费习惯。第一，淘宝等内容电商提前布局直播电商。从传统电商迭代到移动电商，再迭代到内容电商的淘宝，由于用户停留时长相对较短，而一直处于流量焦虑状态，为了顺应新趋势，采取自我创新和借船出海两种方式来布局直播电商。一方面，内部在内容电商的基础上大力扶持直播电商，以大力提升用户停留时长。早在2016年就试水推广直播电商，内部孵化网红并投入大量资源，带动GMV增长。淘宝在电商行业率先开启直播业务，孵化出知名主播，不断提升直播在生态内部的权重，推动商家入驻直播平台。淘宝在扶持直播电商发展方面投入了如下资源：一是加大流量分发，2019年70%的流量引导到淘宝直播；二是淘宝直播启动百亿扶持计划，为商家、主持、机构提供专业化培训和激励；三是在导航栏中设立"微淘"板块，直接推荐正在直播的常访问店铺。另一方面，阿里巴巴也通过外部投资与战略合作的方式为淘宝导流。当然，除了电商龙头淘宝之外，京东、苏宁、拼多多等电商平台也推出了直播电商业务。

第二，短视频平台大力扶持直播电商。抖音、快手等短视频平台得益于各种红利，快速成长为互联网巨头，沉淀了数以亿计的用户，并探索出了各类商业变现方式，而直播电商是最新的价值较大的商业变现方式。快手平台强调不打扰用户，呈现去中心化特点，并大力鼓励腰部主播成长。由于形成了强关联的生态，主播与粉丝之间的信任感和社交关系属性较强；在商业模式的探索上，早期以粉丝打赏收入为主，2018年后开始探索广告、直播带货等变现模式，并投入资源大力扶持原产地、产业带、工厂直供、电商达人等类型的电商销售。抖音平台则以中心化为主，基于大数据、人工智能等新技术的算法在对用户偏好进行深刻洞察的基础上，给用户推荐精品化、个性化的内容，优质短视频被算法识别后会得到加持并推送给大规模用户,流量大、曝光率高,但是主播与粉丝社交关系较弱;商业模式以广告为主,估计占收入的比例约为90%,为了拓展新盈利模式,正逐步开始探索商城和电商直播。

6 现如今各家头部互联网平台和各类主播都在进入直播电商领域,目前直播电商的市场格局如何?

毫无疑问,直播电商市场正处于高速发展阶段。2019年,淘宝直播电商GMV(Gross Merchandise Volume,指网站的成交金额)估计超过2500亿元,比2018年的1000亿元增长了150%;快手全平台引流带来的直播电商GMV乐观口径估计为3000亿元(保守口径约1500亿元);抖音直播电商GMV估计为400亿元,各大平台上直播电商快速崛起并成为电商行业新的增长极。根据商务部的商务大数据监测显示,2020年第一季度电商直播的场次超过400万场,100多位县长、市长走进直播间为当地产品"代言"。

从主播来说,现在的直播电商出现了带货能力非常强的头部主播。目前,在各大直播电商平台上出现的头部主播带货能力惊人。当然,主播行业虽然分化严重且格局初定,但腰部空间尚有较大潜力。经过近几年直播电商的快速发展,快手、淘宝等平台头部主播的格局初定,主播带货能力分化严重。而从未来发展趋势来看,优质主播仍然是卖方市场,较为稀缺,腰部主播仍有很大潜力和市场发展空间,特别是在某些垂直细分市场还有很大的空间。

从平台来说,直播电商的主要平台分别形成了自身特色。第一,淘宝平台。淘宝、天猫的主要消费人群是年轻女性,基于此,淘宝直播定位为"消费类直播",是淘宝于2016年重点打造的"边看边买"的内容导购社交平台,手机淘宝下滑至"淘宝直播"即可看到，内容组成是一条长尾，消费领域的 KOL、明星、村红等群体都存在，商家可以找到适合自身的主播或者 MCN 机构，依托达人或者机构给自己卖货。淘宝平台的核心优势在于已经形成了高效率、系统化的直播电商系统。一是拥有全行业大盘数据，能够直接监控直播大盘流量和主播情况。二是淘宝平台上有 19 万名主播，商家可以根据自身的需求选择最适合自身的主播。三是精准实现物找人。淘宝直播现在有 500 万个热门直播，5000 万种热销产品。直播电商能快速筛选热销商品及品类，进而在用户精准画像的基础上，实现用户和商品之间的智能匹配。根据《2020 淘宝直播新经济报告》数据显示，在淘宝主播方面，90 后占一半，是绝对的主力；女性是淘宝直播的主力军，超过 65% 的主播是女性，但是男性主播增长迅速。围绕淘宝直播生态的公司数量快速增长。截至 2020 年 2 月，淘宝直播 MCN 机构数量突破 1000 家，淘宝直播服饰基地数量 100 家，淘宝直播珠宝基地数量 17 家，淘宝直播代播服务商从 2019 年 6 月的 0 家增长到 2020 年 2 月的 200 家。

第二，快手平台。快手操作简单、记录轻松、功能丰富，并且避免注意力资源的两极分化，让每个人获得相对均等的机会，真正惠及长尾用户。快手采取"去中心化"流量分发模式，倾向于给用户推荐关注的内容。对用户上传的视频根据标题、描述、位置等打上标签，并匹配给符合标签特征的用户。快手拥有独家支持的第三方电商平台和自建平台，同时拥有微信小程序电商。快手强社交特性和社区氛围使其形成独特的"老铁经济"，真实和信任让"老铁经济"社交黏性强，用户与 KOL 之间的高互动性和信赖感为电商变现提供了天然的基石。快手热销商品品类集中度更高，食品饮料、个人护理、精品女装占总销量的 63.3%，相比于品牌知名度以及产品的口碑，快手老铁更信赖主播的推荐，也更追求产品的高性价比、实用。

第三，抖音平台。抖音的 Slogan 是"记录美好生活"，内容调性是"突出美好"，内容分发方式为"智能算法推荐＋社交分发"。得益于优秀的产品和服务能力，抖音快速发展壮大。抖音采取的是"中心化"流量分发模式，倾向于给你推荐你可能喜欢看的内容。用户制作并上传短视频后，会先给予一个初始流量池，根据完播率、点赞量、评论量、转发量等反馈指标决定是否继续分发。如果视频反馈较好，将层层推荐至更大的流量池，流量能快速汇集至高质量内容，对优质内容创作者非常有利。

第四，腾讯直播。其优势主要有：平台流量大、优势明显，最佳私域运营阵地。腾讯的微信公众号、微信号、服务号、小程序、企业微信等工具，成为企业和个人建立私域流量池的最佳阵地；完美商业闭环；适合全品类／全行业，入场门槛低；旗下直播平台多、直播业务全。劣势也很明显：电商直播还不普及，发力较晚；缺少平台初始推荐，不利于电商直播的冷启动；缺乏电商基因。虽然基于腾讯生态，出现了拼多多、京喜等，但是腾讯自身的电商之路并不顺利。

7 直播电商发展至今已拥有了相当的规模以及相对成熟的运作模式，从具体的电商实践来看，要成为一名合格的直播电商主播需要遵循哪些基本的规律？

直播电商潜力巨大，短期内助力销售，长期则助力数智化升级，但做好直播电商又不是一件轻而易举的事情，需要掌握一定的法则和技巧，并以数智化升级为长期目标。

第一，拥有鲜明人设。在数以万计的主播中，要让用户记住并坚定不移地跟随极为不易，而鲜明的人设则是让用户铭记在心的制胜法宝。

第二，找到与自身定位最为适配的直播电商平台。直播电商的核心依然是平台，没有直播电商平台的加持，对于主播甚至头部主播来说，都难以走远。当然，不同的主播由于自身的人设和特点不同，适合自身的直播电商平台也不同，应该选择最适合自身的平台。

第三，需要具备一定数量的粉丝积累。直播主播要想快速完成冷启动需要一定数量的粉丝作为基础，如果在直播带货前，主播已经通过人设和内容积累了不少的粉丝，则能在较短的时间内就取得良好效果。无论是KOL罗永浩、明星王祖蓝，还是明星企业家董明珠等快速完成冷启动的主播，莫不是在各个平台上已经有了不少的铁杆粉丝。

第四，具有过硬的专业能力。电商直播不同于秀场直播和游戏直播，只凭借高颜值和讲段子就能够把货物销售出去，专业能力对于电商直播至关重要。具体说来，一是商品讲解专业，产品卖点清晰。二是口播能力强，洞察用户心理。三是"种草"型KOL的直播带货成功率高。

第五，综合能力强的高素质团队。直播带货涉及方方面面的内容，单靠主播一个人的能力是不够的，这需要高素质的团队作战，综合能力强的团队能够帮助主播不断向上进阶。具体来说，团队能力主要体现在如下五个方面：一是选品能力。二是招商能力。三是供应链能力。四是管控能力。五是客服能力。

第六，"标签化"的语言风格。要想从众多的主播中崭露头角是极为不易的，而独特的"标签"则能够助力主播在用户心中形成独特的心智，独特的标签可以依靠自身特有的语言风格和金句来达成。

第七，高频互动，爱粉宠粉。直播场景十分利于主播与粉丝间的互动，这为主播与粉丝之间的高频互动提供了极佳的工具和手段。一则主播可以更好地爱粉丝和宠粉丝，二则粉丝对商品的问题可以得到及时的解答，主播也可以通过粉丝的想法指导后期选品，这些都能够保持用户的活跃度和黏性。主播在与用户互动时，一是经常进行商品抽奖；二是随时解答粉丝问题；三是超低价商品限时抢购；四是商品亲身体验（试用、试吃），解答问题。

第八，打造私域流量。对于主播来说，需要深耕各类社交平台来打造自身的私域流量池，通过吸引尽可能多的用户，来为直播电商做基本保障。

最终，直播电商的终极目的是在企业数智化转型的时代大背景下，通过直播电商来更好地建立起用户连接，进而倒逼自身实现数智化升级。在未来，数据红利将取代人口红利成为最重要的红利。党的十九届四中全会通过的《中共中央关于坚持和完善中国特色社会主义制度、推进国家治理体系和治理能力现代化若干问题的决定》中指出：健全劳动、资本、土地、知识、技术、管理、数据等生产要素由市场评价贡献、按贡献决定报酬的机制。可以看出，数据已经成为与劳动、资本、知识等相似的生产要素。那么，基于数据与技术的智能商业模式将成为打通传统企业与用户之间壁垒的关键一步。因此，直播电商的核心在于能够帮助企业打通 C2B（Customer to Business），即用户到企业的新商业模式。以用户需求为核心的企业生产、研发与销售将改变传统的供需关系。其中，用户权力大幅提升。

8 直播电商目前的运作机制越来越成熟，这与其背后 MCN 机构的支持密不可分。我们应该如何看待 MCN 机构与产业发展之间的关系？

所谓 MCN，即多频道网络（Multi-Channel Network），作为内容生产者（网红）、平台方、广告方等之间的中介组织，通过将众多能力相对薄弱的内容生产者聚合起来建立频道，帮助内容生产者更好地实现分发和商业价值变现。从本质上说，MCN 就是经纪中介公司，是传播生态新变化带来的新事物，也是互联网为提高效率进行专业化分工的必然结果。MCN 能够促进内容生产者、网红、平台方与广告方等之间的有机互动，打造多方共赢、良性互动的生态系统。

虽然直播电商的产业链因平台不同而不同，电商平台和短视频平台存在很大差别，但 MCN 机构始终处在产业链的中枢位置。

在以电商平台为基础的产业链中，品牌商、工厂或产业基地为产业链的上游，主播与 MCN 机构处于产业链的中游，用户则处于产业链的下游。相对来说，以电商平台为主的产业链发展更为成熟。以淘宝为例，直播电商的上游是厂商，主播为中游，以商家自播为主、达人主播为辅，其中商家自播主要为店铺导购等内部人员直播带货，达人主播多与 MCN 机构合作通过 MCN 对接品牌商，少数直接对接品牌商，并参与销售分成。MCN 机构为主播提供网红孵化、内容输出、推广营销、供应链、品牌管理等服务，并与主播分成。

在以短视频平台为基础的直播电商产业链中，品牌商、工厂及产业基地等为产业链上游，主播、MCN 机构为产业链中游，用户为下游。以快手为例，在产业链中，快手完成前端导流、展示场景等环节，下单、支付、物流等主要导入外部平台完成，而与上游的品牌商、工厂等的联系主要靠电商平台导入。据光大证券研究所的调研数据显示，快手一半以上交易需导入淘宝完成，其他外部平台包括拼多多、有赞、苏宁等，此外快手也推出快手小店、魔筷精选等。此外，在产业链中游的主播和 MCN 机构方面，快手电商的头部带货主播通常不依附于外部 MCN 机构，而倾向于自建类 MCN 机构直接对接上游产业链，部分头部带货主播及多数腰部带货主播与 MCN 合作或由 MCN 机构孵化，由其提供相应服务。

9. 目前我国 MCN 机构的发展趋势如何？对于整个传媒产业的发展有何影响？

MCN 机构自 2009 年诞生，2013 年引入我国，在快速发展壮大的同时，基于传播生态的嬗变、平台方与广告方的需求以及资本的加持，MCN 机构自身也出现了诸多新趋势。

第一是"五化"趋势明显。即专业化、精细化、技术化、垂直化和综合化的发展趋势。首先是专业化，MCN 机构相对于单个内容生产者和网红，其重要优势就在于专业化。其次是精细化，MCN 机构发展到今天，已经过了简单的粗放式发展阶段，需要更为精细化的运营和管理，尽量做好每一个细节。再者是技术化，大数据和人工智能技术催生和助力了互联网平台的发展，同时也为 MCN 机构寻找内容生产者和网红尤其是更高效的商业变现提供了极佳的手段，而 MCN 机构要取得更大的发展，必须基于不同的互联网平台，开发适合自身及用户的技术工具。然后是垂直化，目前在通用领域内，MCN 机构的数量已经饱和，而一些垂直领域则还有较大的空间，而且垂直领域市场的用户更为精准、转化率更高。最后是综合化，MCN 机构的综合运营能力越来越强，而商业价值变现的手段和方式越来越综合化，主要包括广告、知识付费、网红直播带货等。

第二是优质资源越来越稀缺。首先，优质的内容生产者和网红成长更难。经过近几年的高速发展，2018 年我国移动互联红利衰竭，不仅三、四线城市甚至农村的网民增量市场也越来越小，直接表现就是网民增速大幅度放缓，互联网平台、内容生产者和网红主要在存量市场上进行激烈竞争，在这种情况下，新生的内容生产者和网红成长难度会更大，这就使得现有的优质内容生产者和网红等优质资源价值凸显。其次，更多的竞争者会加入对优质资源的争夺中。

未来不仅 MCN 机构，而且互联网平台、明星经纪公司、广告公司乃至营销公司都会加入对优质资源的争夺中。

第三是热门垂直类会成为新热点。近些年来，由于垂直类内容能够精准满足用户的某一方面信息需求且更容易与相应的商品结合，各大互联网平台都在大力扶持垂直类内容尤其是垂直类短视频，可以预测的是，游戏类、美食类、时尚类、美妆类、知识类、亲子类等垂直类 MCN 机构将是竞争新热点。

第四是积极布局海外市场。当前，抖音、阿里巴巴、腾讯等互联网平台纷纷加强国际化布局，并取得了不错的效果。例如，抖音及其海外版 Tik Tok 目前已经成为我国互联网平台国际化最为成功的案例。根据 Sensor Tower 商店情报数据显示，抖音及其海外版 Tik Tok 在 2019 年第一季度新增用户量达到 1.88 亿，同比增长 70%。而随着我国经济实力的进一步增强，国内品牌国际化需求快速增加，这就要求 MCN 机构积极进行国际化布局，使优质网红和内容生产者"走出去"和"引进来"。目前，国内 MCN 机构国际化布局做得较好的有办公室小野、大胃王密子君、敖厂长等；而海外 MCN 机构在国内布局较好的有 pony 朴惠敏、Logan Paul、Ehbee Family 等。

第五是加强 IP 周边产品开发。随着内容生产者和网红打造的 IP 价值的大幅度提升，对用户的影响力也越来越强，一些 MCN 机构开始进行 IP 的周边产品开发尝试，目前美妆、美食类 MCN 机构在周边产品的探索较为成功。

第六是及时关注新平台。2019 年 5G 正式商用，作为移动通信基础技术具有高速率、高带宽等优势，未来的内容形态、分发渠道都可能发生重大变化，必将给互联网带来新机遇，在 VR、AR、MR 领域和车联互联网等领域有可能会出现新的互联网超级平台，MCN 机构应高度关注新平台并及时布局新平台。

> **10** MCN 机构伴随着我国互联网的发展逐渐呈现出专业化、集团化的特点,目前这个市场的规模、格局和生态如何?

目前我国 MCN 机构超过 5000 家,平台大力支持,产业链条相对完善,变现方式丰富,MCN 整体市场规模已达百亿级,远超国外。从整个市场来说,MCN 机构具有数量爆发式增长、规模快速扩张和融资能力强的发展样态。

MCN 机构数量爆发式增长。根据克劳锐公司的统计资料,2015 年我国 MCN 机构有 160 家,截至 2018 年 12 月,机构数量已经超过了 5000 家,呈现爆发式增长态势。具体见表 2。

表 2 我国 MCN 机构数(单位:家、%)

年份	MCN 机构数	同比增速
2015	160	—
2016	420	162.5
2017	1700	304.76
2018	5000	194.12

来源:根据克劳锐公司的数据资料整理。

MCN 机构营收规模大。克劳锐公司针对 315 家中国 MCN 的调研资料显示,2018 年,在被调研的 MCN 机构中,30% 以上的营收规模在 5000 万元以上,6% 的营收规模过亿元。

MCN 机构融资能力强。克劳锐公司的调研数据显示,2018 年,59.3% 的 MCN 顺利融资,其中 50% 以上融资轮次集中在 A 轮(28.6%)和天使轮(23.8%)。尤其需要指出的是,融资总额过亿元的案例数量较多。

网红与 MCN 机构合作密切。根据克劳锐的调研数据,90% 以上的头部网红与 MCN 公司签约，或者头部网红自己成立 MCN 公司。

我国的微博、微信、抖音、快手、百家号、头条号、淘宝、小红书、汽车之家、B 站等互联网平台，都高度重视 MCN 机构，从资本、资源、流量、政策等方面进行全方位、多维度的扶持。当然，不同的互联网平台具有各自的优势，不同类型的 MCN 机构也会根据自身的基因来选择适合的互联网平台合作。

第一，微博、微信等社交平台。微博、微信等起步较早，且具有较强的媒体属性，网红和内容创业者数量多、基础好。微博是国内最早也是最大的具有 MCN 机构管理和服务体系的平台，主要包括资源服务、数据服务、政务沟通、签约服务等服务内容。微博采取分级合作机制来扶持 MCN 机构，把 MCN 机构分为战略合作伙伴、全面合作伙伴和普通合作伙伴，并设立了专门部门、专人负责对接 MCN 机构，通过流量扶持等手段，提升 MCN 机构的多渠道变现能力，目前微博旗下拥有最多数量的 MCN 机构。微信也是用户数量巨大，微信公众号内容丰富、多元，且构筑了基于信任的完整商业生态。其中微信支付可以覆盖线上线下，也可以覆盖大额小额，微信还可以提供社交娱乐、知识付费、生活服务、投资理财等全链条的服务。

第二，抖音、快手、B 站等短视频平台。在移动互联技术的驱动下，短视频的门槛大幅度降低，不仅用户下沉到三、四线城市甚至广大的农村，而且更多的内容生产者和网红能够更好地涌现。尤其需要指出的是，字节跳动系的抖音、今日头条，以及快手，创始时其技术基础就是大数据、人工智能、短视频等技术，算法推荐的精准推送和信息流的流量优势能够实现内容和用户的智能化匹配，用户快速增长且用户忠诚度极高。

第三，淘宝直播等直播电商平台。直播直接的交互方式能够更好地与用户互动，并能够更好地获得用户的认可，用户的忠诚度更高。尤其是直播电商平台，商业变现路径短，用户转化率高，变现能力强。例如，淘宝直播很早就成立专门的 MCN 管理机构，目前合作的 MCN 机构超过 1000 家。

> **11** MCN 作为一种中介机构，目前在传媒产业中布局广泛，涉及微博、微信等社交平台和快手、抖音等短视频平台，以及淘宝等电商平台。当 MCN 遇上电商平台，它们之间如何进行更好的结合？

目前 MCN 机构以运营模式和内容的不同可以划分为内容生产模式、运营模式、营销模式、电商模式、经纪模式、知识付费模式以及 IP 授权和周边产品开发模式七种不同的类型和侧重点。

MCN 电商模式，高度重视与粉丝的互动，通过"内容生产 + 电商"的方式实现高效率的销售转化。电商模式的重点在于，在塑造强大的网红个人 IP 或内容 IP 的基础上，找到与网红 IP 或内容 IP 调性符合的物品与粉丝，进而实现商品和用户需求的有效匹配。电商模式可以分为网红直播带货和内容驱动的内容电商模式。从实践来看，相比于传统变现模式，电商变现和基于内容的品牌变现的商业价值更高，未来会受到更多重视。

> **12** 从媒体融合的角度来说，无论是 MCN 还是直播电商这类新风口，传统媒体都希望在其中找到转型的着力点，目前是否有一些转型的案例可供参考？

区别于我前面所提到的微博微信、抖音快手以及淘宝等互联网原生平台，传统媒体在面对 MCN 和直播电商时可能会有一些"水土不服",但很显然,大家都在努力融入这个传播环境。传统媒体做出的努力包括公益直播带货、主持人带货、主播培训、打造 MCN 机构以及成立直播电竞产业园等。

一是公益直播带货。公益直播带货充分体现了媒体的社会责任感,社会效益得到了很好的实现。

二是主持人带货。直播带货能够实现品效合一,尤其适合本就擅长品牌传播的电视类媒体。目前,各级媒体都在尝试直播带货,地方媒体重点直播带货当地的名优土特产。被网友誉为"央视 Boys"的央视主持人康辉、撒贝宁、朱广权、尼格买提在抖音首次一起直播带货,3 小时的直播吸引了全网超过 2358 万人次观看,抖音直播实时热榜第一,3 小时销售额达 5.286 亿元。

三是主播培训。传统媒体可以和直播电商平台合作,成立相应的主播培训基地,对主播进行系统化培训。例如,重庆日报与淘宝合作,一起打造淘宝大学电商直播西南分校。

四是布局产业链,打造 MCN 机构。成立于 2018 年 7 月的中广天择 MCN 便是长沙广播电视集团国有控股的内容制作与营销公司,业务范围比较广泛,既涉及一些内容制作、IP 开发,也对 MCN 营销业务有所布局。同时,浙江广电集团旗下的布噜文化、湖南娱乐频道孵化的 MCN 机构 Drama TV 都是不错的案例。

五是成立直播电商产业园。其中包括,浙江广电集团与萧山区政府合作打造的直播电商园,中视大湾区产业直播基地,瑞安日报报业集团打造的瑞安淘等。这些产业的开发主要是传统媒体利用自身的优势资源,比如影视资源、政务资源等进行的业务创新实践,希望能够实现跨界整合。

> **13** 在您看来，传统媒体进军直播电商和 MCN 的目标是什么？关键点是什么？

传统媒体进军直播电商和 MCN 机构等新兴互联网领域主要有三层目标：首先是希望短期内获得新的收入和利润来源。对于已经失血严重的传统媒体来说，无论采取哪种方式进入直播电商，在短期内都能为其带来数量不等的收入和利润，在一定程度上缓解传统媒体的经营困境。其次是深度参与经济主战场的建设。传统媒体重采编、轻经营、无管理、无技术，往往只是经济建设的"吹鼓手"，而不能真正参与其中。要从重视技术、重视经营管理入手，进军直播电商，使媒体成为经济建设的深度参与者，而不是只在边缘观望。最后是传统媒体需要重建用户连接，重构商业模式和盈利模式。传统媒体的一大痛点在于与用户的连接失效，不妨通过直播电商重建用户连接，在实现用户沉淀的基础上，逐步重构商业模式和盈利模式。

在这个过程中，我认为传统媒体需要把握好三个关键：一是观念上正确认识布局直播电商的重要性。有些传统媒体人认为传统媒体进入直播电商是不务正业，这种想法无疑是肤浅又脱离现实的。直播电商作为新兴产业，在某种程度上是传统广告的替代品，因此传统媒体唯有积极布局直播电商，才能在一定程度上缓解广告断崖式下滑的困境。

二是营造创新和宽容失败的环境。由于直播电商是创新性业务，潜在收益高而风险很大，要想深入该领域，就必须具备很强的市场化能力以及构建容错的创新性文化和环境。任何事物初始阶段都不完美，不可能一蹴而就，应该慢慢尝试，逐渐迭代升级。

三是与电商平台深度合作。传统媒体由于在电商平台、选品、运营、产业链搭建等方面都经验不足，需要与淘宝直播、快手、抖音、拼多多等直播电商平台合作，充分发挥各自的优势，同时能够将直播电商平台的流量导入自己的媒体，实现用户增长。

14 直播电商和MCN机构当下存在的突出问题有哪些？应该如何治理？

直播电商和MCN尚处于发展初期，不可避免地出现了泡沫和急功近利等诸多问题。一是有些主播虚假宣传，销售假冒伪劣产品；二是有些流量明星为了流量变现纷纷进入直播电商领域，当然翻车的也不少；三是在一定程度上存在过于关注短期利益而忽视长期利益的现象。

在治理直播电商和MCN机构乱象时，要树立长期意识，大力打击因追求短期利益而出现的种种乱象，通过相应的法律法规、行业自律等措施，来促进直播电商和MCN机构更加健康、可持续地发展。核心则是专业化，即按照直播电商的专业规律来夯实基础，进而实现专业化发展。

附 录

问道IP：网络文学IP价值评估体系研究[①]

摘要：走过20年发展历程的网络文学已经成为我国IP产业最重要的组成部分。作为开发价值链的源头，网络文学IP市场亟需建立科学、客观、可实操的第三方评估机制以服务实践。本文从受众市场、创意内容、社会效益三个维度出发，建构了一个具有综合性、多指标、可操作三大特点的网络文学IP价值评估体系，并采用层次分析法对指标进行了权重分配。论文最后对评估体系研究和实践的不足进行了探讨。

关键词：网络文学　IP　价值评估　体系

网络文学是互联网时代的新物种，也是极具中国本土意味的文化景观。自1990年代末期诞生以来，在数字技术赋能和"类型小说"需求勃兴的双重驱动下，网络文学一路高歌猛进。2018年，中国网络文学总体营收达342亿元，网络文学作品累计2442万部，作者1755万人，其中"90后"作者占50.6%，用户4.3亿人，用户月均付费43.7元，平均阅龄7.9年，人均单次阅读时长1—3

[①] 本文系北京市社科联课题"网络出版管理、服务现状及政策建议研究"（编号2016SKLJ2009）的成果之一，也是中国传媒大学受众研究中心与掌阅科技股份有限公司合作课题"网络文学IP价值评估体系研究"（编号ARC2018ZYFWHT001）的主要成果。主持人：刘燕南，课题组成员：李忠利、艾克热木江·艾尼瓦尔、康钰、冯雪梅、刘双、姚远、李晨阳等。

小时[①]，多项指标同比增长达两位数百分比。网络文学市场扩张迅猛，产量丰繁，用户年轻化、规模大、黏性强，已经形成了迥异于传统文学的新特征。

网络文学发展的市场逻辑，也是它作为新兴的泛娱乐文化产业重要源头的关键，是实现内容IP的"跨界叙事"——跨媒介、跨文本、跨市场扩张。随着由网络文学改编的电视剧、游戏、动漫等在市场上走红，网络文学IP开发也急剧升温。截至2017年12月，各网站原创网络文学作品改编电影1195部，改编电视剧1232部，改编游戏605部，改编动漫712部。[②] 从1998年网络小说《第一次的亲密接触》上线并与电影、话剧、电视剧等"亲密接触"，到《甄嬛传》《琅琊榜》《花千骨》等影视剧的热播；从《仙剑奇侠传》游戏火爆，到《斗罗大陆》等动漫的受人追捧，网文IP的跨界流转，从原生市场到衍生市场，由自带流量的受众串接，已经形成了"巧投入、低风险、高回报"的模式，受到资本和版权市场的青睐，也掀起了一波又一波IP开发和购销热潮。

然而，由IP引擎所驱动的市场蓬勃，也伴随着各种弊端的出现。网络文学商业化生产，导致创作肤浅、粗糙和套路化；网文IP开发失序、价格虚高和泡沫化；IP版权保护不力和交易混乱等问题，都对行业生态和未来发展产生了消极影响。要解决上述弊端，首先需要思考的是：什么是有价值的网络文学IP？换言之，应该如何评估网文作品的价值、如何建立新的行业标准，为网文IP的跨界转化提供一个科学、客观且独立于交易各方的"通行货币"？

对网络文学IP进行价值评估，建构价值评估体系，既是探索网文IP之跨界的可能性和可行性的重要一环，也是对如何解决市场乱象和生态弊端等现实

---

① 人民网：《2018中国网络文学发展报告》发布［N/OL］.（2019-08-10）［2020-09-15］.http://culture.people.com.cn/n1/2019/0810/c429145-31287235.html.

② 新华网：24部优秀网络文学作品获新闻出版广电总局和中国作协推介［N/OL］.（2018-01-23）［2020-09-15］.http://www.xinhuanet.com/book/2018-01/23/c_129797300.html.

问题的一种必要回应。科学有效的网络文学 IP 价值评估体系的建构，对于优化 IP 转化机制，促进市场的有序化和交易的规范化，以及网络文学自身的健康发展，无疑具有建设性意义，是一种积极有益的尝试。

一、概念界说

关于网络文学，广义上所涉范畴甚广，相关研究有各种界定和说法，涉及传统文学融合网络技术所产生和创生的一切形态，包括网络小说、网络散文、网络诗歌、网络戏剧文学等。比如，有学者提出网络文学可分为三类：一是传统文学文本实现的数字化传播；二是按传统文学模式创作、在各大文学网站公开发表供他人点击阅读的原创文学作品；三是利用多媒体技术，融合文字、影像、音乐、动画等形式，使用超链接技术的多线性超文本作品。[①]这一界说全面而宽泛，从与传统文学的比较中展现了网络文学在体裁、手法、形式上的传承和出新，又从与数字技术的嫁接中突显了网络文学在创作和传播中的基因变异。不过，从狭义上看，网络文学主要指基于数字技术创作并在互联网上首发，一般以付费或其他有偿方式供用户阅读或参与的网络小说。

IP 系 Intellectual Property 的缩写，意为"知识产权"或"知识所属权"，包括著作权、专利权和商标权，其中著作权又称为版权。有研究认为，时下我国文化产业热议的 IP 主要针对知识产权中的著作权，特指那些具有核心创意和广泛受众，能够为全媒体时代文化内容产业吸纳的著作权载体，主要包括文学作品、影视作品与游戏作品等的版权[②]。具体来说，IP 是指"具有高专注

---

① 欧阳友权.比特世界的诗学——网络文学论稿[M].长沙：岳麓书社，2009:122.
② 刘琛.IP 热背景下版权价值全媒体开发策略[J].中国出版，2015（18）.

度、大影响力并且可以被再生产、再创造的创意性知识产权"[①]。概括而言,IP作为一种版权内容,至少具备三个要素,即受众基础、有核心创意、可进行跨媒介开发。

基于上述,本研究所谓网络文学IP,主要指具有广泛受众基础、有核心创意且可以进行跨媒介多形式开发的网络小说版权作品。对IP价值的考察,有注重受众市场和跨界开发价值的明确指向,开发形式则主要包括影视、游戏、动漫及相关衍生品。

网络文学自诞生之日起便蕴含着IP开发的基因和冲动,IP价值概念本身亦因网络文学的兴起而广为人知。随着文娱产业的日益繁荣,网文开发的内在能量被不断激活和放大;媒介形态的不断丰富和受众媒介消费习惯的更迭,也影响着网络文学改编的实践走向。继影视剧、游戏、动漫之后,新兴的网络剧、网络大电影、有声读物等也陆续进入人们的开发视野。网络文学的跨界转化不仅延长了文娱产品的经济链,而且创造出新的社会、经济和文化价值。在"互联网+"模式下,有大众化、流量化和粉丝经济的加持,网络文学对于相关产业发展的激发和带动作用日渐显著,网文IP改编影视剧的收视率更有保证,有IP游戏的下载率高于无IP游戏下载率,这样的案例或说法比比皆是。而从产业链角度看,"内容IP—平台用户—衍生品机构"的上中下游格局已经形成,网络文学IP版权在各路资本的追捧和支撑下,已经成为泛文娱市场扩张的主要策源地。

二、评估回顾

网络文学IP价值评估,是指围绕版权这一无形资产对IP市场效应和跨界

[①] 尹鸿、王旭寿、陈洪伟.IP转换兴起的原因、现状及未来发展趋势[J].当代电影,2015(9).

潜力进行的有形（量化）评估。这种价值评估并非自生自变，而是随着行业实践和市场发展的需求而产生和不断进化的。时下，关于网络文学IP价值评估的探索已经渐次展开，除了各平台内部的自有评估外，公开的评估主要分为两类，其一是以排行榜的形式进行的评估，其二是以建构多指标分权重的综合性评估体系的方式进行的评估。

1. 排行榜

排行榜是应用最为广泛的评估方式，也可称为价值评估的1.0版本。它最早由各平台自行推出，多以自家平台的阅读数、粉丝数、付费数等为基础数据形成各种榜单。例如各种以"总分榜""收入金榜""月票榜""新增粉丝榜"等命名的榜单，对网文作品的价值衡量也大体依据榜单进行。能够登上排行榜，这是凝聚或变现受众注意力的结果，也是进一步吸引受众的利器。这些榜单定期推出，依据单一指标或少数指标的组合罗列进行价值评估，这是一种相对"简单粗暴"的做法，虽然直观而便捷，适应快速产消的市场需求，但是也存在以下不足：一是平台数据的真实性因缺乏第三方立场而有存疑的空间；二是有导致刷榜行为和市场行为泛滥的隐忧；三是相关价值要素缺失可能造成评估失衡。

普通网络文学平台无论在用户覆盖、作者数量、作品量和品类等方面都不足以支撑起一个有参考价值的榜单。近年来，主流平台或专业机构逐渐成为榜单发布的主导者。例如，阅文集团与福布斯合作推出了"福布斯中国原创文学风云榜"，百度推出"百度风云榜"，胡润研究院携手猫片公司发布"猫片·胡润原创文学IP价值榜"等。这些榜单逐渐扩大覆盖面，一定程度上打破了以往仅仅依靠单项数据、只评价单一平台作品的模式，力求将所有符合要求的作品纳入评价范围；评估维度和数据开始相对丰富，除福布斯榜单仅用网络平台数据外，其他榜单大都结合网络平台数据、搜索数据、专业人士数据等多种数据进行评价。

严格说来，榜单模式基本上是对网络文学作品在原生市场传播效果（或经济效益）的一种评价，限于单体市场和实然视角，评价的维度和指标设置都相对单薄。这种评价，具有促进网文 IP 发育脱颖和市场认知的榜单效应，却鲜少涉及对网络文学 IP 内容特质和跨界潜能的考察，对于 IP 开发延伸的纵向产业链关注不够，对于多市场和多维度的横向覆盖也明显不足。

2. 综合评估

近年来，围绕网络文学 IP 价值进行的多维度综合性评估逐渐兴起，可以视为价值评估的 2.0 版本。这类评估，注重网文 IP 开发的可能性和可行性，既有促进市场净化、追求有序化发展的一面，也有谨慎把握未知市场，避免行差踏错的一面。这类模式的出现，主推手是一些咨询公司和市场研究机构，例如易观智库和友盟＋等，对于推进网络文学 IP 价值评估无疑具有积极作用。

易观智库从"内容价值"和"改编潜力"的逻辑关联着手，建构了由两个一级指标和八个二级指标组成的综合性网络文学 IP 价值评估体系，并分别赋予不同的权重。[①] 两个一级指标"IP 内容价值"和"IP 改编潜力"分别强调网络文学的影响力和改编的可能性，其中，前者包含 4 项二级指标，分别是"内容传阅度""作品热度""表现力指数"和"生命力指数"，更多反映作品的市场表现，将内容价值与市场反应直接挂钩；后者包含 4 项二级指标，包括"大众关联度""题材独特性""可行性指数"和"用户匹配度指数"等，既有粉丝受众、影响力等市场相关指标，也有题材和剧情等内容层面的指标，指涉比较参差且相互交叉，某些指标的界定比较抽象，其可测性和量化操作有一定难度。

---

① 易观智库：2015-2016 中国网络文学 IP 价值研究及评估报告（年度）[R/OL]．（2016-01-04）（2020-0915）．https://www.useit.com.cn/forum.php?mod=viewthread&tid=11119．

友盟＋的研究以"IP既是肇始也是衍生"为主线，从原生价值、受众价值、营销渠道三个维度去界说IP的价值评估，这三个维度分别对应内容质量、粉丝基础和营销推广三个一级指标。[①] 即按照"原生内容—受众市场—营销渠道"的粉丝经济延伸，开展网络文学IP的价值评估。这一模型中，内容质量指标下设有角色、剧情、题材和影响力、口碑评价等指标，既有内容变量又含效果因素，类别交叠；对于营销推广中的明星影响力和受众匹配度，指标界说则有些语焉不详。

相比榜单模式，综合性评估体系有一定的广谱价值。评估维度比较丰富，既包括内容层面的指标，也纳入与流量相关的市场指标，还对改编的适宜性等动态转化因素有所关注，对于后台数据可能存在虚假的问题，也力图通过综合性下的多维度、多方数据交叉印证，发挥某种平衡和消解作用。

但是，不足仍然存在：首先，从操作性上看，除上述指标界说模糊、分类存在交叉等问题之外，还存在数据来源不明的现象。其次，从科学性上看，综合性评估体系由多种指标构成，且指标之间应有逻辑关联，但目前的评估体系对各指标之间的关系缺乏解释，指标权重分配也缺乏依据。再次，从针对性上看，网络文学IP的可开发形态十分丰富，多样性是其题中应有之义，既有的评估模型基本采用一套标准，未针对不同的开发形态"因地制宜"，对评估指标进行动态调整，关注普适性而忽视了多样性和针对性。最后，很重要的一点是，网络文学作为一种文化产品，对其IP价值及开发潜力进行评估，不能忽视其意识形态属性，特别是在中国国情下，应讲求经济效益和社会效益"双效合一"，这是价值标准，也是导向机制。

[①] 友盟+：泛娱乐时代IP价值与粉丝经济研究报告［R/OL］．（2017-01-25）（2020-0915）.https://www.useit.com.cn/thread-14507-1-1.html.

三、评估维度和价值要素

网络文学 IP 的价值评估研究，无论是在维度设置还是要素构成上，大体沿着受众市场、创意内容、社会效益这三个维度展开，每个维度都包含不同的价值要素，三者也构成 IP 价值评估的三维坐标。其中受众市场是基础，创意内容是核心，社会效益是导向。

1. 受众维度

受众是网络文学 IP 神话的成就者。原生内容的受众效果，是 IP 价值的重要标识；拥有雄厚的受众基础尤其是忠实粉丝所带来的流量，是网络文学 IP 开发成功的关键。

依托"互联网+"模式，网络文学作品可以便捷地分发各类网站和移动 APP，继而汇聚大量的阅读受众，并通过各类传播平台的数据工具，迅速收集并分析受众行为及传播效果等数据，形成"传播—反馈—传播"的递进链环，以有针对性地吸引受众，扩大受众市场。网络文学 IP 的生成，意味着网文作品本身已经在原生市场获得了受众的喜爱和认可，拥有庞大的受众粉丝基础；而网文 IP 的转化，则意味着在衍生市场上，不仅产品开发的周期大大缩短，而且从"粉丝效应"中可以直接获得大量跨界流转的受众，这显然降低了市场风险。

网络文学 IP 受众具有年轻、有文化、有一定消费能力等特征，"80%以上的读者愿意为 IP 衍生内容或产品付费"[1]。如果细分，网络文学 IP 的受众包括作品受众（对作品感兴趣的受众）和作者受众（对作者感兴趣的受众）两类，

---

[1] 人民网：《2018 中国网络文学发展报告》发布［N/OL］.（2019-08-10）(2020-0915). http://culture.people.com.cn/n1/2019/0810/c429145-31287235.html.

两类受众交叠缠绕，相互伸延扩容，有相当一部分是所谓"粉丝型受众"。由网络小说文本优势产生的拉力，以及由自我情感满足和寻求群体认同所产生的推力，两力汇合，成为受众尤其是粉丝们从原生市场向衍生市场跨界迁移的主要驱动力。①

相比普通受众，粉丝被认为是"过度的读者"。②他们不仅愿意投注更多的时间、精力和情感去阅读作品，而且愿意通过各种方式为作品和作者买单，更有甚者，会积极投身文化产品中去创造更强烈的快感和意义。网络文学作品付费阅读模式、月票制度、打赏模式都是受众深度支持作品和作者的重要形式，有粉丝甚至为一部作品打赏上百万。按照约翰·费斯克的说法，粉丝们对于媒介消费的投入是主动的、狂热的、参与式的③，他们在消费中自我生产意义，而且"不断向其他文本挺进，挪用新的材料，制造新的意义。"④在网络文学IP开发中，这些粉丝们除了乐意付费外，还会伴随着跨界开发而流动，他们不仅是原生产品的消费者，衍生产品的追随者，还是产品的能动推广者。

就IP改编而言，受众的跨界接受意愿尤其重要。有报告显示，"95后"受众对于网络文学改编为电视剧、电影、漫画、游戏、有声书/广播剧的意愿，分别是78%、56%、31%、20%和13%；非"95后"的接受意愿则分别是85%、58%、18%、19%和17%⑤；电视剧和电影的接受意愿名列前两位，非"95后"的意愿更显突出。在粉丝贡献度上，艺恩的数据显示，2014—2017年播

---

① 朱丹枫.网络小说跨文本传播中的受众迁移研究［D］.中国传媒大学应用传播学硕士论文，2019.
② 陶东风，杨玲.粉丝文化读本［M］.北京：北京大学出版社，2009：17.
③ ［美］约翰·菲斯克.理解大众文化［M］.王晓珏译.北京：中央编译出版社，2006：163.
④ 陶东风，杨玲.粉丝文化读本［M］.北京：北京大学出版社，2009：46.
⑤ 搜狐网：冷静与疯狂：网络文学IP价值判断报告（完整版）［R/OL］.（2016-04-08）［2020-09-15］.http://www.sohu.com/a/68281706_332389.

放量 TOP50 的电视剧和网络剧中，IP 改编剧的占比分别为 76% 和 62%。[①] 网络文学 IP 开发中受众的价值由此可窥得一斑。

2. 内容维度

文本内容是 IP 改编的源泉和起点，网文 IP 改编可谓赋予作品第二次生命。创意内容作为网络文学 IP 的核心，内容价值如何，很大程度上决定着 IP 作品的衍生开发价值及其实现的可能性和可行性。

内容价值包括网络文学的内容特征和跨界转化之适宜性两个方面。从开发角度看，两者互为表里：内容创意是内在素质要求，暗含着是否适宜开发的内在指向，或自适宜性；适宜性则是内在潜力的外化，是内容创意是否具有拓展张力的外在表达，或可开发性。

前者是指，一个好的网文 IP 应该在题材、人物、情节等方面具备良好的创意素质。比如，题材是否独特、新颖、不落俗套，或者人无我有、人有我优；人物是否个性鲜明，形象丰满；情节是否曲折，似在意料之外又在情理之中，等等；后者则侧重于外在的跨文本跨媒介转换是否合适、合宜乃至多样性，即是否适于"跨界叙事"，是否具有较为广泛多样的文本、媒介和市场的跨界适宜性。

依托创意内容"一文多吃"，围绕网络文学 IP 进行多形态、全产业链开发，充分挖掘其衍生价值，这是网文开发一直追求的目标。例如，阅文集团的《择天记》被先后开发为舞台剧、动画、电视剧、游戏以及周边手绘作品；唐七公子的成名作《三生三世十里桃花》先后被开发为漫画、电视剧、电影；知名盗墓题材《鬼吹灯》八部作品也全部售出电视剧、网剧、电影和游戏版权；网文

---

① 中国新闻出版广电网：艺恩，李敬蕊．阿里文学总编辑周运：网文 IP 影视化进阶的正确姿势[N/OL]．(2017-07-31)[2020-09-15]．http://book.chinaxwcb.com/2017/0731/61758.html．

《花千骨》的开发则实现了影游联动，等等。从最大化IP价值的角度看，这些开发都产生了不俗的经济效益和广泛联动的社会影响。

一部网络文学IP作品开发的多样性是不同开发类型适宜性的优选和迭加。理想很丰满，现实却有很骨感的一面。不同网文作品开发空间各异，在适宜性层面，网络文学IP作品开发成某一媒介产品的可行性，既受内容题材、故事内核、情节人设等因素的影响，也受各种外部因素的影响。一些热门网络小说改编后成为现象级媒介产品，但是遭遇滑铁卢的也不在少数，有些优质网文改编后反响平平，或改编成不同的类型后效果参差不齐。

按照美国学者亨利·詹金斯(Henry Jenkins)提出的"跨媒介叙事"(Transmedia Storytelling)概念，网络文学IP的开发就是综合运用多种媒介讲述故事的一种全新叙事方式。每一种媒介（包括电影、电视剧、出版物、动漫、游戏等）都用其独特的优势为故事的叙述做出贡献，从而创造完整的叙事体验和更大的叙事体系。[①] 换言之，网络文学IP的开发既需要文本自身提供一种具备延伸潜力的叙事框架和价值观念，也需要不同媒介发挥自身优势实现文字的视觉、听觉或沉浸式转换，继而让不同的开发形态形成互文，产生相互关联或暗示。当然，适宜性同样受到后续宣发营销、平台契合性、市场准则、政策导向等因素的影响，也有一些作品在开发过程中因涉及不当竞争、版权纠纷或触碰政策红线等导致口碑惨淡或中途夭折。

3. 社会价值

网络文学作为大众文化产品，具有明显的社会文化和意识形态特征。网络文学IP通过多形态开发，面向多层次受众，产生广泛的社会影响，其多元性和

[①] 亨利·詹金斯.融合文化：新媒体与旧媒体的冲突地带［M］.北京：商务印书馆，2012:169-170.

复杂性不可低估。"互联网+"下的粉丝效应风生水起，并非只有外在的小众经济样貌，也有内在的可识别的人文和精神属性。

2011年热播的《甄嬛传》曾经引发了一场关于社会道德的讨论，《人民日报》有评论对于宫斗剧表现的以恶制恶的生存之道以及犬儒主义、投机主义的倾向提出批评，认为"比坏心理腐蚀社会道德"[1]；同样由网络小说改编的《琅琊榜》，收视飘红也引发热议，有评论称"作为一部架空历史剧，却显出了正剧的范儿，试图叙说一种明朗的对赤子之心的坚持"[2]。寄生于互联网的网络文学还具有海外传播的自发性优势，如阅文集团推出的网络文学英文网站及移动平台"起点国际"（Webnovel），访问用户达上千万之多，网络文学已经成为展现中国文化的独特载体。

在网络文学IP开发和文娱产业的发展中，市场固然有其自我调节机制，但是资本的率性与贪婪，所带来的低俗化、低质化、套路化、竭泽而渔等等弊端，也在加剧发展失衡乃至失控的危险。因此，注重网络文学开发的经济价值，更要守住人文格调和思想品质这两大要塞，只有在审美、道德、情感、思想上打动人，引发人性共鸣和价值思考，才能使网络文学IP开发超越粉丝经济的范畴，朝着大众化与精品化平衡协调的方向前进，实现进一步价值提升。

近年来，相关主管部门开始通过政策调控和行业活动来引导网络文学的发展。2014年12月，国家新闻出版广电总局推出《关于推动网络文学健康发展的指导意见》，为网络文学发展确定基调，提供措施保障。从2015年开始，国

---

[1] 人民网：陶东风.人民日报刊文对比《甄嬛传》《大长今》价值观［N/OL］.（2013-09-19）［2020-09-15］.http://culture.people.com.cn/n/2013/0919/c1013-22969994.html.

[2] 人民网：虞金星.赤诚重构传奇（年度推荐）［N/OL］.（2015-12-12）［2020-09-15］.http://culture.people.com.cn/n1/2015/1222/c1013-27958310.html.

家新闻出版广电总局联合中国作家协会开展"年度优秀网络文学原创作品推介活动",遴选追求真善美、传播正能量的作品向社会推介。2017年6月,国家新闻出版广电总局发布《网络文学出版服务单位社会效益评估试行办法》,设置了包括出版质量、传播能力、内容创新、制度建设、社会和文化影响在内的5个一级指标、22个二级指标和77项评分标准,对年度考核60分以下的不及格机构给予通报批评,明确提出对网络文学出版机构进行社会效益评估的目标和方法,要求"把社会效益和社会价值放在首位,实现社会效益和经济效益相统一"。[①]

网络文学IP价值评估中,强调主流价值引导、精神引领、审美启迪,鼓励有文学价值和文化传承、丰富性、个性化的内容创作,都是社会价值的重要体现。评估体系中纳入社会效益因素,这既是价值观,也是方法论。

三、评估体系：建构与特点

基于上述探讨,本研究建构了一个由市场价值、内容价值、社会价值三个一级指标构成的综合性评估体系,即"三项指标,一把尺子",旨在对网络文学IP价值进行全面、科学、客观的评估,为市场提供一个标准规范、服务交易的"通行货币"(详见表1)。这一评估体系力图打破平台和渠道的壁垒,覆盖多平台、多终端的网络文学受众;将普适性与特定性相结合,针对网文IP不同的开发形态进行版本分置和指标微调;采用层次分析法对不同指标进行权重分配,形成了综合性、多指标、可操作的特点。具体如下。

一综合性。网络文学IP价值评估体系的建构逻辑,是以社会效益和经济

[①] 中华人民共和国国家新闻出版广电总局"关于印发《网络文学出版服务单位社会效益评估试行办法》的通知",2017年6月27日,http://www.sapprft.gov.cn/sapprft/contents/6588/338296.shtml。

效益"双效合一"为原则，关注原生市场反响，以把握向衍生市场的转化潜力，同时兼顾受众客观行为和主观心理反应，因此综合性是其必然要求。

评估体系由市场价值、内容价值、社会价值构成，三位一体。首先，市场价值聚焦网文作品在原生市场的传播效果、市场影响和作者影响，核心在于受众／粉丝效应；一方面受众对作品的接触广度和深度决定作品的市场号召力，另一方面网络阅读与付费密切相关，受众的付费行为也潜在包含着对作品衍生价值的垫支性预期。其次，内容价值主要反映作品在衍生市场的转化潜力，包括题材、内容等内在的文本特点以及外部环境，尤其是不确定的市场生态与政策法规双重视野下的版权风险与政策风险。第三，社会价值主要观照作品在中国语境下的社会影响，反映作品的品质和导向，以及受众的心理评价。

二多指标。评估体系由 3 个一级指标、8 个二级指标、25 个三级指标组成，呈树状结构，多层次反映各个维度下不同的细分方向。

市场价值下设作品传播力、作品影响力、作者知名度 3 个二级指标。作品传播力方面，由于各平台指标设置繁杂且不尽相同，为便于横向比较，本研究选择了作品在 PC 端和移动端的阅读数、粉丝数、评论数、点赞数等 4 个定义基本一致的指标作为三级指标；作品传播力主要关注作品在社交和百度平台上的表现，包括贴吧、微信、微博、百度指数等 7 项指标；作者知名度则根据作者在社交平台、社区网站的粉丝数来评估。

内容价值由题材、内容、适宜性、风险性 4 个二级指标组成，代表作品从原生市场到衍生市场的跨界转化潜力。其中，题材关注作品的独特性和创新性；内容涉及人设、架构、语言等三级指标；适宜性从开发角度看，重点考虑文字文本视觉呈现的难易度；风险性则是对作品是否合规合法的考察。就网文开发逻辑而言，题材是否独特而新颖，故事情节是否富于戏剧性和冲击力，人物个性、语言的表现力、文字视觉转换的适宜性以及法规风险等，对于作品跨界开发的价值实现都具有重要影响。

社会价值在作品导向这个二级指标下，设有作品正能量值和满意度两个三级指标，意图在网络文学作品的市场变量和开发空间中，融入与主流意识形态相关的社会效益因素。具体来说，用满意度评估作品的整体质量，用正能量值衡量作品的思想性。

三可操作。建构评估体系不是纸上谈兵，而是着眼于实际应用；评估体系要从笔下蓝图变为地上坦途，采用指标界定、数据来源、权重分配来开路架桥是必不可少的。本研究对所有评估指标进行了操作化定义，对一些相对抽象的概念也进行了降维处理，以便于界说和测量。另外，对所有指标的数据来源做了说明，包括网络监测、专家评审、其他三类数据来源，其中网络监测数据分为网络文学平台数据、社群和社交平台数据、搜索数据等。

本研究将德尔菲法和层次分析法（AHP）相结合对各指标进行权重分配，一改以往不少评估体系仅凭经验或感觉为指标赋权的做法，这是促进评估体系科学性和实用性的重要环节。德尔菲法是一种专家评分法，以背对背的判断代替面对面的讨论，通过反复征求专家的意见，使不同意见充分表达，并趋向同一维度。层次分析法是20世纪70年代初由美国匹茨堡大学运筹学家萨蒂（T.L.Saaty）教授提出的一种系统性、层次化、定性与定量相结合的层次权重分析方法，将主观反应与客观评分相结合，近年来逐渐用于评估领域，但在IP价值评估中应用尚属首次。

本研究采用层次分析专业软件Yaahp V11.2，依据所设计的评估体系搭建指标模型，生成专家调查表并通过电子邮件将问卷发放给30位来自网络出版、网络文学、影视、游戏等领域的业界和学界专家[①]，并将专家评分数据导入软件，进行一致性检验，通过群体决策得到最终的赋权结果。

由于网络文学 IP 开发涉及包括影视、游戏、动漫等不同形态，本研究除了建构评估体系的影视版外，还设计了评估体系的游戏版，在保持两个版本一、二级指标基本稳定的情况下，针对游戏开发的不同特点，对具体三级指标进行了动态调整。例如，在内容价值指标的"内容"项下，设置了角色、道具、格局 3 个三级指标；适宜性指标下则以"技术实现难度"替代影视版中的"视觉化呈现难度"指标，等等（篇幅所限，本文游戏版从略）。不同开发形态对应不同的价值评估体系，这是本研究落实评估体系可操作目标的又一创新性体现。

四、权重分析与数据处理

本研究采用层次分析法进行权重分配，将主观反映与客观评价相结合，以量化的方式赋予各指标不同的重要程度值。赋权不是平权，而是一个区分差异的过程，目的在于，在显在效果与潜在效益、已知生态与未知预期等若干范畴中，找到事物规律与数理逻辑之间的优化关联，以实现科学评估。

从结果来看，评估体系中市场价值、内容价值、社会价值三者的权重比为 39∶36∶25。其中，市场价值和内容价值两者重要性相当，权重均超过三分之

---

① 专家分别来自中国传媒大学、北京交通大学、江苏师范大学、四川师范大学、深圳广播电视集团、咪咕数字传媒有限公司、百度公司、中文在线、掌阅科技、当代东方投资有限公司、北京歌华有线电视网络股份有限公司、中信国安广视网络有限公司、纵横文学、天津独角文化传播有限公司等机构。

一，社会价值指标权重占比为四分之一。

市场价值权重最高，接近四成，反映专家们看重网络文学作品在原生市场上的效果表现，IP开发的动力来源与原生市场反响密切关联。这个维度的指标均为客观指标，是基本显性和直接可测的，弹性空间小，是保证评估体系客观性的基础性得分项。

内容价值权重居次，与市场价值差距甚微，显示内容品质及风险因素之于IP跨界开发的内在关键性，已经在一定程度上得到认同，内容本身对于IP开发的影响甚大。该维度指标均为主观评价指标。

社会价值是首次单独进入评估体系，权重占比最低，为四分之一。作为本研究新增的评估指标，在评估体系中占有一席之地，但比例不会太高，应在情理之中。社会价值指标亦为主观评价指标。

二级指标中，除作品导向作为社会价值下唯一的二级指标承接其全部权重外，权重排名前三的指标依次是作品影响力（0.16）、作品传播力（0.15）、内容和风险性（并列0.12）。可见，网络文学的价值高低还是要靠作品效果说话，靠内容说话，作者的知名度（0.08）有影响，但相对来说不那么重要；题材和适宜性（均为0.06）也有影响，但是显著性略低。

市场价值维度下的三级指标，除纸质书发行指标外，其他数据均来自网络监测，包括社交平台、搜索引擎等数据，通常采用机器抓取+人工校验的方式获得。内容价值和社会价值下的三级指标，数据全部来自专家打分。

在计算环节，对于离散程度较高、量级差别较大的数据通常采用"排队打分法"进行处理，得出每一个IP作品各项指标的得分，再加权相加，即可以获得每一个IP的最终得分。

表 1　网络文学 IP 价值评估体系（影视版）

一级指标	二级指标	三级指标		指标界定	数据来源		
					专家评判	网络监测	其他
市场价值 0.39	作品传播力 0.15	作品阅读数 0.05	PC 端	作品在 PC 端、移动端的点击量		√	
			移动端			√	
		作品评论数 0.04	PC 端	作品在 PC 端、移动端的评论数		√	
			移动端			√	
		作品点赞数 0.02	移动端	作品在移动端的点赞数		√	
		作品粉丝数 0.04	移动端	作品在移动端的粉丝数		√	
	作品影响力 0.16	纸质书发行 0.01		作品是否印刷成纸质书发行			√
		作品贴吧关注人数 0.02		作品在百度贴吧中的关注人数		√	
		作品帖子数量 0.03		作品在百度贴吧中的帖子数量		√	
		微博话题阅读数 0.02		作品同名微博话题的阅读数		√	
		微博关键词提及量 0.03		作品名、作品名加作者、作品名简称加作者在微博中的提及量总和		√	
		百度指数 0.03（天均）		作品名称在百度搜索中的搜索指数平均数（整体趋势，包含 PC 端和移动端）		√	
		微信指数 0.02（天均）		作品名称的微信指数平均数		√	
	作者知名度 0.08	作者平台粉丝数 0.02	PC 端	作者在签约平台 PC 端、移动端的粉丝数		√	
			移动端			√	
		作者贴吧关注人数 0.01		作者同名百度贴吧关注人数		√	
		作者贴吧的帖子数 0.02		作者同名百度贴吧粉丝数		√	
		作者微博粉丝数 0.03		作者新浪微博粉丝数		√	

续表

一级指标	二级指标	三级指标	指标界定	数据来源 专家评判	数据来源 网络监测	数据来源 其他
内容价值 0.36	题材 0.06	独特性 0.04	同类型网络文学作品的多寡，同类型网络文学作品开发成影视作品的多寡，作品成为爆款的潜力	√		
		创新性 0.02	作品相比于同类型作品的创新点	√		
	内容 0.12	人设 0.05	主要角色是否个性鲜明、代入感强弱、是否有趣等	√		
		架构 0.05	故事的完整性、线索的清晰性、高潮的震撼性、情节的戏剧性等	√		
		语言 0.02	是否有时代感、画面感和表现力，是否有金句等	√		
	适宜性 0.06	视觉化呈现难易度 0.06	心理描写的呈现、场景的搭建、特效的实现等	√		
	风险性 0.12	政策法规风险 0.08	是否违反广电、出版等相关机构的政策法规，是否涉嫌政治、历史、迷信、情色、暴力等方面的问题	√		
		版权风险 0.04	是否涉嫌抄袭（依据相关新闻报道、微博话题、贴吧讨论）	√		
社会价值 0.25	作品导向 0.25	正能量值 0.09	是否弘扬社会主义核心价值观	√		
		满意度 0.16	作品整体质量	√		

来源：本研究自制。

五、评估体系再"评估"

本研究对网络文学 IP 价值评估体系进行了探索性建构和应用尝试[①]。总体

---

① 本研究为检验评估体系的科学性和实操性，曾经选择 47 部网络文学作品，邀请来自学界和业界相关领域的研究专家，对这些作品的影视开发价值进行评估，并以榜单的形式公布了评估结果。详情请见 2018 年 5 月 11 日中国作家网、中国经济网等媒体报道，限于篇幅，本文从略。

上看，该体系的特点主要如下：一以"三项指标、一把尺子"的方式进行综合性价值评估；二首次引入社会效益指标；三采用科学的层次分析法进行权重分配；四建构评估体系的分类版本，以覆盖多形态开发需求，进一步落实评估体系的实用性。

评估体系的建构，是在行业健康发展和市场有序化的追求中起步，在不断出现的新问题和新挑战中逐渐成长，这是一个先有再好、不断改进和创新的过程，不可能毕其功于一役。目前，在评估体系的研究和应用中，还存在一些问题有待解决。

首先，网络文学 IP 的开发需要较长时间的培育、孵化和转化，其价值实现不仅受原生市场受众粉丝表现的影响，受创意及内容价值等因素的影响，与具体开发过程、营销和推广等环节也息息相关。本研究所建构的评估体系，基本上着眼于截面式、点断式的评估，尚缺乏对其他环节和过程的关注。

其次，内容创意是 IP 跨媒介叙事的起点。从测量指标看，内容模块以非显性的主观心理指标为主，数据来自专家。要把握文本特性和改编的适宜性，还需要进一步细分指标。不过，指标增多会导致评估工作量进一步加大，也会增加由于对指标内含的理解不一致而带来的信效度风险。另外，IP 开发具有跨专业性质，指标设置要兼顾文学、广播电视学、戏剧影视学、动漫艺术、传播学等多学科知识，需要不同领域的专家协同评估，非单一专业或学科可以完全覆盖。如何在指标设置、专业配合和操作效率之间找到平衡点，仍有待探讨。

第三，市场价值指标均与受众效应有关，但是这类指标评估尚未统一标准。就目前阅文、掌阅、百度、阿里、中文在线五大网络文学集团来说，不同集团旗下的网站在 PC 端和 APP 移动端都建立了各自的指标体系和统计标准，但是相互之间不仅指标名称存在差异，统计方式也不尽相同，而且不同平台之间数据未能打通，形成"数据孤岛"；另外，第三方机制的缺失，还增加了人为干扰和虚假数据的可能,这一切都对以全网为基础的数据采集和统一评估造成了困扰,影响了评估体系的建构和优化,也影响了评估实践的有效推进。

最后,社会价值维度中的满意度评估,缺乏社会大众的参与。虽然市场价值维度已经多少反映了受众用眼球投票的结果,但是情感和态度表达仍然需要专门的出口,而且社会价值本身,离不开广泛的社会基础,不只是质的评判,也应有量的支撑,表现为广大受众的认同和满意。然而,受时间和资源所限,这方面数据不易获取,能否采用简化抽样或其他方法变通和改进,亦有待考察。

网络文学 IP 开发重塑了文娱产业的发展生态,自身也成为跨界扩张的旗舰,"文化走出去"的新星。要顺应时代要求,有效推动网络文学 IP 市场朝着注重品质、拓展价值、兼顾社会效益与经济效益的方向发展,还需要更多的学界和业界研究者投注心力,以评估机制为着力点持续探索,为评估体系的科学、完善和创新积极努力。

后　记

我主持的全校性博士生选修课"跨媒体传播与效果研究"历时七年，前不久正式收官。这门注重开阔视野、探索新知，又略偏量化和数据的前沿课，在中国传媒大学一直颇有"存在感"，吸引了新闻传播、艺术、管理、理工等不同学科背景的博士生跨专业选课，也吸引了不少本科生和硕士生以及校外人士旁听蹭课。

七年来，我们一直秉承开课之初所确立的不成文规则：一是演讲嘉宾应为传媒及相关领域的顶尖级专家或一时之选；二是演讲内容应为近年来相关领域具前沿性和探索性的内容；三是演讲后一定留出时间，供传受双方互动交流。最近几年，我们更加大了后者的分量，不追求达成共识，但强调尊重分歧，希望通过平等讨论，营造民主、开放、宽松的学术氛围，探索尚无标准答案的前沿问题。

七年间，莅临我们课堂的演讲嘉宾有50多位，通过这个平台，我们不仅结识了一批传媒及相关专业一流的研究者和业界专家，也收获了一批志趣相投的学子和同行。感谢所有本课程的参与者，大家以认真钻研和静心学习，陪伴我们一同走过这媒体变革风风火火、蓬蓬勃勃的七年。

本书是"融媒体前沿研究丛书"的第二本。第一本《跨屏时代的受众测量与大数据应用》2016年出版后，受到学界尤其是业界的欢迎，一些头

后 记

部市场调研公司和咨询公司有组织地购买和阅读讨论，这也是促使我们编撰这本《传媒前沿课：智能融媒、算法逻辑与数据实践》的动力之一。本书的主题，已经从此前的媒介融合、跨屏测量、效果评估与大数据应用，向智能算法、融媒生态、社交机器人、计算传播和数据挖掘等领域拓展，力图跟进近几年传媒及相关领域的最新发展，也希望反映我们一直以来的努力——在学界和业界之间搭建沟通、共情和合作的桥梁。

本书的出版，离不开嘉宾们的智慧和投入，也离不开中传受众研究中心团队成员的心血和付出。博士生吴浚诚、刘婉以及刘双、王亚宁、东阳、艾克、张欢等承担了内容编撰、项目协调、嘉宾后期追访等任务，汪洪魁、刘佳琪、戴锐、果雅迪、王雪颖、曹昕宇、潘紫菱、乔晓亮、葛皓珺、刘柏序、任玮、沈紫嫣等硕士生参与了讲课资料整理、ARC公众号内容发布等工作，全书由我负责架构和统稿。本书如果能有价值，要归功于他们的专注和奉献；若有任何不足，则由我承担全部责任。

最后，感谢人民日报出版社的梁雪云编辑，本书能够顺利付梓，与她的中肯建议和帮助分不开。限于时间和学识，书中恐有不少谬误和缺失之处，敬请广大读者批评指正。

刘燕南

2023年3月于中国传媒大学受众研究中心